THE STOCK MARKET

只有选对了股票才有获利的机会

康凯彬——主编

U0728564

散户实战选股技巧必读全书

选股细节

口碑热销

第3版

中国纺织出版社有限公司

内 容 提 要

好的选股方法不仅能告诉你买什么股票，还能告诉你在何时、以什么价位买进这只股票，甚至还能提示你在什么情况下卖出该股。本书从价值投资选股、技术分析选股以及综合选股技巧三个角度，为投资者详细地介绍了不同的投资方式（如长线、中线以及短线操作），与不同的股市形态（如牛市、熊市）下的选股方法。

本版根据最近几年股市的发展情况，在上一版的基础上做了适时的更新和提升，精心挑选了大量新的实战案例图，是一本不可多得的实用投资参考书。

图书在版编目（CIP）数据

选股细节：散户实战选股技巧必读全书 / 康凯彬主编 . --3 版 . -- 北京：中国纺织出版社有限公司，2022. 3

ISBN 978-7-5180-9107-2

Ⅰ . ①选… Ⅱ . ①康… Ⅲ . ①股票投资—基本知识 Ⅳ . ① F830. 91

中国版本图书馆 CIP 数据核字（2021）第 224768 号

责任编辑：向连英 责任校对：高 涵 责任印制：何 建

中国纺织出版社有限公司出版发行
地址：北京市朝阳区百子湾东里 A407 号楼 邮政编码：100124
销售电话：010—67004422 传真：010—87155801
http://www.c-textilep.com
中国纺织出版社天猫旗舰店
官方微博 http://weibo.com/2119887771
三河市延风印装有限公司印刷 各地新华书店经销
2022 年 3 月第 3 版第 1 次印刷
开本：710×1000 1/16 印张：16.5
字数：236 千字 定价：49.80 元

　　股神巴菲特曾经说过：选股如选妻。对于炒股来说，这种说法一点也不夸张。在炒股过程中，有些人一卖就涨，一买就跌，其核心问题不在于了解内部消息的多少，而在于选股的技巧。选股是投资者买卖股票的第一步，也是最重要的一步，选股决定成败！

　　在股市中，只有选对了股票，投资者才会有获利的机会，如果选错了，就如同走入歧途，再高明的投资者也回天乏术。许多散户选股时，不是听股评推荐就是随大流，毫无章法可言，这也使股市几乎90%以上的散户处在亏损的状态。

　　对于投资者而言，掌握一种好的选股方法非常重要。好的选股方法，不仅能够告诉你应该买进什么股票，还能告诉你在何时、以何种价位买进这只股票，甚至还能够提示你在什么情况下卖出该股。

　　究竟如何进行选股？

　　本书内容分为三大部分，即价值投资选股、技术面分析选股以及一些在实践中总结出来的综合选股技巧。价值投资选股是基于公司基本面的选股方法；技术分析选股则为投资者指出每种技术分析方法的精髓所在；综合选股技巧则精选出在股市中常用的一些选股方法，帮助广大股民朋友在股市上稳健获利。

　　本书在编写过程中引用了大量最新实例，为投资者详细地介绍了不同的投资方式（如长线、中线以及短线操作），与不同的股市形态（如牛市、熊市）下的选股方法。既适合中长线价值型投资者使用，也便于短线技术型投资者参考。投资者长期练习，坚持投资纪律，必然会有所收获。

需要强调的是，炒股并非赌博，读者朋友们在阅读本书时，不但要关注实用的技巧，还要关注那些看起来似乎有些枯燥的基础知识，最终找出适合自己的投资方法。为什么世界上只有一个股神巴菲特？巴菲特有他自己独特的投资原则是根本原因。

本版根据最近几年股市的发展和相关政策的改变，在上一版的基础上做了适时的更新和提升，使用了大量新的实战案例图，其实用性更强。由于作者水平有限，书中难免存在纰漏，欢迎读者朋友们批评指正。

编者
2021 年 10 月

目 录
CONTENTS

第一章 选股前的准备

投资者进入股市是为了赚钱，但在股市中成功的人却为数不多。股谚云：一赚二平七赔。其根源在于：一方面股市的确存在着与生俱来的风险，另一方面则是多数投资者不具备正确的投资理念。只有将有效的实战技法和正确的投资理念相结合，投资者炒股才会取得事半功倍的效果。

第二章 选股的两个基本点——基本面分析与技术面分析

股市中赚钱的只有少数人，如何才能成为股市里的少数人呢？答案就是做好股票的基本面分析与技术面分析。多数人进入股市都是从技术面分析入手，却忽略了基本面分析。事实上，基本面分析和技术面分析在选股过程中缺一不可。基本面分析是股市盈利的根本，而技术面分析则是选股的有力武器。

第三章 〜〜 中长线选股，选对企业最重要

进行中长线投资是非职业股民最理想的投资方法，既不耽误工作，投资回报率又高。俗话说：长线是金，短线是银。但是投资者要想找到一只真正有投资价值的股票却非易事。从理论上讲，作为长线投资者，需要对上市公司进行基本面分析，从而找到入市后具有发展前景的股票。从操作的层面上讲，有一些具体的方法可以帮助长线投资者快速找到适合的股票。

本章将介绍几个最常用的长线选股方法，供读者朋友参考。

第四章 短线选股，指标是利器

在股票的投资过程中，大家赚钱的方法各有不同，但亏钱的人几乎都是因为犯了同样的错误——选股失误。很多人即使判断对了大势，却由于选股的偏差，仍然无法获取利润。

本章介绍了诸多短线选股的指标和技巧，投资者掌握了这些指标技巧，并在实战中加以灵活运用，定会获益匪浅。

第五章 ∿ 看盘选股

从即时盘口来捕捉股价的动态，是短线、中线投资者必须掌握的技术。及时捕捉刚刚启动或正在上升通道中的目标品种，从而把握最好的买入时机，提前入场布局，与主力共舞。

下面我们将详细介绍几个重要的看盘时点以及在这些时点上选股的技巧。

第六章　捕捉经典形态的黑马股

　　"黑马"起初是指在赛马场上本来不被看好的马匹，却在比赛中成为出乎意料的获胜者。顾名思义，所谓黑马股，是指价格可能脱离过去的价位而在短期内大幅上涨的股票。很多投资者以为黑马股就是股市中的明星，其实这个认识是错误的。黑马股不是万众瞩目的明星，也不是涨幅最大的个股，而是投资者本来不看好，却能够异军突起的个股。

　　与黑马股相对的是白马股。白马股是指业绩已经公布的绩优股，相应的，绩差股也有可能成为所谓的"黑马股"。黑马股是可遇而不可求的，选黑马股的技巧是要透过现象看本质，从大多数人都不看好的个股中选出强势股。

　　捕捉黑马股最直观的方法就是分析图形，本章重点介绍几种典型的黑马股图形，供股民们参考，而更多的技巧还需要股民们在实践中去积累。

第七章 选股的实战技巧

本书前面详细地介绍了中长线和短线的操作理论及技法。在实际操作中，对于经验不足或者时间不充裕的投资者来说，可以采用一些更简便可行的选股方法，比如本章所讲的跟主力、打新等，利用这些方法可以有效地提高选股的效率。

当然，在运用本章所介绍的方法时，不可盲从，而是需要用前面提到的基本面分析和一些技术面分析的方法来进行验证。

第八章 ∿ 识别股市中的危险信号

　　每一个股民进入股市都是想获取利润的，但股市是一个充满风险的地方，合理规避风险是炒股盈利的基础。

　　本章中将介绍如何识别股市中的危险信号。

第一章

选股前的准备

投资者进入股市是为了赚钱，但在股市中成功的人却为数不多。股谚云：一赚二平七赔。其根源在于：一方面股市的确存在着与生俱来的风险，另一方面则是多数投资者不具备正确的投资理念。只有将有效的实战技法和正确的投资理念相结合，投资者炒股才会取得事半功倍的效果。

一、学习巴菲特的五个投资理念

（一）不要试图预测股市走势

股民们每天都会被大量股评、预测所包围，但股市高手们却很少预测市场走势。股神巴菲特从不预测市场，也从来不相信有谁能预测股市。他认为，股票的内在价值是可以预测的，但股市是非理性的，是不能预测的。我们只能利用它，无法预测它。即便做了预测也只能让你更了解自己，而不是更了解股市、更了解未来。

巴菲特的观点是有实例支撑的。当年的一些高科技股股价飞涨，达到了历史顶峰。巴菲特却拒绝投资这些"新经济"股，并因此受到公司股东们的诘难。结果，仅仅几个星期过后，高科技股股价就狂泻千里，迅速跌至谷底。

现在，许多股民特别是我国股民，都热衷于预测股市走势，其炒股的基本模式就是四处打听消息，一有风吹草动，就赶紧疯狂买入或疯狂卖出，跟着股价的升跌而喜怒哀乐。这是不理性和不成熟的投资行为。

总是想走捷径，幻想能走在市场前面——通过预测股市，来提前知道股票价格的变化方向。如果只通过打听消息、听股评来炒股，而不对这只股票的内在价值进行判断，无异于缘木求鱼。

股民们都希望股评家能够告诉自己在短期内如何操作股票，可是，如果这些股评家真的这样神机妙算，他们自己岂不早就赚得盆满钵满了吗？

（二）坚持在自己的能力范围内投资

在能力范围内投资，可以简单地理解为"不熟不买，不懂不做"。意思是说，凡是投资者不熟悉、不了解的股票就不要去涉及。这一点对于长线投资尤其重要。

　　每个股民都有自己擅长的领域，利用专长了解投资对象的价值，是充分发挥自己能力的表现。每个人的能力有大有小，只有在能力范围内投资才是理性的投资。例如，在巴菲特曾经投资过的中国股票中，有一只股票是中石油 H 股，但持有时间不长就把它全部清仓了。虽然因此而少赚了 128 亿港币，但据他自己解释，之所以这么做，是因为他对中国股市不是十分了解。

　　我们知道，中石油公司的主要利润来源是成品油，包括制造业利润和销售利润两大块。在中国，决定成品油价格的权力并不在中石油公司手里，而是在政府手里。确切地说，中国国内成品油的出厂价和零售价是由国家发展和改革委员会决定的，企业仅仅能够决定批发价。而出厂价、零售价一旦确定，批发价的浮动余地就变得很小了。

　　当时的背景是，中石油、中石化、中海油根据国际市场原油价格持续上扬的背景，多次向国家发展和改革委员会提出成品油涨价的方案。与此同时，中国国内的消费者物价指数当时已经连续几个月上扬，在这种情况下，政府必将出台严格控制各项提价的措施。这一切都表明，虽然国际市场原油价格在不断上涨，可是我国国内成品油价格由于是政府严格管制的，所以包括中石油在内的国内石油公司的经营业绩也受此影响。巴菲特被誉为股神，不可能对中石油的这些基本情况不了解，但是他又不能口无遮拦地把这些理由和盘托出。所以，他唯一的办法就是全部抛空中石油股票，见好就收。

　　这次投资印证了巴菲特坚持在能力范围内做事的投资原则，让人看到了他理性投资的一面。果不其然，后来有一部分投资者被中石油的股票套牢。

　　需要说明的是，对于某个行业，绝大多数投资者都是外行或者似是而非，所以不要轻言自己是"内行"。对于那些很难判断长期发展前景的股票，投资时一定要谨慎。

（三）不看股票看公司

　　对于参与股票买卖，我们习惯于用"股民""炒股"之类的词，事实上，这种称谓本身就存在着认识上的误差。股民买股票要把自己看作拥有这家企业的一部分。换言之，股民的本质是投资者。巴菲特、李嘉诚等投资大师便是在这种心态下投资股票的。

　　有人问巴菲特："您每天的大部分时间都是在干什么？"

巴菲特说："我的工作是阅读，阅读很多关于上市公司的资料，尤其是上市公司的年度财务报告。"

曾经有个记者问巴菲特："我们应该怎样学习股票投资呢？"巴菲特说："看上市公司的年报。"

记者说："美国有几千家上市公司，又过了这么多年，上市公司的年报太多太多了。"巴菲特却告诉他："很简单，按照字母顺序，从第一家公司的年报开始看起。"

巴菲特的办公室没有别的东西，最多的就是上市公司的年报。他阅读了大量资料，也打过很多电话，主要是为了弄清楚这些公司的业务和财务等基本面情况。

作为股民，我们应该下功夫分析上市公司的经营状况，从公司经营的角度来分析股票进行投资是最为明智的。因为，先有公司，后有股票，我们是在通过购买股票来投资公司。公司值多少钱，决定了股票值多少钱。买股票的本质，即选定一家上市公司，与其他投资者一起投资入股该公司。如果投资者们认为自己只是拥有一只股票而不是一家企业，就只会关心股价的波动，或者在不了解上市公司背景的情况下贸然买入一只股票，以致最终亏损累累。

有一次，巴菲特看到某家上市公司的股价非常便宜，了解到原来这是一家亏损企业。经过认真的研究和分析，巴菲特发现这家公司虽然整体上是亏损的，但公司的三大主营业务依然经营得相当好。由此，巴菲特断定这家公司的"本质"并没有变坏，是"有救"的。于是他果断出手，大量买入这家公司的股票。后来果然如他分析的那样，经过一年左右的时间，该公司的经营管理就完全恢复正常，股价也随之暴涨。

巴菲特是做价值投资的典范，他经常说投资股票要考虑"安全边际"的概念。毫无疑问，这个概念是针对上市公司而不是针对股票市场而言的。而这种观念让他能够拨开迷雾，捡到"便宜"。如果你准备进入股市，请一定要坚持巴菲特"靠近企业"的投资理念。因为，股民们的利益最终将取决于所拥有的公司的经济命运。

（四）学会亲自调查，不要人云亦云

在我国股市中，一方面，几乎所有投资者都喜欢根据各种消息来决定股票买卖；另一方面，根据各种消息来买卖股票，又最容易出现失误。

反观巴菲特等投资大师，他们在股票投资中虽然不是每次都能获取最大盈利，但却很少有亏损，这与他们注重实地调查、认真阅读财务年报、不听信各种传播的消息有很大关系。巴菲特从不相信任何股评。他举例说，比如一家公司收购另一家公司，只要消息一公布，这两家公司的股价都会大幅上涨的。如果这种内幕确有其事，相关人员应该自己先大量买入这些股票，好好地赚一笔才对，怎么可能会事先在大庭广众之下散布消息呢？正是基于这种观点，巴菲特在做股票分析、投资决策时，坚持亲自调查、阅读报表，从而得出自己的结论。

要想在股市中不人云亦云，就必须有独立思考、独立判断的能力。如何培养这种能力呢？就是要广泛地阅读。巴菲特在股票投资中越战越勇的秘密武器就是广泛的阅读。虽然一般股民不可能像巴菲特或者职业投资者那样，花费大量的时间和精力去阅读，但是，对所选中的股票背后的上市公司要有充分的了解，其中最重要的就是上市公司的财务年报。

（五）越简单的评估方法越有效

巴菲特认为，在对企业内在价值评估的时候，越简单的方法越有效。这是因为影响上市公司内在价值的因素很多，既有宏观的，也有微观的，而且都具有不确定性，当把多项不确定因素综合起来考虑时，整体预测出错的概率就会增大。换言之，建立在多项不确定因素之上的精确预测率，不会比任何一种根据经验"简单估测"的结果准确率更高。

在股市中，多数人还热衷于用复杂的方法预测走势，这种现象是需要反思的。

概括地说，巴菲特所说的简单的评估方法有以下三种：

（1）使用最简单的长期现金流定义。

（2）使用最简单的贴现率。

（3）寻找最简单的明星企业。明星企业的典型特征是，具有巨大的无形资产和良好的商誉，它能够给股东以长期、稳定的获利回报。

二、投资股市的九大戒律

亏损的股民，往往是那些容易受市场波动影响、经常出现行为认知偏差的人。他们在投资股票时，常常会受到各种心理因素的影响。

事实上，股票投资最大的风险并非来自投资的品种，也不是来自市场的波动，而是来自投资者的心态。如果投资者克服了贪婪、恐惧、妄想、侥幸、急躁等弱点，就能规避大部分损失。作为股民，重要的是要认清自己，真正了解自己的性格特点，结合自身特点和实际情况选择适合自己的交易风格，并且时刻关注自己的心态变化，适时加以调整，同时根据一定时期市场的特点，选择具体的交易方法和参与交易的周期，只有这样，才能在股市中获得较好的投资收益。

当然，每一位投资者的理性都是相对和有限的，所以，出现这种认知和行为的偏差不足为怪。但是，我国投资者在这方面表现得过于突出，因此，股市中投资者亏损比例过大，也就不足为奇了。我们认为，投资者进入股市，最需要克服以下九种市场情绪。

（一）戒无知

许多股民，特别是散户，都是在对股市一无所知的情况下进入股市的，结果交了不少学费。事实上，股票投资不仅是买卖股票的简单动作，背后也需要扎实的理论知识做支撑。首先，投资者要有丰富的经济、政治、社会、文化等方面的综合知识，更要具备金融、证券等方面的专业知识以及证券市场的运作知识，要对企业、市场有充分的认识和深刻的了解。此外，投资者还要掌握各种技术分析手段，能够很快地估算出各种股票的预期收益并进行比较。只有具备了良好的技术水平，才能提高股票交易的效益，把握好正确的买卖时点。

（二）戒过度自信

股民过于相信自己的判断力，甚至以为自己能把握股市，从而忽略了股市运行中的非理性和不确定性，结果造成投资损失。这是一种最常见、最根深蒂固的错误情绪。

过度自信还有一种表现，即把成功的原因归于自己，把失败的原因推给别人。这种心理的最大危害是：当自己的观点与事实相符时会更加强化自信心，不符合时却不会等量削弱自信心，也就是我们通常所说的一种自负心理，其结果是不言而喻的。

（三）戒过热

有些股民对新的信息反应过度，比如过于关注股价波动，从而忽略历史信息，导致对近期股市发展趋势的判断过度偏离长期平均值，引发股价补跌或补涨。

此外，多数股民喜欢追逐过于热门的股票。不可否认，跟着市场热点做行情炒股票，见效快、收益大，特别是短线投资更是如此。但是，做任何事情都应当把握一个度。当市场过热时，过分火爆的个股往往是人为操纵最厉害的股票，涨起来差价可观，跌下去幅度也往往很大。如果不幸接到最后一棒，损失将会非常巨大。

（四）戒反应不足

与过度反应相反，有些股民对最近得到的股票信息认识不足，有点麻木。结果很容易错失投资机会，在即将到来的股价波动（大幅上涨或下跌）面前措手不及。

（五）戒过冷

股民在购买股票时，不应当选择过于冷门的品种，尽量规避一些长期低迷、交易不活跃的股票。一般来说，市场上的冷门股经过一段时间的沉寂虽有可能演化成为潜力股，甚至黑马股，但被冷落的时间长短不易把握。如果长时间交易稀少，价格低沉，很可能造成投资者的机会成本无限增大，甚至会因为难以变现出局而遭受损失。有些股民总想抄大底，以最低价买进股票，结果往往事与愿违，后悔莫及。

（六）戒拖延，过于厌恶亏损

股民对于损失的厌恶程度普遍会高于获益的喜悦程度。比如，股民损失10万元的心痛程度，要比账面获利10万元的喜悦程度大得多。这种心理容易导致不愿意及时割肉止损，结果亏损更大。

此外，股民在实际操作中一定要克服贪心不足或犹豫不决的心理，一定要果断操作，一方面要善于获利即走，见好就收，不能太贪；另一方面要学会止损出局，当机立断，不能犹豫不决。

（七）戒后悔

不少股民在做出一项错误决定后会感到非常后悔，而这种后悔比错误决定所造成的损失更痛苦。在这种心理驱使下，很容易会做出一系列不理性的投资行为来。

（八）戒羊群行为

这是股市中最容易出现的一种心理现象。投资者（包括机构投资者）会和他人一样思考、感觉、行动。这是一种非理性行为，在追求与他人行为一致的同时，往往会忽略自己享有的独家信息。轻信谣言、随波逐流、人云亦云，很可能造成急躁追涨高价买进，或恐慌杀跌低价卖出的情况。

（九）戒归类偏差

为了便于投资分析，人们总喜欢将纷繁无序的股市现象归纳为几种代表类型。这种归类往往引起错误的投资决策。例如，"好公司＝好股票"，然而，"好公司"的股价一旦过高，也就谈不上是什么"好股票"了。

总之，股市是非理性的，要想取得成功，就必须养成独立思考、独立行动的习惯，这两者是紧密结合在一起的。

三、了解股市运行的三个交替规律

股票市场虽然波诡云谲，但总体来说，却存在着一定的交替规律。只有了解了这些规律，投资者才能形成良好的大局观，从而在面对股价的波动时保持清醒。

（一）股价走势的四个阶段

任何股票的股价走势都可分为四个阶段，即筑底、拉升、构顶、下跌，如图 1-1 所示。

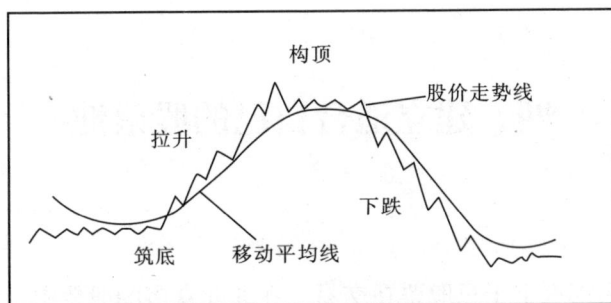

图1-1　股价走势的四个阶段

（二）牛熊交替

任何股市的运行都有两种趋势，即牛市和熊市。两者往往交替出现，此起彼伏，没有永远的牛市，也没有永远的熊市。牛市是股价看涨、行情向好、交投活跃、人气沸腾的阶段，也是投资者获利的好机会。熊市则是股价看跌、行情向淡、人气低迷、成交清淡的阶段。熊市的到来意味着股市冬季的来临，市场需要休眠。投资者在这一阶段入市要格外小心。炒股对于大势的判断非常关键，因为牛市和熊市的操作手法完全不同。

（三）强弱恒定与交替出现

股市中存在"强弱恒定"的惯性现象。所谓"强者恒强，弱者恒弱"便是这种情形的写照。股市中的强势个股与弱势个股、强势板块与弱势板块、强势市场与弱势市场在一定的时期内往往恒定不变。例如，题材类个股形成强势时，往往反复上涨；而同时蓝筹个股却可能成为弱势，不断下跌。又如，某一时期可能沪市成为强势市场，交投活跃；而深市则会形成弱势市场，交投清淡。

但是，这种强弱恒定只是一定程度、一定时期的恒定，是相对的。当这种"强者恒强，弱者恒弱"的趋势发展到极致时，便会演化出它的对立面，出现交替。股市中的强势与弱势、业绩与题材、市盈率与成长性，经常处于一种相互转化的过程之中，也会出现板块轮动，这就是所谓的风水轮流转。

四、建立适合自己的股票池

股市里每天都有上千只股票在交易，在如此众多的股票中，投资者如何选股才能使收益最大化，这是一个非常重要的课题。选股水平和理念直接影响着投资者的"钱"途命运。这要求投资者进入股市后，首先要建立一个适合自己的股票池。

所谓股票池，即股票投资组合。我们常说，不要将所有鸡蛋都放在一个篮子里，建立股票池的目的就是将一笔钱分散投资到几只股票上，这样有利于降低投资风险。通常股票池内股票的选择是有讲究的，比如要不同行业搭配、高收益（同时意味着高风险）与低风险（同时意味着低收益）搭配、长短期搭配等。

建立股票池首先要设计一个获利的模式。投资股票和做生意一样，做什么、什么时间做最好、具体每一步该怎么做，这都是事先要想好的。

（一）不同的性格炒股方式不同

沪深两市的股票有上千只，股民不可能跟踪所有的股票，因此，必须选择有良好预期的个股，坚持对它们进行跟踪，在适当的时机采取行动。如果你每天只关注 30 ～ 40 只股票，精力就会更加集中，对个股的了解会更加全面和彻底，操作成功的机会也会大幅增加。

在实际操作中，并不是所有的人都适合相同的投资方法，不同类型的人适合采用不同的投资策略。投资者必须综合评价分析自身的素质、能力、条件，明确自己适合采用哪种策略。

人的个性大致分为四种类型，即胆汁质、多血质、黏液质、抑郁质。其中，胆汁质的人情绪变化剧烈，冲动性强，反应速度快，粗心外向；多血质的人活泼好动，行动敏捷，缺乏耐力，性格外向；黏液质的人沉着稳重，反应慢，理性分析，耐力好，性格内向；抑郁质的人敏感多疑，多愁善感，优柔寡断，性格内向。

对于投资者而言，选择一种适合自己个性的投资方式非常重要。一般来说，多血质个性的投资者更适合短线操作以及偏向利用技术分析的方式交易，这样可以使其享受短线交易所带来的乐趣，产生满足感。那种长期趋势追随交易方式需要投资人具备长久的耐心才能获利，并不适合多血质的人。同理，一个黏液质个性的投资者，无法每天盯着电脑屏幕，随着指数跳动的报价做交易，适合选择中长线投资。

华尔街著名的马丁·舒华兹用事实证明了自己是全球最高明的短线操盘手之一。在他获得成功之前，曾沉浮于股市 10 年时间，期间曾因交易亏损而濒临破产，但他坚信自己一定能够成功。为了能达到目标，舒华兹进行了自我分析：喜欢数学，对数字反应快，适合短线操作；从事证券分析 10 年，热爱投资市场；曾经参加过美国海军陆战队，有良好的纪律性。经过一番分析后，舒华兹为自己设定了目标：成为一个短线操盘手。目标明确后，舒华兹立即行动，仅仅用了短短几年时间，便把手中的 4 万美元变成了 2000 万美元。

事实上，多数人的性格都不是单一的，个人情况也是千差万别，有以下情况的人更适合做中长线：

（1）需要利用现在的资金为将来创造稳定现金流的人。如那些有一定家庭负担的中青年人，需要为未来生活筹划，因此应选择做长线投资。

（2）没有过多空余时间和精力的人。

（3）对行情的敏感性不强和缺乏应变力以及决断能力较弱的人。因为短线市场是需要速度的市场，反应偏慢的人往往会错过获利的时机。

（4）收入不稳定的人。对于这类人，当个人资金状况较好时，可以持有股票，等待升值；当个人资金状况不好时，可以把股票变现，以备急用。

（5）有耐心、信心和恒心，且有独立分析和思考能力的人。这一点对于中长线投资者非常重要。

（二）选股"九看"

一般来说，不同的交易风格应建立不同的股票池。做长线有长线交易品种的股票池，做中线也有中线交易品种的股票池，做短线有短线交易品种的股票池。总体来说，投资者在选股时可以借鉴以下"九看"。

1. 看板块

看板块的目的是选择公司。选公司首先要看行业，那些行业竞争激烈或没有发展前景的公司，最好避开。

对于我国企业来说，尽量不要选择带有尖端技术含量的企业，因为它们很难同国际巨头同台较量。它们所谓的发展前景可能永远也不会实现，即使能够实现，市场也早就发生变化了。

可以适当考虑成熟性市场里的龙头企业。这些企业具有一定的技术创新能力，市场适应能力强，且因熟悉国情而具有一定的垄断地位等，从而拥有一定的国内市场和部分国际市场。

对于选择具有垄断性质的公司需要慎重考虑，一方面，没有永远的垄断性；另一方面，垄断本身也易滋生腐败和导致不思进取，不利于企业长期发展。因此，不要仅仅因为某企业在某些方面的垄断优势，就大量屯仓，死捂不动。

可以适当考虑矿产资源类的股票，选择这类股票：一是因为很多资源是不可再生的，本身就具有很强的垄断性；二是因为很多矿产类资源的开发需要特殊执照，又具有很强的开采垄断性；三是因为我国是一个消费潜力巨大的市场，对能源和矿产资源的需求将持续增高。

还可以考虑消费类的生产、加工、制造、营销、服务性企业的股票。庞大的人口使我国诸多消费性指标位居世界前列，因此，可以考虑投资拥有巨大消费前景的企业的股票，但必须同时考虑其竞争性和利润率。

对那些行业领域有特殊性，未来市场前景较好，公司专注主营业务，创新能力和研发能力较强，产品或技术在局部市场有垄断优势，市场份额逐年递增，不易受经济周期影响，公司知名度尚不高，股价偏低的公司，值得长期关注。

2. 看题材

凡是能被市场利用并促进股价上涨的因素，都可以称为题材。因此，应关注历史性事件、政策变化、利率变化、物价变化、技术创新、突发事件、业绩年报等消息，有大背景、大题材，资金介入程度深的个股，才容易产生大行情。

3. 看股质

选定板块后，就要进一步挑选优质的个股。优质的个股一般应该具有如下特性：

（1）企业成长性高于大盘平均水平。企业成长性对应的财务指标是"净资产收益率"。

（2）企业利润的增长应主要来自"主营业务增长"。如果利润大部分是靠资产买卖或证券投资获得，就尽量不要去碰。

（3）销量增长率在加速，"市盈率"不超过30%的股票。需要注意的是，有些行业的市盈率通常居高不下（如白酒、风力发电等），而另一些行业的市盈率却常年低于大盘（如钢铁、汽车等），对这些股票还需要在业内进行比较。

①公司的资产负债比较低，或在过去几年正逐渐减少。

②公司管理层比较精明而稳定；产品的市场占有率比较高；或新产品和服务具有一定的市场前景，从而使公司销售额和收益有持续增长的稳定性基础。

③公司最近5年没有什么丑闻，尤其是财务数据没有作假的情况出现。

④所选股票最好有机构投资者的身影，但是要避免过多的机构投资者扎堆的现象，同时机构投资者的数量应该是在增加而不是减少；或者公司管理层有回购的动作。

通过上面的考察，筛选出心仪的公司股票后，要尽量多查看与这家公司有关的所有新闻信息，同时对公司的每一个关键信息做详细的比较和分析。

4. 看流通盘的大小

投资者应该按照自己资金量的大小，选择流通盘适中的股票。同等条件下，流通盘小的股票涨幅可能会大一些。一般来说，5000 万流通股的股票，一般易于 500 万元资金的进出；1 亿～5 亿流通股的股票，一般易于 1000 万～5000 万元资金的进出；10 亿流通股的股票，一般易于 1 亿元以上资金的进出。

5. 看价格

选择股票时，不应单纯地就股票价格高低做出选择，而应该集中选择价格和市盈率适中、股性较活、价值被低估的股票。需要注意的是，在不同的行情中，高、中、低价格的股票其价位是会整体发生上移或下移的。

6. 看个股的活跃性

职业投资者通常会选择活跃性强、流通盘适中的股票，因此，考虑个股的活跃性很重要。所谓看活跃性就是看个股历史最高价与最低价的区间，最近趋势波的最高价与最低价的区间，上涨和下跌的频率，每一次上涨波的幅度和每一次下跌波的幅度，单日最大涨跌幅度，当前趋势相对于上一波幅的涨跌幅度以及同其他个股的活跃性对比情况。

7. 看技术面指标

挑选那些比大盘趋势更强势的股票，只要个股相对强度指标连续一周比大盘差，那么就可以剔除该股票。但要注意，你更应关注的是个股而不是大盘，大盘只能用来参考，而不能用来决定个股的命运。同时也要注意，板块强弱比大盘强弱更适合于判断个股的涨跌动向。

8. 看主力持股情况

选择被主力机构不断增持的股票。选股前，要查看十大流通股的增减状况，看目标股的涨跌异动公告，分析机构席位和游资营业部的动向，分析主力持仓成本的转换情况。将主力机构青睐的股票作为候选股票。

与此同时，尽量选有主力资金抄底的股票。观察日 K 线图，将时间周期拉长到一年左右，对比当前的成交量是否明显属于中期底部放量。做完同比还要做环比，找出介入资金更多的股票。底部放量越大的股票，日后的涨幅往往也越大。如图 1-2 所示，科威尔（688551）在 2020 年 2 月 8 日出现了明显的底部，创出了新低 25.33 元，随后在 4 月 19 日出现了放量上涨，说明有增量资金的介入，此时，投资者可以密切关注。

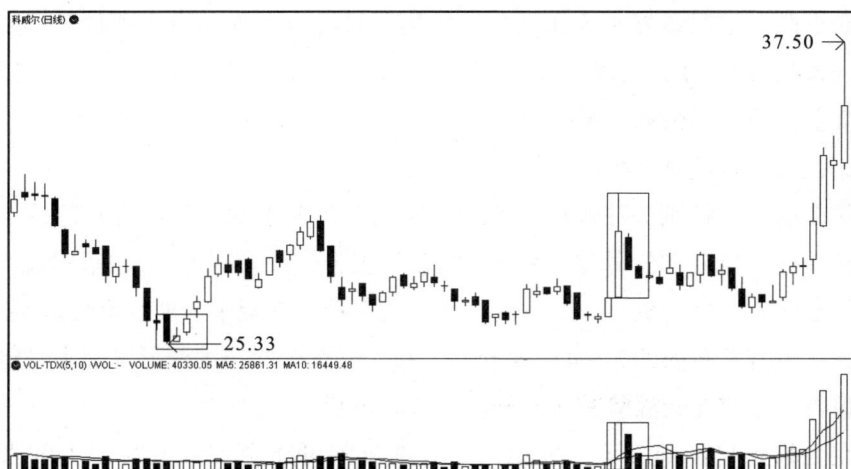

图1-2

9. 看股权

看股权就是看股权结构状态，高层管理人员持股有无变化；看有无新增股、转赠股、限售股上市；看有无 B 股或 H 股，及其动态；看总股本是否全部转为流通股，等等。

运用以上股票池的筛选方式时，投资者可以将股票池里的股票分为以下三类：

（1）有主力机构参与的高成长性股票。

（2）有主力机构参与的新兴行业股票和次新股股票。

（3）有主力机构参与的重组类股票和冷门股。

这三类股票的候选比例可为 6 : 2 : 2。

当然，对于不喜欢筛选股票的投资者而言，也可以一年只操作几只重点题材股，这样的股票股性活跃，加上长期关注该股票，这样操作风险性极小，容易获利。

（三）选择最有利的介入时机

建立了股票池，选择最有利的时机介入也非常重要。一般来说，入市时应考虑以下因素。

1. 看市场的周期

炒股讲究顺势而为，忌逆势而动。市场是有一定周期性的，涨跌到一定程度行情就会发生反转，所有的证券市场都是这样。当大盘下挫时，95% 的股票都会下跌，这时最好不要建仓，最佳建仓时机为大盘企稳并重新上行之时。例如，大盘攻击 30 日均线，可尝试少量建仓，如果能站稳在 30 日均线之上并且持续上攻的动能很强，则可加仓。

2. 看上市公司的情况

入市前，应特别关注候选股票所对应的上市公司的盈利报告，包括年报、中报和季报。当上市公司有大幅增长的盈利报告，或者有大比例的股本送转举措时，是介入的好时机。一般来说，在大盘走稳的前提下，业绩有良好预期的个股，在报告发布前的 2～4 周就开始上涨，可在个股技术面形成多头时建仓，待到报告发布前几天涨势减缓或开始下调时出货。

在大盘走稳的前提下，大比例的股本分割可能会带来 10% 以上的涨幅。通常来说，在股本分割方案公布后以及方案执行前，该股的股价都会有一波上涨行情，投资者可以根据这个特点进行建仓或平仓。需要注意的是，当大盘处于弱势时，股本分割有可能被理解成负面预期，从而令股价加速下挫。

3. 看是否是当前市场热点板块

大盘每一轮上涨都有一定的热点板块。2020 年上半年形成了科技、军工和电力等热点板块大盘强势时，跟热点机会多一些；大盘弱势时，大多数热点不具有持续性，这时就需要谨慎。

4. 关注上市公司的消息

如果事前有传言，比如有无突发性利好，是否是季度结算前敏感时间，基本面有无其他积极变化等。通常来说，如果是突发性的利好，可在技术面条件良好的情况下，设置好止损位后适当介入；如果是负面消息，则以观望为主。

5. 看基金的操作

每季度的最后两周，基金可能会在最近表现良好的股票上加仓，以使自己的账户看起来比较漂亮或者增加账面的盈利。这个机会散户也可以多加利用。

6. 看技术趋势

技术趋势是建仓最直接的参考依据。不管个股基本面有多好，或者有多么好的预期，如果技术面处于空头状态，一般是要斩仓的，所以不能唯基本面论。所有的建仓最后都要由技术面来进行确认，一般包括以下几个方面：

（1）日均线系统是否处于多头状态或正在形成多头状态，在 30 日均线上方或有效突破 30 日均线时建仓，成功机会就会大一些。

（2）如果量能有所放大，近日量能最好比平时超出一倍以上。

（3）周线系统是否开始转强。

（4）股价能否突破颈线位。

（5）如果 MACD 指标、KDJ 指标、RSI 指标都发出买进信号则更好。

7. 根据自己的经验

你还可以根据自己的观察，总结出一些盈利机会比较高的入市时机。

8. 选择主要风险最小的时候介入

股票市场是一个高收益、高风险的市场，建仓前要将如何控制可能出现的风险放在首位，这将直接决定你在进行多次交易后能否获利。一般来说，要考察的风险包括如下几个方面：

（1）大盘环境处于弱势状态的系统性风险或者突发的全局性利空。

（2）个股可能的风险或者利空。

（3）个人水平有限时买入决策的失误。

风险出现后应及时进行止损。止损的原则是将止损位设置在重要支撑位的下方某个位置，总的损失最好小于 7% ～ 8%，并根据支撑位的改变进行适当的调整。

总之，在建仓前要做好充分的准备，如实记录你所要建仓的时间、价位以及数量，并确定是否需要加仓、止损的价位、止盈的价位、跟踪计划等，这样你就可以大胆操作了。

（四）操作策略

1. 发现错误及时纠正

即使是股市高手也有失手的时候，华尔街的顶尖高手成功概率大都在 50% 左右，有的甚至不到 50%。他们之所以能够最终获利，是因为他们在发现错误时能及时纠正，使得每次的亏损都很有限，最多在 7% ～ 8%，而他们每次的盈利都在 20% ～ 30% 甚至几倍。这样，总的看来，他们的收益就很可观了。

索罗斯讲过：让你的亏损减小，让你的盈利奔跑。如果投资者能够做到在看错时坚决止损，在看对时坚持持股，在获利丰厚时止盈平仓，就能获得可观的收益。

从现在开始，做一个详细的计划，总结经验和教训，改掉随意买卖股票和听小道消息买卖股票的习惯；更多地关注一些基本面有良好预期的股票，在适当的时机买进有技术面支撑的股票，设立止损位和止盈位，建立一个良好的操作模式。

2. 工具与方法并重

在前面我们更多地强调了理论层面的操作，即建仓的方法。事实上，建仓时，工具与方法同样重要。方法是通向成功的捷径，工具是通向成功的桥梁。善用工具的人必然能将自己的技艺发挥得淋漓尽致，能力非凡的人都有自己的必杀技。只有方法没有工具，是不可能成功的。所以投资者在入市前，不但要有自己的想法，还应该有一套符合自己交易的工具，用以提升自己对机会与行情的把握。

炒股时要记住，是投资者去适应股票，而不是股票适应投资者。

3. 坚持巡查、及时更新

建好股票池后，不代表万事大吉，每天要观察一遍池中的股票，尤其是那些底部放量明显的个股，应当重点关注。买入后，如果做中线持有，平日留心一些新闻和大盘趋势就可以了，任凭短线波动；如果做短线，可以在股票池中轮流进出，将利润最大化。对股票池中涨幅已经很大，但没来得及介入的股票要及时清除，同时补进新股。

五、区分牛市和熊市

牛市和熊市这两个词，即便不是股民也早已耳熟能详。这两个词之所以如此"赫赫有名"，是因为它们直接关系着投资者入市后的操作策略。

一般的股民可能会认为在牛市就能挣钱，在熊市就会赔钱。其实不然，在牛市中赔钱和在熊市中赚钱的都大有人在，关键在于个人的操作。我国的股市从 2006 年股改之后，发生了结构性变化，强者恒强，弱者恒弱的现象开始出现。当大盘上涨时，一些业绩差的股票可能仍旧趴在底部不动，有的甚至还在下跌。这一现象让盈利的难度加大了，但总体来说在牛市中还是比熊市中容易赚钱。

下面，我们将介绍如何区分牛市和熊市。

（一）利用均线划分牛市和熊市

前文说过，牛市较熊市更容易获利，那么如何区分牛市和熊市呢？

所谓牛市是指股价长期保持上涨势头的股票市场，又叫多头市场。牛市股价变化的特征是，从总体上看是上扬的，期间虽有小幅度的回落，但却无碍大势向上，即大涨小回。以上证指数为例，从 2013 年 6 月底的 1894.65 点上升至 2015 年 6 月底的 5178.19 点，这就是典型的牛市。

所谓熊市是指股价长期处于下跌趋势的股票市场，也称空头市场。同样以上证指数为例，从 2015 年 6 月底的 5178.19 点下跌至 2019 年 1 月底的 2440.91 点，这就是典型的熊市。一般来说，每个熊市经历的时间都不尽相同，因市场和经济环境的差异会有较大的区别。

市场上划分牛市和熊市的方法很多，其中最容易掌握也是最有效的方法，即利用 344 日均线（也称龙线）和 89 日均线（也称凤线）来区别牛市和熊市。我们知道，几乎所有的股票软件都有均线指标，最常见的有 5 日均线、10 日均线、30 日均线、60 日均线、年线等。下面将要讲到的 344 日均线和 89 日均线是有别于其他均线且具有独特意义的一种均线。

关于均线的具体知识将在后面的章节做详细介绍，看不懂的读者可以先阅读后面的相关内容，再回头看本节内容。

344 日均线是一条长期均线，比较稳定，可以用来作为判断大盘牛熊市的一个指标。当它的趋势向上，且股价在其上方运行时，可以定义为牛市；当它走平或者趋势向下，且股价在其下方运行时，则可定义为熊市。以图 1-3 所示的深证指数为例。

从图 1-3 中可以看到，股指在下跌过程中，向上突破 344 日均线，就进入了牛市。在上涨过程中，跌破 344 日均线，就步入了熊市。

既然 344 日均线有如此显著的作用，投资者在打开股票软件时，首先应该把移动平均线设置成 344 日，看看大盘的 344 日均线在股价下方还是上方，进而决定操作策略。

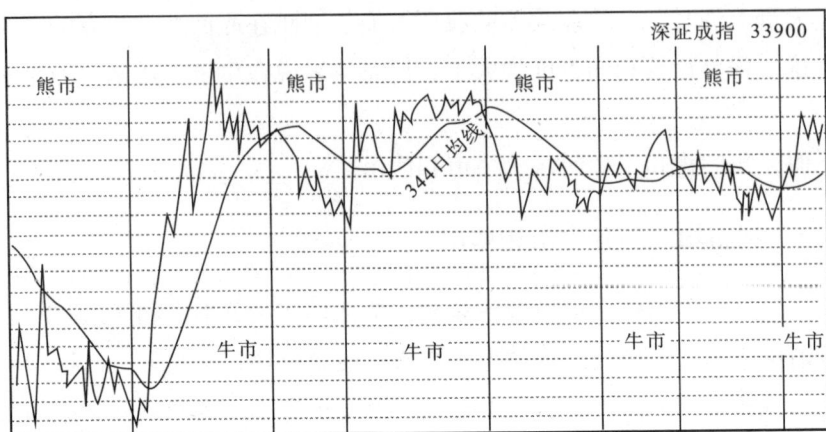

图1-3

但是，由于344日均线作为一个长期指标明显具有滞后性，因此，当股价跌破344日均线时，已经是投资者最后的逃命时刻。为了能够更早入市获得较多的利润和更早离市逃离风险，就要用到另外一条均线——89日均线。

如果说344日均线是牛熊转换的界定线，那么89日均线就是行情的启动线。以图1-4所示的上证指数为例。

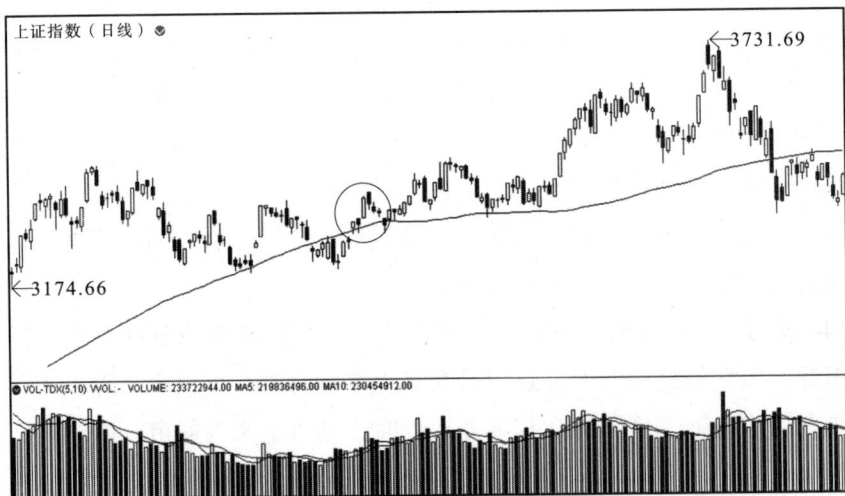

图1-4

从图1-4中可以看出，上证指数在89日均线下方附近收出一根中阳线，紧接着三天上证指数上涨了48点，合起来是一条大阳线。随后，上证指数突破89日均线，预示着牛市即将启动。果然，接下来上证指数突破了344日均线，开始了一轮大牛行情。

从图 1-4 的走势图中还可以看出一个现象，即牛市要启动，必然会在 89 日均线附近出现大阳线或中阳线，这是一个强势信号，一旦突破就会出现一轮大的上涨行情。

上面讲的是利用 89 日均线判断牛市的启动，同样，89 日均线还能够事先判断熊市即将启动。前面讲过，当大盘或股价下跌，并跌破 344 日均线时，说明已进入熊市，此时离场将无利可图。但 89 日均线却可以让投资者保留大部分的利润。当指数或股价跌破 89 日均线时就是离场的信号，只要在此期间离场，还是可以保住一定利润的。

如图 1-5 所示，沪硅产业-U（688126）收出了一根中阴线且向下突破 89 日均线，之后的反弹无法向上突破 89 日均线，便开始了大幅的下跌行情。

由于均线具有滞后性，因此，当股价跌破 89 日均线时，已经损失了一部分利润，这一点从上面的图中也可以看到。那么，有没有更好的规避利润损失的方法呢？下面要讲的趋势线分析方法，能在一定程度上解决这个问题。

图1-5

（二）利用趋势线划分牛市和熊市

所谓趋势线，就是股价走势图中每一个波浪顶部最高点之间，或每个谷底最低之点间的直切线。在上升趋势中，将两个低点连成一条直线，就得到一条上升趋势线。在下降趋势中，将两个高点连成一条直线，就得到一条下降趋势线。另外还有一种不升也不降的水平趋势线。趋势线的最大优点就是避免了移动平均线的滞后性。

关于趋势线的详细理论,将在后面的章节做详细介绍。本节重点介绍如何利用趋势线区分牛熊市。

1. 如何判断熊市以及由熊转牛

利用下降趋势线可以清楚地看出当前是否处于熊市中。如图 1-6 所示的上证指数的一段走势图。连接下降过程中的顶点所形成的趋势线明确地显示,这个市场每次反弹都没有超过前期的高点,即一个高点比一个高点低;再看低点,也是一个低点比一个低点低。这是非常明显的熊市特征。虽然在下跌过程中,会有几次反弹,但是介入的风险很大,高位可以少量介入,普通散户最好选择空仓休息。

图1-6

那么,如何确定熊市的结束呢?可以借助趋势线来判断。

当长期下跌趋势线被有效突破的时候,说明股市的春天来了。还是以图 1-6 所示的上证成指为例。从图中可以看到,整个走势是从突破长期下降趋势线以后开始反转的,在出现了一根大阳线后,从而突破了长期下降趋势线。

2. 如何判断牛市以及由牛转熊

上升趋势线也可以用来判断市场是否处于牛市以及何时由牛转熊。

在牛市行情中,一顶比一顶高,而且底部也不断抬高,即低点一个比一个高,这就是牛市的特征,如图 1-7 前半部分所示。但是,当长期上涨趋势线一旦被跌破时，就是离场信号，应及时离场，这样才可以有效地保住利润，并规避后面的巨大风险，如图 1-7 后半部分所示。

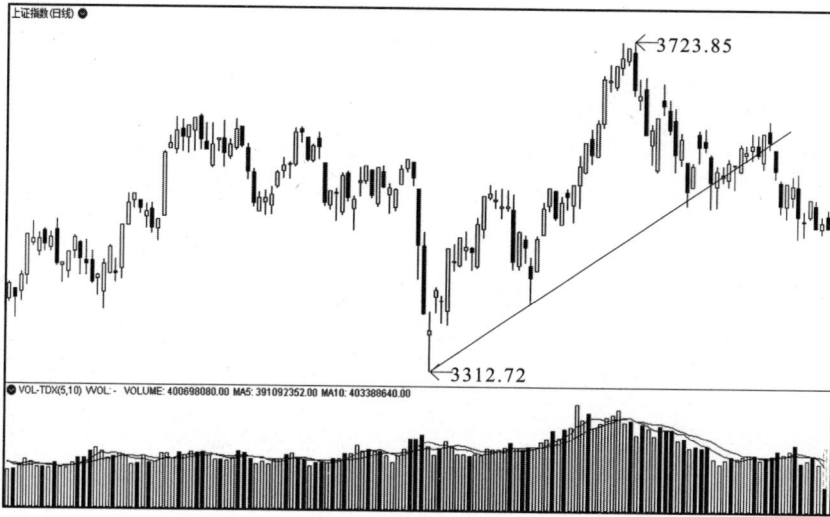

图1-7

第二章

选股的两个基本点

——基本面分析与技术面分析

　　股市中赚钱的只有少数人，如何才能成为股市里的少数人呢？答案就是做好股票的基本面分析与技术面分析。多数人进入股市都是从技术面分析入手，却忽略了基本面分析。事实上，基本面分析和技术面分析在选股过程中缺一不可。基本面分析是股市盈利的根本，而技术面分析则是选股的有力武器。

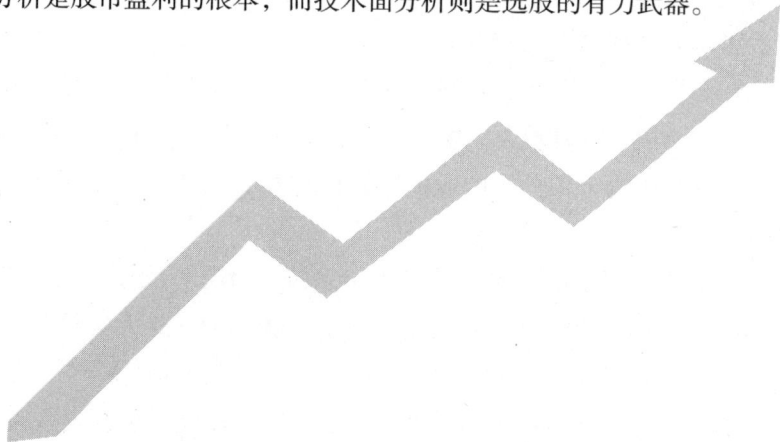

一、基本面分析是盈利的根本

市场上每一只股票都对应着一家上市公司。这家上市公司的基本情况就是这只股票的基本面，其内容包括这家公司是干什么的，生产什么产品或者提供什么服务；这家公司的经营情况如何，业绩如何，盈利能力如何；这家公司的产品在市场上是否具有竞争力，是否具有垄断性；这家公司在行业中的地位，是处于龙头地位还是落后地位；这家公司的产品或服务是否受到政策扶持，是否符合经济发展的大趋势；这家公司的领导层是不是管理得力，消息面对这家公司的评价如何，等等。

抓住了基本面就等于抓住了主要因素，而这往往是股价变动过程中的关键性因素。

（一）基本面分析对选股的影响

基本面好的股票从长远看必定会有较大的上升空间，成功的股票投资者都懂得这个道理，巴菲特如此，彼得·林奇也如此。具体说来，基本面分析对选股的影响表现在以下四个方面。

1. 上市公司的业绩、盈利能力影响股价的走势

在同一股市大环境下，基本面好的股票，其市场走势比基本面不好的股票要强，这是因为上市公司的业绩和盈利能力是公司发展的原动力。以牛市时期的两只股票为例。

如图 2-1 所示的是贵州茅台（600519）的周 K 线图，由于其基本面良好，在 2019～2021 年两年中持续保持稳定上涨，是一只大牛股。反之，如图 2-2 所示的文一科技（600520），因 2019～2020 年公司不景气，导致该股业绩持续下滑。可见，即使处于牛市中，基本面的好坏也影响着股票的走势。

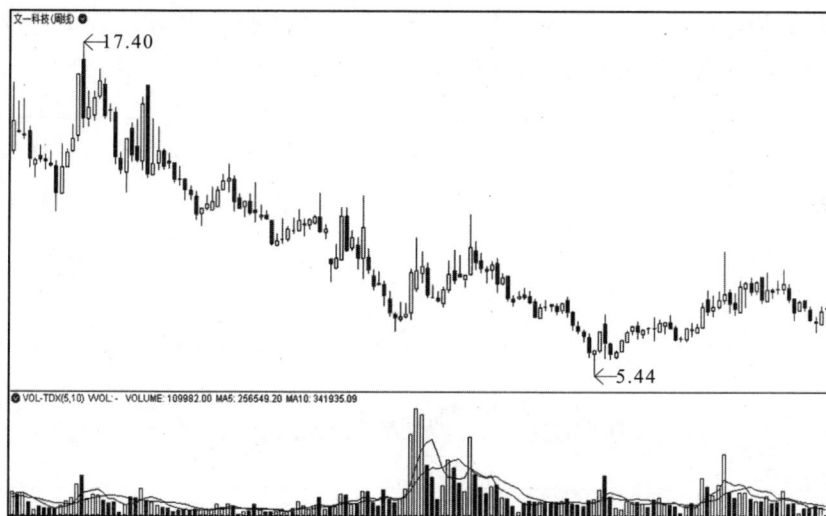

图2-1

图2-2

2. 从基本面出发选择和操作股票是机构的共识

　　主力机构是推动股价变化的主要推手，而主力机构挑选股票时首要分析的就是上市公司是否具有发展潜力。作为散户要想在市场中盈利，就必须和主力机构站在同一战线上。换言之，散户在挑选股票时也必须从基本面出发，否则就可能失手。例如，有些股民喜欢追热点，但刚买入不久，股价就跌了，再也热不起来了。原因是，这些上涨常常是主力机构出货前施放的烟幕弹。因此，选股应选择业绩优良、具有成长性的股票。

3. 基本面是股票走势的内因

一只股票的上涨，由内因所决定。对基本面分析派来说，首先抓住的就是本质，也就是内因，而后才会去看股价是否被低估等外因，从而判断是否可以买入。例如，同样面对利空这个外因，基本面好的股票可能就抗跌，而基本面差的股票可能就会大跌；而面对利好这个外因，基本面好的股票可以借机大幅拉升，这是外因刺激内因所形成的结果。从基本面下手，往往能够直接抓住主要因素，这是抓住股票上涨的关键。

4. 基本面分析克服了技术面分析的盲区

技术面分析是通过股价走势来判断后市会不会上涨或者下跌，但是，即使是一只大牛股，当它没有显露锋芒时，用技术面分析是找不到它的。但如果通过基本面分析，就可以发现它的踪迹。

如图 2-3 所示的中国船舶（600150），从技术面分析角度看，是一个震荡下跌的走势，后市趋势并不明确。但是，从基本面的趋势看，却是一直在上升，由此可以判定该股后市有可能会成为一只大牛股。

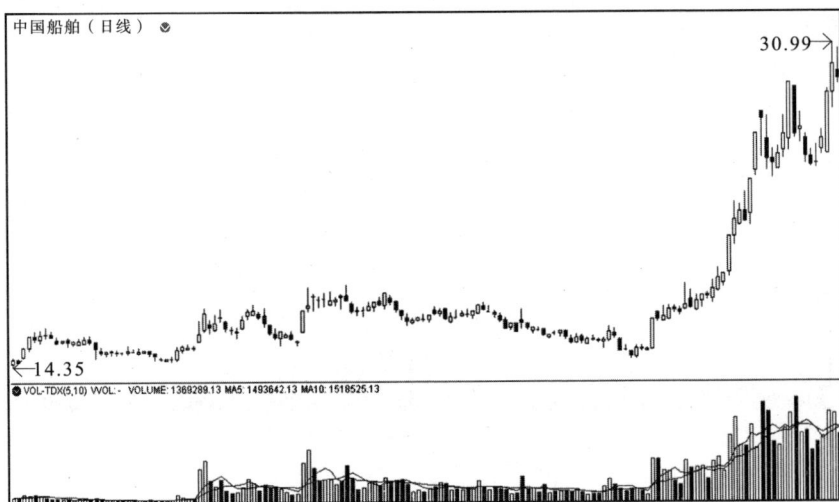

图2-3

（二）基本面分析对散户同样重要

有人认为散户由于在获取信息方面处于劣势，同时缺乏专业技能，难以进行基本面分析，所以，基本面分析法只适合于实力雄厚的机构投资者。实际上，对于散户来说，对基本面分析方法有一定了解也是十分必要的。

虽然与技术面分析相比，基本面无法告诉我们买卖时机，也不能告诉我们股价大致上升或下降到哪个价位，但是，最终决定一只股票价格上涨的因素，是其背后上市公司的经营业绩和市场前景。决定股票市场繁荣的根本因素，也只能是宏观经济的发展和经济结构的变迁，而这些都是基本面的内容。

有一些经营业绩差的股票，即使在短期内可以被炒至高位，并且勾画出一路上涨的技术图形，但是因为缺乏经营业绩的支撑，很快会面临下跌的风险。

此外，一般来说，证券公司和基金公司等机构投资者多数都做价值投资，它们有专门的研究部门做投资分析，撰写研究报告并推荐股票。而机构投资者往往是推动一只股票价格不断上扬的主力，散户如果能够事先了解某只股票的基本面信息，自然能够跟着他们分一杯羹。

二、基本面分析的主要内容

对于普通投资者而言，若想深入研究宏观经济和上市公司基本面是非常困难的，实践表明，把握市场基本面的要点在于紧紧抓住市场的热门话题以及热点板块。

基本面的分析主要有以下几个方面。

（一）宏观分析

宏观分析要注意以下一些要素。

1. 利率

实际生活中的利率有很多种，而与企业经营和人们生活联系最密切的就是存款利率和贷款利率。

通常认为利率的提高对股市起到负面作用。首先，存款利率的上升使存款收益提高，风险承受能力较弱的投资者倾向于从股市撤出资金进行储蓄；贷款利率的上升提高了公司的筹资成本，增加了公司偿债的难度，盈利就会相应减少；其次，房贷利率的上升将使一部分投资者从股市上把资金撤出来用于偿还房贷。以上的种种原因都造成股市资金的分流以及股市资金的供给下降。但是，上面这种传统的利率与股价的关系也要结合经济周期进行分析。在经济处于繁荣增长的阶段，社会需求旺盛，企业利润增长很快，甚至可以抵消利率上升所造成的融资成本增加；在繁荣期，投资者对股市也十分看好，存款利率的小幅增加不足以使投资者转向。

2. 汇率（人民币汇率）

汇率对原材料或产品涉及贸易的上市公司影响很大，同时汇率也会引导国际资金的流向。很多研究人员认为，目前我国股市价格波动的影响因素之一便是人民币的不断升值。人民币升值从直观上理解就是 1 美元只能换到更少的人民币。

汇率通过贸易渠道影响上市公司股价有如下几种情形：

（1）若公司的产品主要销往海外市场，而原材料不依赖于进口，则当本国货币升值时，本国产品相对于外国产品价格上升，不利于本国产品的销售，而原材料成本不变，企业盈利下降，股价下跌；反之，当本国货币贬值时，股价将呈上升趋势。

（2）若公司的产品主要销往国内市场，而原材料依赖于进口，当本国货币升值时，国内产品销售价格不受影响，而原材料成本下降，盈利上升，股价上升；反之，当本国货币贬值时，股价将下跌。

（3）若公司产品主要销往国内市场，原材料也不依赖于进口，那么汇率对销售收入和原材料成本的影响都比较小。

（4）若公司产品主要销往海外市场，原材料也依赖于进口，这实际上就是国际贸易中"两头在外"的情形，本国货币升值会降低产品销售收入，但另一方面原材料成本也会下降，汇率对利润的影响倾向于两种力量的互相抵消，最终汇率的影响是比较小的。

3. 货币供应量、信贷资金的控制——法定准备金率

货币供应量指标主要有四种，即 M0、M1、M2 和 M3。M0 仅仅包括流通中的现金，M1 包括现金和活期存款，M2 包括现金、活期存款、储蓄存款及单位其他存款之和。M3 是一个衡量货币供应的主要指标，它包括钞票、硬币、活期存款和 4 年期的定期存款，即 M3=M2+ 其他金融机构的定期存款和储蓄存款。央行对 M1 和 M2 高度关注，监测经济运行。央行对货币供应量的控制

是间接的，主要通过公开市场操作、再贴现率、法定准备金率这三大政策工具来操作。

法定准备金率是央行近期使用比较频繁的货币政策工具。法定准备金就是央行要求商业银行存放在央行账户的资金，它占存款总额的比率就是法定准备金率。该比率的提高将使商业银行可以放贷的资金减少，从而间接地控制了流向股市的资金总量。需要说明的是，政策上不允许信贷资金直接流入股市，但是应考虑这样一种情形：在信贷资金充足的情况下，打算购买住房的人可以在很大程度上依赖于房贷，从而将闲余资金投入股市，而一旦信贷资金收紧，房贷难以获得或贷款规模较小，这种情况下投资者就没有富余资金投入股市，减少了股市上的资金总量。政府每次清查违规资金入市的消息通常会导致股市的小幅下挫。

4. 通货膨胀率、加息

通货膨胀率衡量的是一国物价上涨的程度，通货膨胀率越高表明物价上涨得越厉害。通货膨胀率对股票价格的影响要视情况而定。

（1）温和的、稳定的通货膨胀对股价的影响较小。如果通货膨胀在一定的可容忍范围内增长，而经济处于景气（扩张）阶段，产量和就业都持续增长，那么股价也将持续上升。

（2）严重的通货膨胀是很危险的，经济将被严重扭曲，货币每年以50%的速度以至更快的速度贬值，这时人们将会囤积商品、购买房屋以期对资金保值。这可能从两个方面影响股价：一是资金流出金融市场，引起股价下跌；二是经济扭曲和失去效率，企业一方面筹集不到必需的生产资金，另一方面原材料、劳务价格等成本飞涨，使企业经营严重受挫，盈利水平下降，甚至倒闭。

（3）通货膨胀时期，并不是所有价格和工资都按同一比率变动，也就是相对价格发生变化。这种相对价格变化引发财富和收入的再分配，产量和就业的扭曲，因而某些公司可能从中获利，而另一些公司可能蒙受损失。与之相应的是获利公司的股票上涨，受损失公司的股票下跌。

另外，较高通货膨胀率通常会引发央行实施紧缩的货币政策从而对股市产生不利影响。

5. 国内经济政策

在我国，政府调控股市的政策通常会对股价产生较大的影响。例如，政府针对房地产和债券市场的政策会影响到股市的表现。比如，政府认为房地产过热而采取打压措施，原先投资于房地产的资金就有可能转而投向股市，从而推动股价的上升。重要领导人针对股市的讲话也会反映出政府对股票市场状况的评价和看法，可以用来预测政府将要对股市采取的政策。

国家的产业政策也会影响具体行业上市公司的股价。国家重点扶持和发展的行业，其股票价格会被推高，而国家限制发展的行业，其股票价格会受到不利影响。

6. 国外重大政治、经济事件

国外的重大政治、经济事件必然会对当地股市产生影响，接着，通过国际范围内的股市联动性，而对其他国家的股市产生影响。例如，2020年3月9日，美股遭遇"黑色星期一"，开盘暴跌，标普500指数跌超7%，创下了1997年10月以来单日的最大跌幅。同时，世界主要股市上的指数也出现了不同程度的下跌，有研究者认为这是美国股市影响世界股市的开始。

（二）行业分析

根据我国上市公司最新行业分类指引办法，可将上市公司共分成13个较大的门类：农、林、牧、渔业，采掘业，制造业，电力、煤气及水的生产和供应业，建筑业，交通运输、仓储业，信息技术业，批发和零售贸易，金融、保险业，房地产业，社会服务业，传播与文化产业，综合类等。

具体来说，行业分析应关注以下几个方面。

1. 股市热点

首先，国家重点支持的行业往往会成为股市热点，而该行业内具有生产垄断性的企业将是最直接的受益者，未来业绩的高成长性也将有很好的预期。例如，2014年以来，我国的"一带一路"战略计划开始实施，我国股市二级市场上的港口概念随之诞生，使港口板块类的个股演绎了一波轰轰烈烈的上升行情。

其次，从行业的涨跌幅排名中捕捉近期市场的热点。现在的行情分析软件都有提供相关行业每日、每周的涨幅情况，从各个行业的涨幅情况和涨幅较大的股票所属的行业可以判断出近期主力资金的动向，从而推测股市的热点。

另外，宏观经济条件的变动会影响股市热点的转变。应根据商品形态，分析公司产品是生产资料还是消费资料。一般来说，生产资料受经济环境变动的影响较大，当经济好转时，生产资料产值的增长速度要高于消费资料，而在经济恶化时，生产资料产值萎缩得也快。在消费资料中，奢侈品和生活必需品对经济环境的敏感程度也不同，前者更为敏感；从需求形态上，我们要分析产品主要的销售市场。比如内销产品的销路主要受国内政治经济因素的影响，外销产品要受到国外政治经济形势、国家贸易政策、汇率等因素的影响。

2. 行业周期

任何一个行业都有其生命周期，处于不同行业阶段的公司，其股票价格的走势也各不相同。

处于成长期的行业，技术进步非常迅速，利润非常可观，但是风险也比较大，股价容易出现大起大落的现象。

处于扩张期的公司通过激烈的竞争，少数公司基本控制了该行业。这一阶段，公司利润的提高主要依赖于规模的扩张，公司的股票价格处于稳步上升阶段。

进入停滞期后，市场几乎接近饱和，行业增长速度放慢。处于这一阶段的上市公司股价表现平淡甚至出现下跌，有些行业甚至因为产品遭到淘汰而导致股价加速下跌。

3. 行业平均盈利能力和市盈率

对一个行业进行了解的最终目的是选择公司，因此必须了解行业的平均盈利水平和市盈率水平，以此作为衡量所选择公司业绩的参照指标。这两个指标在后面将有详细介绍，在此不再赘述。

（三）公司基本面的分析

公司基本面的分析，包括公司的经营管理状况和财务状况。

行业分析后要选择具体的上市公司，此时需要关注下面几个因素。

1. 经营状况

公司经营状况包括公司的市场占有和垄断能力分析（市场占有率和市场覆盖率）、产品价格、销售能力、原材料供应状况以及产品专利代表的技术水平等。由于散户很难获得公司经营状况的详细信息，加之散户也缺乏足够的精力、时间和能力辨别这些信息的真伪，更谈不上专业的加工处理，因此散户可以将注意力放在了解所投资的上市公司的新闻上，把握重大事件。

对公司的股利分配政策也要进行关注，尤其是预期未来的股利，它是决定股票价格的重要因素。若公司分配政策做出有利于股东的变化，则将引起股价的上扬。

2. 财务状况

分析上市公司的财务状况，首先要关注财务报表，这是财务分析的依据。财务报表主要包括资产负债表、利润表和现金流量表。

资产负债表表明公司在某一个时点的财务状况，它是依据"资产＝负债＋所有者权益"这一基本平衡公式编制的。它主要包括三方面内容：企业在某一时点拥有的资产总额、负债总额和所有者权益；利润表反映公司在一定时期内经营成果的动态指标，它是依据"收入－费用＝利润"这一平衡关系编制的。它主要包括销售收入、销售成本、销售毛利、营业外收入和支出、税前和税后利润等科目；现金流量表是以现金和现金等价物为基础编制的，反映公司财务状况变化及其原因的财务报表。现金流量表提供公司在年度内有关现金收支的资料，帮助投资者分析公司的持续经营能力、发展能力和适应市场变化的能力。

具体来说，对公司的财务分析主要从以下四个方面展开：

（1）获利能力分析。一个公司当前投入的资本如何运用、获利能力如何，直接影响公司的利润，收益性指标也是衡量公司有无活力、经济效益优劣的标志，同时也是投资者投资股票的依据。因为利润直接决定了股息的规模和股价的走势。相关指标有资产报酬率、资本报酬率（股东权益报酬率）、每股收益、每股净值、市盈率和市净率。

（2）安全性比率。安全性比率是分析公司偿债能力的指标，主要有流动比率、速动比率、负债比率和举债经营比率。

（3）成长性比率。主要是衡量公司成长能力并用来预测未来发展状况的指标，包括利润留存率。

（4）周转性比率分析。它是用来分析一个公司经营效率的比率，是财务分析中的重要周转率之一。常用的周转率指标有应收账款周转率、存货周转率、固定资产周转率、资本周转率和资产周转率。

对于散户来说，对一家企业的财务状况进行综合分析是需要花费大量时间和精力的，也是不实际的，所以只要能够掌握相应的财务指标也可以在一定程度上了解企业的财务状况。还需要强调的是，在运用财务指标时，一定要注意财务指标近3年内的纵向变化，并与行业平均水平和同类企业进行横向比较。

3. 获得上市公司信息的途径

根据法律规定，上市公司为了保障投资者的利益和接受社会公众的监督，必须公开和公布其有关的信息和资料，使投资者能在充分了解情况的基础上做好决策。

上市公司公开披露的信息主要包括四大部分：招股说明书、上市公告书、定期报告（包括中期报告和年度报告）、临时公告（包括重要会议公告、重要事件公告、收购与合并公告）。这些信息可以在公司网站、证券交易所网站和重要权威媒体（如《中国证券报》和《上海证券报》）等获得。

投资者通过上市公司的信息披露，可以了解上市公司的经营状况、财务状况及其发展趋势，有利于依据所获信息及时采取措施，做出正确的投资选择，也有利于广大股东对上市公司进行监督。因此，投资者应该积极关注各种信息来源，综合分析，做出正确的投资决策。

三、基本面分析的两个根本点

前面讲到了基本面分析的主要内容。然而，一家上市公司的财务指标非常繁杂，作为普通投资者不可能一一掌握和理解。但是只要抓住两个点——主营业务和现金流量进行分析，就等于抓住了上市公司的本质。在此基础上，投资者可以事先锁定上市公司，然后通过网络等渠道，搜寻主力机构对这些公司的分析报告以及其他有关这家上市公司的消息，综合考虑和判断这家上市公司是否值得投资。通过分析这两点，最终能够找到基本面好的股票。

（一）基于主营业务的分析

上市公司的业务情况可以从其发放的利润表中获知，此外，从各种炒股软件的排名表中也可以看出端倪。考察公司的主营业务，重点要关注以下几个方面。

1. 考察主营业务是否清晰

基本面好的上市公司，其主营业务必定是单纯、清晰的，那些业务混乱，"挂羊头卖狗肉"的上市公司首先就应该避开。比如，表2-1中这家公司，它是以"××通信公司"的名义上市的，然而，其主营业务却与股票名称极不相符。遇到这种公司时，投资者要谨慎购买。

表2-1 某公司主营业务明细表

主营业务：通信服务运营，数据与语音服务，通信设备的研制、开发、生产与销售，元件开发；经营国内商业、物资代销业、进出口贸易；食用动物养殖及相应的肉类加工、饲料生产和销售；果树种植；房地产投资与开发

主营构成分析 ＼ 项目名	营业收入（万元）	营业利润（万元）	毛利率（％）	占主营业务（％）
工业（行业）	8646.84	1566.99	18.12	35.84
农畜业（行业）	14649.34	853.64	5.83	60.72
物业管理及出租（行业）	575.61	202.49	35.18	2.39
房地产（行业）	67.50	30.89	45.76	0.28
合计（行业）	24127.40	2733.83	11.33	100.00
电话机及智能保险柜（产品）	8646.84	1566.99	18.12	35.84
饲料（产品）	14537.28	859.79	5.91	60.25
肉鸡（产品）	112.06	-6.15	-5.49	0.46
物业管理及出租（产品）	575.61	202.49	35.18	2.39
房地产（产品）	67.50	30.89	45.76	0.28
合计（产品）	24127.40	2733.83	11.33	100.00
内销（地区）	23272.47	2560.25	11.00	96.46
外销（地区）	666.81	93.76	14.06	2.76
合计（地区）	24127.40	2733.83	11.33	100.00

2. 利润构成

投资股票时，应该选择那些主营收益占主要地位的公司，远离那些靠投资收益来支撑公司业绩的公司。上市公司的利润构成情况可以通过利润分配表查看。

如表 2-2 所示，这家公司的投资收益在整个营业利润中始终只占据很少的比例，也就是说，这家公司始终把主营业务放在首要位置，是一家值得投资的公司。

表2-2 利润表摘要

指标 (单位：元)	2020/12/31	2019/12/31	2018/12/31	2017/12/31
营业收入	68.09亿	64.58亿	68.25亿	69.60亿
营业成本	52.00亿	51.58亿	57.90亿	63.06亿
营业费用	2.24亿	3.80亿	3.27亿	2.88亿
管理费用	3.96亿	3.13亿	2.45亿	3.37亿
财务费用	1.11亿	1.04亿	1.14亿	1.76亿
投资收益	1453.00万	234.00万	2278.42万	1932.11万
营业利润	13.54亿	1.80亿	1.03亿	-2.71亿
营业外收支净额	-2526.75万	-3007.02万	325.14万	96.45万
利润总额	13.28亿	1.50亿	1.07亿	-2.7亿
净利润	11.38亿	1.35亿	8817.31万	-2.22亿

相反，表 2-3 中所示的这家公司就不值得投资。从表中连续几年的数据可以看出，该公司的投资费用过高，公司稳定获利的能力不强。这样的公司是不值得选择的，股民最好远离它们。

表2-3 利润表摘要

指标 (单位：元)	2020/12/31	2019/12/31	2018/12/31	2017/12/31
营业收入	4.85亿	4.34亿	4.27亿	3.90亿
营业成本	3.53亿	3.28亿	3.34亿	3.04亿
营业费用	4154.31万	4755.07万	4250.80万	4031.93万
管理费用	2876.12万	2489.53万	2640.52万	2945.86万
财务费用	496.61万	436.35万	424.29万	269.79万
投资收益	552.33万	104.15万	-341.60万	-264.37万

续表

指标 （单位：元）	2020/12/31	2019/12/31	2018/12/31	2017/12/31
营业利润	2715.07万	571.96万	−220.88万	201.96万
营业外收支净额	21.58万	33.88万	0.04万	34.70万
利润总额	2736.66万	605.85万	−220.83万	236.66万
净利润	2277.94万	586.34万	−186.78万	94.63万

3. 主营业务增长率

毫无疑问，那些连续稳定快速增长的公司是股民应该关注的重点。这一点同样可以从利润表中看出来。

表2-4和表2-5所示的是两家利润增长率截然相反的公司。表2-4所示的这家公司，连续三年无论主营业务收入增长率还是营业利润增长率都保持在30%左右，是一家成长性好的公司，值得关注。

表2-4　运营与发展能力指标

财务指标（%）	2020/12/31	2019/12/31	2018/12/31	2017/12/31
应收账款周转率	9.3159	7.9694	6.8046	6.0955
存货周转率	8.03	6.94	7.89	8.39
流动资产周转率	0.89	0.83	0.85	0.83
固定资产周转率	1.36	1.83	2.08	1.92
总资产周转率	0.58	0.88	0.78	0.80
营业收入增长率	23.63	20.13	15.17	7.59
总资产增长率	18.99	17.36	22.45	28.32
营业利润增长率	32.88	28.44	45.24	26.78
净利润增长率	75.26	53.61	132.55	20.33
净资产增长率	27.04	23.81	22.62	20.36

相反，表2-5所示的这家公司，其主营业务收入增长率虽然是逐年增加的，但增长速度不快。其营业利润增长率则大起大落，很不稳定，其中必有原因，股民对这样的公司要小心为妙。

表2-5 发展能力指标

财务指标（%）	2020/12/31	2019/12/31	2018/12/31	2017/12/31
营业收入增长率	18.33	45.12	5.87	62.74
总资产增长率	23.14	17.89	28.99	24.21
营业利润增长率	−29.87	−23.45	20.45	18.99
净利润增长率	−27.66	−21.02	17.65	13.77
净资产增长率	5.31	16.47	29.65	22.71

4. 毛利率

毛利率与主营业务息息相关，毛利率越高，公司经营的效率就越高。毛利率的相关公式如下：

主营业务利润=主营业务收入−主营业务成本

毛利率=主营业务利润 / 主营业务收入

例如，可口可乐、贵州茅台等消费类企业，由于产品配方固定，原材料也很廉价，所以不必加大投入就可以赚取可观的利润，这类公司的毛利率相对来说是比较高的。因此，股神巴菲特才钟情于可口可乐这样的消费类企业。反之，钢铁行业、机械制造业等行业要获得利润就必须加大投入，引进技术、更新设备，还要顾及原材料和劳动成本的提高，不太容易获得高额利润。

需要指出的是，不同的行业，毛利率不具备可比性。如表 2-6 中列出了某些行业龙头股的年毛利率，可以看出贵州茅台的年毛利率远高于排名 12 的万科 A 的年毛利率，但这并不代表贵州茅台的基本面要比万科 A 好。

表2-6 某年各行业龙头股票毛利率排名表

编号	代码	名称	年毛利率（%）
1	600519	贵州茅台	91.41
2	300529	健帆生物	83.93
3~11	略	略	略
12	000002	万科A	30.00

　　既然如此，那么，如何通过毛利率来选择好的公司呢？一种方法是在同行业中进行比较，关注那些在同行业中毛利率较高的公司。如表2-7所示，很明显，投资排名靠前的行业比靠后的公司收益更大；另一种方法就是像巴菲特那样只考虑毛利率高的行业，只关注如贵州茅台等这些毛利率高的公司。

表2-7　某年各行业毛利率排名表

编号	代码	名称	年毛利率（%）
1	163118	医药生物	53.08
2	159998	计算机	42.11
3	159843	食品	39.65
5～11	略	略	略
12	881165	综合	35.87
15	884076	纺织服装	31.78

（二）基于现金流量的分析

　　分析主营业务的目的主要是挑选盈利能力强的公司，依靠的是利润表。对现金流量进行分析的目的主要是挑选有经营活力的公司，依靠的是现金流量表。

　　1. 现金收益率

　　投资大师彼得·林奇是利用现金收益率选股的典范，他说："我更喜欢投资于那些不依赖资本支出的公司股票，公司不必用流入的现金来苦苦支撑大量的现金支出。"他所指的就是上市公司的现金流量情况。毫无疑问，现金流量是公司的血液。现金流量分流入现金和流出现金，如果流入现金多而流出现金少，说明公司经营状况好，现金流量充足；反之，如果流入的现金少而流出的现金多，说明公司经营状况差，现金流量枯竭。如果入不敷出，这家公司就将面临生存危机了。

　　现金收益率的计算公式如下：

$$现金收益率 = 每股经营现金流量 / 股价$$

　　需要特别说明的是，公式中的"每股经营现金流量"是最应该关注的。因为，对于不同的公司来说，现金流量净值（现金流量净值 = 现金流入 - 现金流出）的意义是不同的。例如，5亿现金流量净值对于钢铁企业来说是杯水车薪，但对于全聚德这样的消费型企业而言就是大数目。对于投资者来说，最终影响收益的是经营活动产生的现金流量净值，因此，就有了每股现金流量指标，计算公式如下：

每股经营现金流量 = 经营活动产生的现金流量净额 / 总股本

虽然每股经营现金流量对于不同行业的上市公司来说存在差别，但比起现金流量绝对值来说，具有一定的参考价值。

那么，什么样的现金收益率是安全标准呢？彼得·林奇的观点是：10%的现金收益率相当于长期持有股票的最低收益率。如果现金收益率等于10%，属于正常水平；如果大于10%，就是值得关注的公司；假如低于10%，则是现金流出现了问题。

这一观点在实践中得到了验证。如图2-4所示。

从图中可以看出，宁波银行（002142）从2019年12月至2021年4月的现金收益率一直在10%线的上方，说明这家公司的现金流量是比较充足的，其股价也是呈上扬趋势。但在2021年5月以后，其现金收益率跌破10%线，说明这家公司的现金流出了问题，相应的，股价也发生了下跌。

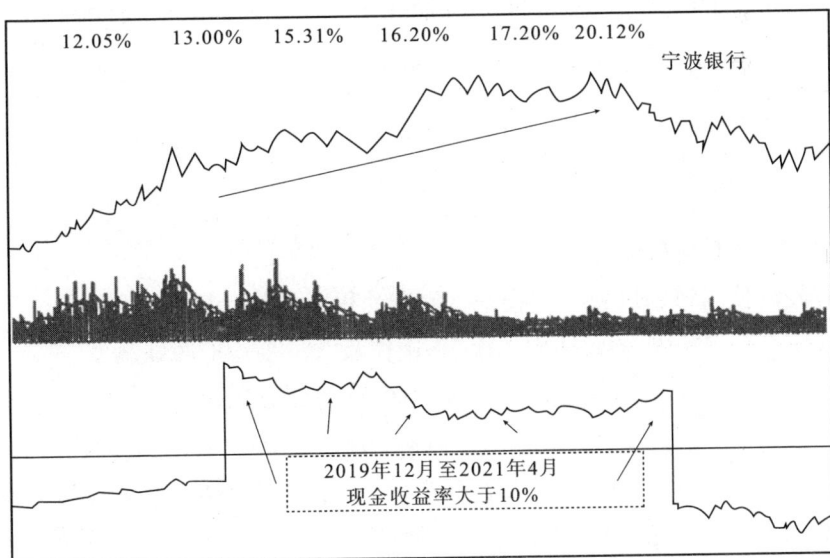

图2-4

2. 预收账款和应收账款

预收账款和应收账款是资产负债表中的两个项目，它们是分析上市公司经营情况的参考指标。公司产品如果供不应求，客户会预先支付货款，即形成预收账款，这样的公司就值得关注；相反，一家上市公司的账面上有许多应收账款，说明货已经发出去了，货款却收不回来，这或许意味着这家公司的产品不够畅销，相应的，其收益率也不会太高。

需要说明的是，分析这两个指标时要与其他条件一起综合考虑，不可仅依靠数字来下定论。例如，表2-8所示的公司（仅节选部分表格），从表中看，该公司在年末的预收账款远大于应收账款，与此同时又有100多亿元的存货，说明有许多货没有发出去。综合分析，可以判断，该公司部分产品是比较畅销的。在这种情况下，股民还需要进一步考察该公司的其他基本面指标。

表2-8　某公司资产年报表（节选）

资产（万元）	年末数（万元）	年初数（万元）
应收票据	636710.90	6065759.85
应收账款	31106.80	12058.18
预付账款	26029.69	32376.55
存货	1014281.70	743819.65
待处理流动资产净损失	16593.44	2731.38
在建工程	53202.16	62795.24
预收账款	893101.86	515531.66

3. 应收账款周转率

应收账款周转率反映了应收账款的流动程度。其计算公式如下：

应收账款周转率（次）=销售收入／平均应收账款

应收账款周转天数=360／应收账款周转率

=平均应收账款×360／销售收入

式中，平均应收账款为资产负债表中"应收账款"和"应收票据"的期初和期末金额的平均数之和。

一般来说，应收账款周转率越高越好，与之相对应，应收账款周转天数则越短越好。应收账款周转率越高，说明其平均回款时间越短，坏账损失少，资产流动快，偿债能力强，这样的上市公司值得关注；反之，则说明这家上市公司存在现金流问题，应该小心回避。

当然，世事没有绝对。如果公司的应收账款周转天数太短，则表明公司奉行较紧的信用政策，付款条件过于苛刻，这样会限制企业销售量的扩大，特别是当这种限制的代价（机会收益）大于赊销成本时，会影响企业的盈利水平。因此，投资者在分析这个指标时应将公司本期指标和公司前期指标、行业平均水平或其他类似公司的指标相比较，判断该指标的高低。

目前许多软件都提供应收账款周转率排序，投资者可以查阅。

四、技术面分析是选股的利器

（一）技术面分析简介

技术面分析是指以统计科学的方法，根据过去循环的轨迹去探索未来股价的变动趋向。但是技术面分析并非依据统计图表就可研判股价的未来动向，还需要将许多种不同原理及交易记录综合起来分析，从而提高准确度。

从形式上讲，技术面分析法主要是依据一些图表来分析股价走势并预测股票未来的价格走势。技术面分析方法很多，市场中常见的有趋势线法、均线法、K线法、形态法、波浪理论和各种技术指标等。这些方法在本书后面有详细的介绍，在此不再赘述。

技术面选股的重点就是要选强势股。相对于基本面分析，技术面分析更关注价格和市场的供求关系，以选择正确的入场和出场时机为目的。

技术面分析者认为，市场行为包容一切。也就是说，所有的基础事件，诸如经济事件、社会事件、战争、自然灾害等因素对市场的影响，都会反映到价格变化中来。技术面分析者认为，只要关注价格趋势的变化以及成交量的变化，就可以找到盈利的线索。

从理论上讲，技术面分析法对中长线操作和短线操作都可以起到指导作用。但是很明显，技术面分析更适用于短线操作。

（二）没有完美的技术指标

在学习技术指标时，投资者首先要明确，股市中绝无包赚不赔的技术分析指标。

技术面分析的优点是接近市场，考虑问题比较直接。与基本面分析相比，依靠技术分析进行操作效率高、获得利益的周期短。此外，技术面分析对市场的反应比较直接。

然而，技术面分析也存在明显的缺点，即这种方法考虑问题的范围相对较窄，对市场长远的趋势不能进行有效判断。技术面分析所得到的结论仅仅是一种倾向，并且是以概率的形式出现的，并非确切的结论。这是因为，股市中存在一定的"测不准原理"。首先，股市牵涉的因素很多，这使它充满变数，因此股市虽然有一些规律，但也是模糊的、概率性的，不是绝对的；其次，任何经济领域中的现象都具有思维与行动相互反馈的特性，因此经常会出现某一技术分析法及指标未普及时经常有效，一旦普及便迅速失效的现象。

初入股市者往往会迷信技术指标的作用，并且机械地按照指标提示来操作，结果经常会遇到一些困惑不解的情况，比如明明指标显示超卖了，结果股票仍跌势不止；明明超买了，仍涨势不止。有一些老手虽然知道各种指标都存在某些弱点，但他们仍孜孜不倦地去寻找完美无缺的新指标。这都是不可取的。

由于技术指标存在缺陷，最后就连发明了 RSI 指标、DMI 指标等许多著名指标的美国投资专家格兰维尔也放弃了通过技术指标测市，而热衷于顺势而为。整个市场的运行趋势也不是轻易能预测到的。

事实上，对于技术指标应该正确地看待：

首先，必须明确指标只是一种概率，有适用范围，比如 6 日 RSI 适用于短线操作，14 周 RSI 则往往适于中长线操作。

其次，所有指标都存在一些钝化问题，因此必须结合大盘的情况以及个股盘面、基本面情况综合研判。单一指标的准确率低，而多项指标联同多因素分析则准确率高。但是，当准确率高时，信号就不可能频繁出现，所以，灵敏度与准确性不可兼得。

最后，图表指标不是灵活的。所以不能从僵化的观点来看图表的含义。例如，长期抗跌横盘的个股，尤其是新股在低位，则是庄家在控盘无疑，大有黑马相；而长期高位抗跌横盘的个股却往往是一些庄家在死扛的庄股，其风险远大于收益。

所以，股市无万能的灵丹妙药，最需要的是用心修行。

（三）技术面分析与基本面分析并非是对立的

技术面分析与基本面分析的分歧由来已久，实际上，这两种方法殊途同归，目的都是在不确定的市场波动中尽量寻找确定的投资机会。

短线交易更倾向于使用技术面分析，但这并非否认基本价值分析的作用。相反，基本面分析对短线交易非常有必要。如果没有基本面分析，市场就会完全无序，情绪化的特征也会极其明显，也就不会有规模资金在市场中的运作趋势，那么作为普通投资者，就不可能按照趋势来进行操作。

之所以说短线交易更倾向于使用技术面分析法，是因为作为普通投资者，从事基本面分析难度较大，很难发现市场中真正的价值。另外，作为普通投资者，很难和大型机构的信息系统相抗衡，同时也没有专业的经济学和金融学知识进行数据的研究和预判。在严重的信息不对称情况下，普通投资者采用基本面分析方法，反而更容易将自己置于博弈的劣势位置。

股票市场中，常常在利好的消息公布时，散户才踊跃参与，但这时主力资金却已经在出货了。之所以会出现这种情况，就是因为普通投资者在获取信息方面处于弱势地位，并且缺乏专业的投资知识。正是因为这一点，作为普通投资者，一定不能相信所谓的利好消息，也不要过分信赖自己在信息不对称的情况下做出的基本面分析。技术指标已经包含了大量的基本面因素，因此，依据技术面分析来进行投资决策，才是普通投资者更为理想的选择。

技术面分析与基本面分析并非对立的，只是把基本面分析的工作交给有能力的人或机构去做，普通投资者通过市场的价格走势和交易量的变化去了解股价变动的规律。

另外，相对而言，基本面分析更适用于比较长的预测周期、相对成熟的市场以及对预测精度要求不高的领域，技术面分析则适用于短期的行情预测。技术面分析者要进行周期较长的预测分析，则需要依靠其他的因素，这也是应用技术面分析时应该注意的问题。

　　由于短线交易有操作周期较短的特性，投资者要想提升资金的使用效率和使用效果，就需要对短期市场的上涨概率进行判断。只有在短期上涨趋势已经具备或具有较大的潜在上涨概率时，才适合短线投资者参与市场交易。

　　基本面的因素对股价运行的短期影响具有不确定性，这也就决定了短线操作者若要获得理想的收益率，只有通过各种技术分析方法才能够实现。

第三章

中长线选股，选对企业最重要

　　进行中长线投资是非职业股民最理想的投资方法，既不耽误工作，投资回报率又高。俗话说：长线是金，短线是银。但是投资者要想找到一只真正有投资价值的股票却非易事。从理论上讲，作为长线投资者，需要对上市公司进行基本面分析，从而找到入市后具有发展前景的股票。从操作的层面上讲，有一些具体的方法可以帮助长线投资者快速找到适合的股票。

　　本章将介绍几个最常用的长线选股方法，供读者朋友参考。

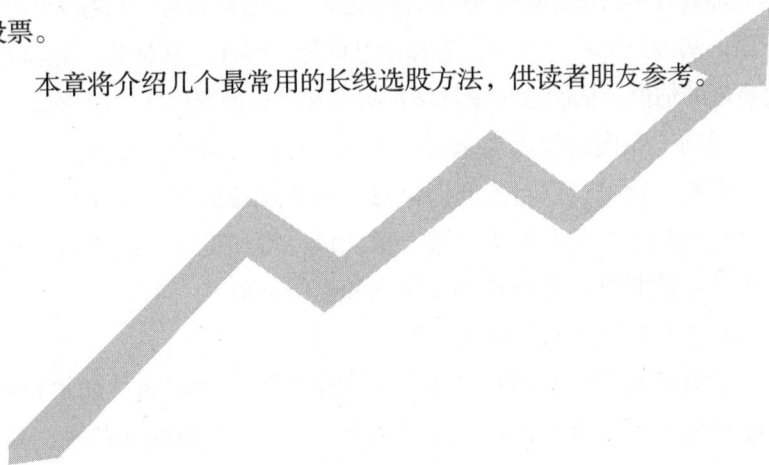

一、跟踪基金重仓股

跟踪基金重仓股，即追踪基金公司看好并持有的股票，并在适当的时点和价位买入。这是投资者最容易掌握的一种选股方法，其最大的优点就是解决了筛选股票的难题，降低了选股的风险，投资者不需要太多的专业知识和丰富的炒股经验，只要根据基金公司的动向，认真筛选，坚定持有买入的股票即可。

（一）为什么要跟踪基金选股

股市中有人赚钱就有人赔钱。那么，有没有人能够在牛市中稳操胜券呢？有，那就是基金公司以及坚定跟随基金公司的人。基金公司选股为什么赚钱呢？简单来说，有如下几个原因。

1. 基金公司更具有资源和信息优势

对于普通股民来说，跟随基金公司选择股票，就等于免费享用基金公司的专业理财优势、资源优势与信息优势。这是因为，一方面，负责基金投资的基金经理大都具有丰富的金融专业知识和经验，他们背后有一支强大的团队支持；另一方面，基金公司具有资源优势和信息优势。因此，基金公司能够对上市公司做出更合理的估值，从而选出最具增长潜力和最有投资价值的股票。

目前，我国的股市尚未完全成熟，有的公司的财务报表可信度不高，一些庄家常与上市公司联合发布假消息。对于这种情况，普通投资者防不胜防，但基金公司却可以公开调查各家上市公司，得到更可信的资料。基于真实资料之上所选出的股票，无疑具有较可靠的投资价值。

2. 基金选股具有心理安抚作用

股海征战，与其说拼技术，不如说是拼心理素质。如果投资者随意选股，由于对该上市公司的营业状况不熟悉，会对该股票缺乏信心，只要一有风吹草动，庄家稍一洗盘，就会溜之大吉，等到股价再创新高时，悔之晚矣。跟随基金持股则不同，只要基金没有大量抛盘，投资者就可以安然处之。这就是基金选股带来的心理安抚作用。

（二）持有基金重仓股

跟踪基金选股时，切记要持有基金重仓股，而且要选择理性的基金经理。理性的基金经理不会重仓那些看似前途光明，实则最容易发生泡沫的股票。

而基金重仓的股票，在大盘回调的时候，往往能够保持稳定，股价有时会出现不降反升。原因在于：

（1）基金重仓的股票，散户持有的筹码相对较少，所以不会受到恐慌性抛盘的冲击。

（2）基金重仓股之所以能够被基金重仓，必定有实际的业绩支撑。因此，只要上市公司没有出现经营危机，其股票价格一般不会出现大的波动。

（3）当大盘回调时，股市中一部分资金可能会选择暂时出场避险，还有一部分资金会选择大盘绩优股、蓝筹股来规避风险，此时，基金重仓股自然就成为这部分资金首选的避险品种，这些股票的价格自然会上升。

以 2014 年"12.9"大跌为例。由于前期涨势过猛，大盘开始出现震荡，从短期指标看，中国正处于新常态经济周期探底过程，整体经济仍处于低迷期，还不具备回稳向上的持续动能，未来经济增速下行压力仍较大。再加上一些扰动市场的利空消息，技术上原有的调整需求，融资盘自损，而导致投资者的信心丧失。沪市当日低开后冲高回落，盘中一度逼近 3100 点，创 49 个月新高，由于获利盘的集中出逃，午后市场快速跳水，沪指大跌逾 5%，创近 5 年多单日最大跌幅。截至收盘，沪指跌 5.43% 报收 2856.27 点，成交 7934 亿元；深市跌 4.15% 报收 10116.5 点，成交 4731 亿元。全市成交额突破万亿元再创新高，超 160 只股票跌停。前期热炒的一些概念股、题材股等，跌幅远超于大盘。而与之相反，一些基金重仓股却没有受到太大的冲击。

如图 3-1 所示的中信证券（600030），在 2014 年 12 月 9 日这天股价不跌反涨，由开盘价 26.35 元上涨到收盘价 26.54 元。在 2015 年 1 月 7 日这一天，该股还创下了新高 37.25 元后开始下跌。上证指数直到 2015 年 1 月 23 日才创出新高 3406.79 点后开始出现下跌。

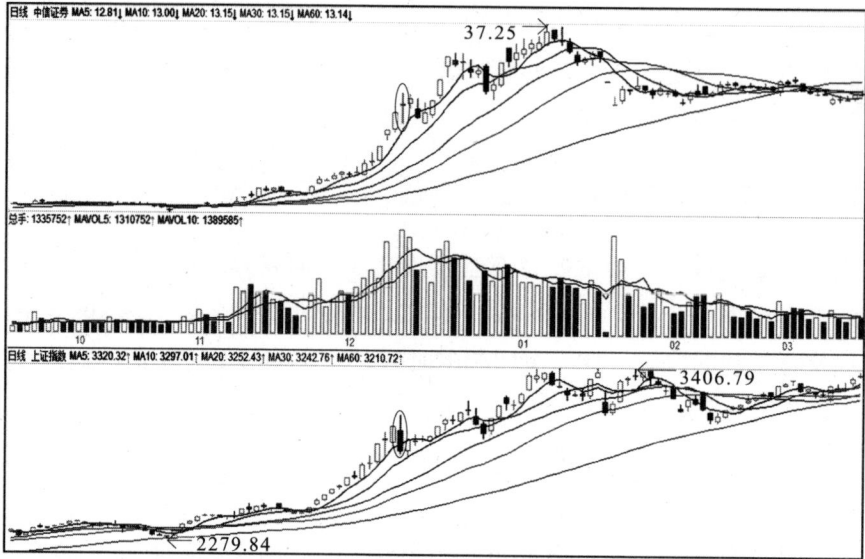

图3-1

这个案例直观地说明了一个问题：投资基金重仓股并非没有风险，当大盘大势向下的时候，基金重仓股的股价也会随着大盘掉头向下。但是，在股价急剧下跌之前，基金重仓股至少会有一段时间的横盘调整，甚至上扬，这为散户投资者离场提供了足够的时间。

（三）跟踪基金选股的方法

如何找到可靠的基金重仓股呢？有以下三种方法。

方法一：广撒网，直接查阅每只基金的季度报告和年度报告。

根据某一基金连续两季度的投资报表变化，可以清晰地看出该基金该季度对哪些股票青睐。这些资料可以直接从各家基金公司的网站上获得。以华夏基金为例（表 3-1、表 3-2）。

表3-1　华夏基金2020年第二季度持股10大股票明细

序号	股票名称	股票代码	数量（万）	期末市值（亿）	占净值比例
1	飞力达	300240	515.35	0.347	1.41
2	包钢股份	600010	23977.03	6.642	0.53
3	五矿发展	600058	1921.13	1.618	1.79
4	方正科技	600601	3721.39	0.968	1.70

续表

序号	股票名称	股票代码	数量（万）	期末市值（亿）	占净值比例
5	翰宇药业	300199	874.36	0.425	0.95
6	天音控股	000829	871.57	1.887	0.84
7	中天金融	000540	3459.89	0.855	0.49
8	贵人鸟	603555	404.65	0.123	0.64
9	飞乐音响	600651	1341.14	0.380	1.36
10	ST亚邦	603188	594.78	0.293	1.03

表3-2　华夏基金2020年第三季度持股10大股票明细

序号	股票名称	股票代码	数量（万）	期末市值（亿）	占净值比例
1	厦门国贸	600755	3707.75	2.673	1.98
2	温州宏丰	300283	528.20	0.349	1.27
3	五矿发展	600058	1921.13	1.618	1.79
4	方正科技	600601	3721.39	0.968	1.70
5	翰宇药业	300199	874.36	0.425	0.95
6	北信源	300352	2921.94	1.578	2.02
7	珠江钢琴	002678	1142.43	0.803	0.84
8	三联红普	300384	885.06	1.646	2.77
9	飞乐音响	600651	1341.14	0.380	1.36
10	捷佳伟创	300724	521.36	5.535	3.07

　　将表 3-1 和表 3-2 两张表格进行对比，可以看出华夏大盘精选基金大举加仓厦门国贸、北信源、三联红普、捷佳伟创等科技股，并抛售了贵人鸟、天音控股、ST 亚邦等一些业绩下滑的股票。根据这一分析，股民可以对自己的选股做出相应的调整。

　　方法二：通过证券行情软件查询基金重仓板块股。

　　现在的证券行情分析软件都能够给出基金重仓这样一个概念板块，这一板块的股票就是投资者需要重点筛选的股票。如表 3-3 所示。

　　我们可以从表中得到一池子备选股票，接下来要做的就是，在这个股票池中选出最有投资价值的股票。这一步，同样可以通过证券分析软件做到。在每个证券分析软件里，每只股票都会有个股的基本资料，从中可以查看该只股票前10大股东和前10大流通股东的详细信息，其中必定会发现多家基金公司的身影。此外，通过比较最近几个季度基金持股比例的增减，可以判断出基金是在吸货还是在出货。基金持股比例的升幅越大，该股票的前途越光明。因为基金持股比例越大，筹码集中度也越高，相应的，散户手中所持有的股票就越少，这样惜售心理就会扩散。如果大家都舍不得卖，股票上涨的可能性就大得多。

方法三：通过财经类网站，直接得出每季度基金增持的10大股票。

表3-3 华夏基金2017年第一季度增持的前10大股票

基金重仓	涨幅（%）	现价	总手	现手	最高	最低
万科A	0.86	8.22	24.09万	2903	15.87	15.59
中信证券	1.15	14.03	13638	317	14.07	13.87
招商地产	0.89	15.95	97675	1356	16.08	15.69
中集集团	2.31	22.99	13.9万	2347	23.11	22.18
中兴通讯	2.02	27.3	20.73万	8455	27.99	26.5
华侨城A	0.75	12.15	10.8万	1187	12.25	12
盐田港	1.49	6.13	17303	414	6.13	6.04
深圳机场	1.10	5.53	78449	1473	5.54	5.43
中联重科	2.54	14.14	34.87万	5309	14.18	13.82
金融街	0.76	6.61	25.29万	2651	6.62	6.51

一旦各只基金公布季度报告，各家财经网站就会在第一时间总结出每个季度基金重仓的前10大股票、基金增持的前10大股票以及基金减持的前10大股票，有些网站甚至会公布排名前50的股票。股民们只需重点关注基金重仓前10大股票和基金增持前10大股票，按照上面所介绍的选股标准进行细心选择，一般便可选到让我们获益颇丰的股票。

当然，跟踪基金重仓股并非毫无风险，当股市处于牛市时，基金能够推动股市继续上攻；当股市由牛市转为熊市，或者股市调整的时候，基金能够稳定大盘，同时稳定投资者的信心；但当熊市趋势已定时，基金便会成为熊市的罪魁祸首。因此，只要熊市趋势没有确定，跟随基金公司买进股票的风险性就会小很多。

二、选择红利股

红利是股息、红利的合称。根据红利选股，是指根据上市公司过去三年的股息收益率以及未来几年的预期股息收益率，来选择股息收益率排名靠前且超过一年定期存款利率，企业历史悠久、业绩优良的股票。

这里所讲的红利仅指现金股利。现金股利也叫派现，是指公司以现金的形式向投资者发放的股利，通常的表现形式是每 10 股派送多少元现金，如 10 股派送现金 2 元。一般来说，现金股利是红利股分红经常采用的方法。

（一）红利股的优势所在

红利股的优势与其发行公司的特点密切相关。通常，这些公司具有如下特征：

（1）红利股公司所处的行业基本上都经历了一段很长的发展时间，激烈的竞争已经让强者脱颖而出。由于没有新的竞争者加入，在这个市场上占据一席之地的公司，就能够稳定地保持其足够的销售额和利润额。

（2）公司每年只留下利润中的一部分用来维持市场，另一部分则作为红利回报给投资者。由于行业成熟，市场饱和，除非该公司想进军新的领域，此外不需要花费太高的成本去进行市场开发和产品研发，就能够维持公司正常运转，部分的利润就能向投资者分红。

（3）这种公司的业绩受国内宏观经济和行业发展波动的影响不大。

（4）这种公司的股票抗跌性特别好，大盘的走势对其股价的影响也不大。

（5）这些公司高比率、高频率的分红极具吸引力。

（二）红利股的选择策略

1. 最佳买进时机

虽说红利选股法能够在任何时候运用，但也有其最佳时机。一般认为，当大盘为熊市，特别是处于熊市末期时，是红利选股法发挥作用的黄金时期。因为在牛市中，股价的上涨很少以业绩为基础，其动力往往来源于短期题材、概念和市场资金的炒作程度。因此，牛市中的操作策略是尽量选择成长型的股票，赚取股票买卖的差价。在熊市中，大盘的持续下跌使市场人气冷清，价格低迷，因此绝大部分投资者会把目光转移到高分红的股票，以赚取利息。同时，由于高分红股票在熊市中能够吸引到大部分资金，因此该类型股票在熊市中的抗跌性也较好，其走势往往会强于大盘。

2. 选股标准

任何一种选股方法，都没有绝对的标准可言，也没有最佳答案。即使各种指标都是最佳的股票，最后的走势也不一定是最好的。但是，通过这些选股方法，却能让投资者较易获得超过市场平均水平的利润。

关于红利选股法，有两种比较标准：一年定期存款利率和市场指数红利收益率。在我国，投资者更倾向于采用一年定期存款利率作为标准，尤其是红利型基金的发行，这一方法逐渐被投资者接受并受到追捧。在国外，证券分析师们常把股息收益率与市场指数红利收益作对比，选择股息收益率高于市场指数红利收益率的股票，作为投资的对象。不管采用哪一个比率作为标杆，其指导思想和本质是不变的，就是要选择出股息收益率高的股票。

上面提到了三个概念：股息收益率、一年定期存款利率和市场指数红利收益率。

股息收益率又称红利收益率，是指公司年度分配的每股红利与每股现价之比。股息收益率能够提供一种比股价更好识别潜力股的方法，其重要性可以与市盈率相提并论；一年定期存款利率由央行决定，在货币供给的调节上起到很大的作用；市场指数红利收益率，是指公布的指数年度收益水平与现时市场指数之比，该数据每年都会由一些重要的证券期刊或财经类网站计算公布。

3. 如何建立红利型股票池

红利选股法的重点在于建立备选股票池，股票池中的股票应该具有一个共同的特点，那就是每年都能向股东大比例分红，且红利收益率高于一年定期存款利率，具有持续增长的丰富现金流，以保证未来几年同样能够给股东带来较平稳的红利收益。这些股票对应的上市公司，应该有稳定的分红政策。

在我国，上市公司每半年就会有一次是否分配利润的决策。是否分红以及具体的分红情况，会在其年报和半年报中披露。这些资料在网上都可以方便地查询到。

为了使选股更有针对性，投资者应该关注由著名财经类网站披露的以往年度分红最多的行业，然后在这些行业中寻找股息收益率高于一年期存款基准利率的上市公司。那些一直名列分红行业前列的股票，因为现金流稳定，在熊市是最佳避风港之一，在牛市中则是稳健投资组合中不可或缺的一部分。

有良好分红记录的公司，通常具有一个共同的特点，即都属于各行业中的绩优公司，业绩非常稳定，主营业务收入与净利润都能保持稳定增长。因此，利用红利法选股时，应把目光重点放在这些行业的龙头公司中。

4.关注上证红利指数

2004年12月28日，上海证券交易所发布编制了上证红利指数公告。这一指数的出台可以帮助投资者迅速了解红利型股票相对于大盘的走势，还能够把上证红利指数的样本股作为备选股票池，从而省去了大量烦琐的选股工作。上证红利指数的样本数量只有50只股票，这就要求其选股标准必须严格。投资者应先通过对比过去两年的平均现金股息率将样本股进行税后排名，然后挑选出排名前50的股票组成样本，但市场表现异常并经专家委员会认定不宜作为样本的股票除外。如表3-4是2020年上证红利指数50只样本股。

表3-4　上证红利指数50只样本股

行业	样本股
银行、保险、证券	中国人寿、中金公司、浦发银行、民生银行、招商银行、兴业银行、国泰民安、华泰证券、工商银行、农业银行、光大银行、中信证券、海通证券、中国平安、中国太保、新华保险、中信建投、中泰证券
机场、铁路、港口	上海机场
房地产	保利地产、中国建筑
矿产资源	紫金矿业、山东黄金、中国神华

续表

行业	样本股
化工、化肥	中国石油、万华化学、中国石化、海螺水泥
汽车制造	上汽集团
其他服务业	用友网络、中国联通、中国中免
其他制造业	恒瑞医药、复星医药、药明康德、闻泰科技、兆易创新、海尔智家、恒生电子、工业富联、三一重工、三安光电、通威股份、韦尔股份、隆基股份、航发动力
食品饮料	贵州茅台、山西汾酒、伊利股份、海天味业

需要说明的是，由于目前我国的大部分企业处于成长阶段，因此 A 股市场仍处于"重筹资，轻回报"的状况。特别是在牛市中，由于成长性股票给投资者带来的资本收益要远高于股息红利收益，因此，在牛市行情中，红利选股法的应用并不普遍。但是，长期来看，健康的股市走势应该是一种慢牛行情，在这种行情中，红利选股法不会逊色于其他选股法，而且能为投资者展示更加美好的前景。

三、选择成长性股票

成长性股票是根据公司的历史增长业绩和成长前景，选出的主营业务收入和净资产收益率每年呈高速增长，且其主要产品价值巨大，市场前景无限的优质股票。

（一）什么是成长性股票

所谓成长性股票，是指发行股票时规模并不是很大，但是公司业绩却出现连续增长的股票。发行股票的上市公司往往具有以下一些明显的特点：

（1）所处行业为新兴行业，或者公司所从事的主营业务刚刚起步。由于新兴行业的市场尚处于空白状态，竞争并不是很激烈，能够让新加入该行业的公司大展身手。

（2）公司发展战略宏伟而具体，且领导层的执行能力强。新兴的行业，也是一种新的事业，一定要有明确可行并能够激励人心的发展战略作为精神支柱，同时拥有一个战略眼光独到，能够迅速捕获市场最新动态、察觉消费者的最新需求且素质精良的领导班子。

（3）公司会利用大部分利润来研发产品或扩张规模。公司为了在这个行业尽快占据一定市场，必须拥有具有核心竞争力的产品。这类公司每年的利润，基本上不会分配给股东，而是用来研发新的产品、开拓新的市场、添置新的设备、雇用优秀人才，把公司的利润投资于未来的发展。

（4）公司每年都能够持续、快速增长，其增长速度主要体现在销售额、利润额以及市场占有率上，还可能体现在产品数量上。这也是成长性股票最重要，也最吸引投资者的特点。

（5）与高成长性相对应的是高风险。如（1）所说，公司所处的行业为新兴行业，且公司的主营业务刚起步，说明公司没有可借鉴的经验和教训，一切都必须亲自试验。因此，经营虽然有可能给投资者带来高额回报，但同样也可能让投资者遭受损失。

从哪些方面判断一个公司业绩能够持续、高速增长呢？投资大师布兰登·费舍认为可以从以下 15 个方面去探索：

①公司的产品提供的服务是否具有巨大的市场潜力？在接下来的几年内，公司业绩是否能持续、高速增长？

②为了提高总体销售水平，发现新的产品增长点，管理层是否有决心继续开发新产品和新工艺？

③与公司规模相比，这家公司的努力研发有多大的成果？

④公司有没有高人一筹的销售组织？

⑤公司的利润率高不高？

⑥公司做了什么以维持或改善利润率？

⑦公司的劳资和人事关系是否良好？

⑧公司的高级主管之间的关系融洽吗？

⑨公司管理阶层的深度够吗？

⑩公司的成本分析和会计记录编制情况如何？

⑪公司是否在所处领域具有独到之处？能否为投资者提供重要线索，以了解公司相对于竞争者是否具有突出的特点？

⑫公司有无长期的盈余展望？

⑬在可预见的将来，公司是否会大量发行股票来获取足够的资金，以促进公司的发展？现有持有人的利益是否因预期中的成长而大幅受损？

⑭管理层是否只向投资者报喜而不报忧？

⑮公司管理阶层是否具有诚信、正直的态度？

一家值得投资的成长型企业，不一定要全部满足以上15个方面，但是满足以上要点越多的企业，越值得投资者对其进行投资。

（二）成长性股票的魅力在于复利

与选择红利性股票一样，选择成长性股票也属于价值投资范畴，关注的是上市公司的基本面。在投资期限方面，成长性选股法要求投资者持有股票的时间更长，因为成长性股票追求的是复利效应，而复利效应得以发挥的前提条件，就是要有足够长的时间。

复利这个词最早出现在高利贷中，即俗称的"利滚利"。在投资中，复利是指一笔存款或投资获得回报之后，再连本带利进行新一轮投资的方法。复利最常见的例子是银行定期存款，假设银行存款利率为5%，首次存入100元，则第一年产生的利息为5元（$100 \times 5\%$），第一年年末的本金和利息一共为105元；第二年继续计算利息时，将以105元作为计息基础，第二年产生的利息为5.25元（$105 \times 5\%$），到第二年年末，本息总和为110.25元（105+5.25）。如此循环下去，复利的效果是非常惊人的。爱因斯坦曾把复利称作"世界第八大奇迹"，可见复利的魔力非凡。

回到股票投资方面，复利的魔力同样惊人。假设一个企业每年以20%的速度增长，投资于该公司的股票自然每年也能获得20%的收益，以这样的增长速度计算，花1万元购买该公司的股票，20年后，就能够得到38.34万元的收入。如果再持有这只股票20年，即使年收益率下降为10%，你依然会获得257.92万元的资产。可见，复利是个魔力无穷的工具，相应的，选择成长性高的股票也是一个非常有效的选股方法。

（三）成长性股票的买卖策略

1. 最佳买入点

选择出一只具有良好成长性的股票，只要你有足够的耐心，坚持持有几年甚至十几年，那么利润肯定非常可观。但是，要想获得更高的利润，就需要选择最佳的买入时机。

从长线角度考虑，最佳的买入时机，并不是预测大盘指数什么时候探底，而是从成长型公司本身的发展历程和特点出发，这是价值投资派和技术分析派最大的区别。

根据前面所描述的成长型企业所具备的 15 个要点，可以看出成长型企业一般具有一个共同的特点，即这些企业要么在某些技术方面领先于其他企业，要么提供的服务或创利模式更加新颖。这些企业在业绩快速增长之前，都会有一段低迷的时期，因此，公司刚刚走出低迷的时期就是最佳的买入时机。

以技术领先型企业为例，最佳买入点是新产品试制成功，且产品很容易被消费者接受和喜爱的时候。如何得知公司是否正在进行的实验呢？可以通过与相关人员闲聊的方式进行了解。

当然，公司的动向很可能被媒体提前一步挖掘并报道出来，股票会在消息走漏的背景下上涨，这时的新产品试制成功之时就不是最佳买入点了。通常来说，股价在经过短暂的上涨之后，很可能引发更大幅的下跌。这是因为，新产品上市前，由于大批量生产的经济压力，企业的困难会相继出现，如各种费用和突发状况会让成本显著提高。同时销售市场上，起初的销售业绩可能不太好，原有的每股盈利会大幅缩水，原来积极买入的投资者，在失望之余，会抛售掉手中的股票，于是股价很可能会跌到上涨之前的价位之下，这一时间点便成为最佳买入的时间点。

此外，对于成长型企业，当公司某方面出现危机时，同样有可能成为投资者购进该企业股票的最佳机会。因为，当公司出现危机时，大部分投资者会不假思索地卖出手中的股票。事实上，如果这家公司有一个优秀的管理团队，那么危机很快就会解决，股价很快也能回到其应有的水平上来。因此，如果股民足够精明，此时大胆进入，接下大部分恐慌性抛售的股票，就会以极低的价格获得丰厚的利益。

如图 3-2 所示的沧州大化（600230），该公司控股的子公司 TDI 是沧州大化的支柱产业之一，具有良好的前景。鉴于此，沧州大化可以被视为成长型企业。

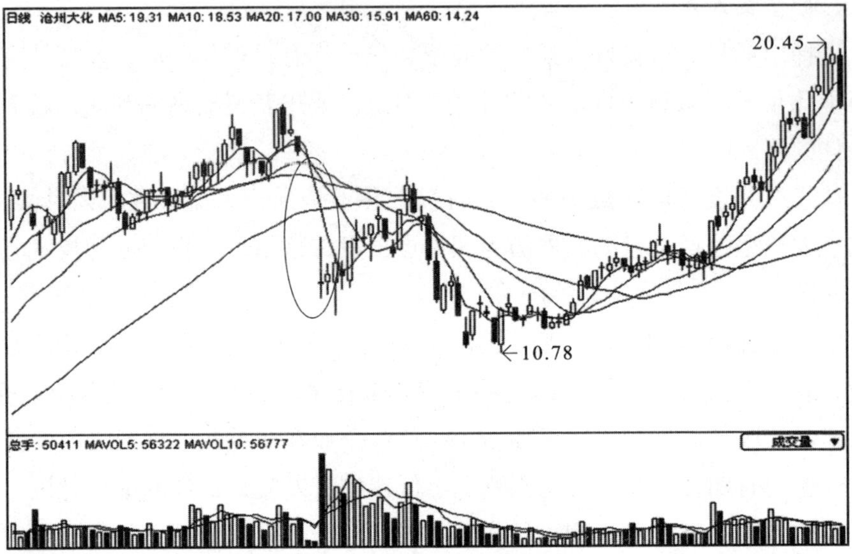

图3-2

TDI公司曾发生过一次爆炸事故。事发后，该公司的股票被上交所停牌。复牌后，又出现了连续两天跌停。然而，在总公司和TDI公司的齐心协力下，公司很快恢复了生产，业绩也没有受到太大的影响。随后，在TDI市场价格连续上涨和沧州大化成为TDI产业中的龙头企业这两个利好消息的刺激下，其股价迅速上扬，很快创出了新高。

2. 最佳卖出点

投资者选择卖出股票，无非有三个出发点：一是获利出场；二是止损出场；三是需要资金，不得不平仓出场。前两种情况，对于卖点的选择至关重要，否则买入前的所有努力将付之东流。对于第三种情况，由于与股票表现无关，所以不在讨论范围内。

价值投资所说的获利出场与止损出场，与技术分析派所说的获利出场及止损出场不同。在技术分析中，获利出场一般是指盈利达到预先设定的目标，比如获利20%即卖出股票。止损出场则相反，指亏损达到预先设定的止损位，马上平仓出局。而价值投资，特别是成长性选股法所说的获利出场和止损出场，只有当以下三种情况出现时，投资者可以卖出股票离场：

（1）最初买进运作已经出现错误，而且情况越来越糟，所投资企业的现状远没有当初设想的那么好。当投资者意识到错误投资而卖出股票，会给自己的账面造成一定的损失，如果能够尽早卖出，当前的损失并不大。但是，很多人在发生了损失后，仍然不愿意修正，而是抱着碰运气的想法继续持股，结果损失越来越大。

（2）所投资企业的基本面恶化。管理水平的退步是企业经营业绩下降的最主要原因。如何判断公司的管理层是否丧失了原有的斗志呢？可以根据会计报表中管理费用与销售收入之比来判断，如果管理费用持续上升，而销售业绩却没有增长，甚至下降，说明管理层已经不再把公司价值最大化和股东权益最大化作为自己的奋斗目标，而是以企业的名义增加私人福利。这样的企业不值得投资。

此外，当公司业绩持续下滑时，股东大会和董事会选择出新一任领导班子。新领导班子上任，对于股价同样是敏感的话题。一般来说，假如新任高层履历不明，或者原来工作并不出色，只是由于人脉关系才进入该岗位，则应该尽早卖出该公司的股票。

（3）行业衰退或者走向消亡。相应的，该领域的企业或市场就失去了原有的成长性，投资者应该选择合适的时机退出。

此外，在持股过程中，如果发现更好的投资机会，卖出现有的股票是比较明智的做法。但是，做出这个决策要谨慎，如果没有十足的把握，绝对不要轻易地改变投资策略。曾有机构对中国的股民进行问卷调查，其中50%的人认为他们所持的股票不能提供令人满意的回报率，所以卖出走势差的股票，买进自己认为具有更大上涨潜力的股票。然而，其中60%以上的人表示了卖出后后悔，因为如果当时不换股，收益率会比换股后的收益率更高。之所以出现这种情况，是由于一部分投资者被每天涨停榜上的股票所诱惑，恨不得每天都能买到涨停的股票，对于那些从未上过涨停板的股票以及不断平稳上行的均线系统不屑一顾，结果就是不断卖出股票，不断扩大损失。

一个真正的价值投资者，不会在乎每天的涨跌幅，也不会在乎大盘是熊市还是牛市。在一段较长时期内，大盘总会经历几次比较大的波动，但只要所选的股票能够在大盘的一次次波动中不断创出新高，这就足够了。

四、根据利润表选股

上市公司在年报、季报等中会公布其财务报表，如利润表、资产负债表和现金流量表等。利润表反映的是过去一个年度或者一个季度的经营盈利情况。

有人说，如果巴菲特看财务报表，第一个看的肯定是利润表。为什么这样说呢？巴菲特曾经说过："投资分析的关键是：确定一家公司的竞争优势，而且更重要的是确定公司竞争优势未来的可持续性。"他还说"选股如选妻"，意思是说选股就像选择终身伴侣一样慎重。买股票就是买公司，公司有赚钱的能力，股民才可能赚到钱。

以巴菲特购买可口可乐公司的股票为例。巴菲特于 1988 年买入该公司的股票，1989 年和 1994 年继续增持至 13 亿美元。1997 年底市值上涨到 133 亿美元，10 年间使资本翻了 10 倍，仅仅一只股票就赚了 120 亿美元。而在巴菲特买入该股之前，可口可乐公司在奥斯汀的管理下，股价和业绩都不尽如人意：1974 ～ 1986 年市值只上涨了 33%，远远落后于市场，1973 ～ 1982 年营业收入年均增长只有 6.3%，1973 ～ 1980 年净利润年增长只有 8%，出现了大幅下滑。1987 年 8 月至 1988 年初股价一度大跌 30% 以上，巴菲特那时却逆势大量买入。更令人惊奇的是，1989 年股价大涨 50% 到年底甚至翻番，巴菲特继续大量买入，尤其是 1994 年股价上涨 4 倍之后巴菲特继续增持。巴菲特分析的结论是可口可乐未来将会长期保持并扩大竞争优势，值得长期投资。果然，后来可口可乐公司的业绩持续大幅增长。

正如巴菲特所说，公司的竞争优势，最终体现为一点：就是比竞争对手们更赚钱。长期而言，盈利是公司股价的唯一动力。无论重组也好，研发新产品也好，更换管理层也好，所有的一切都必须能够提高公司盈利，这样才能推动股价上涨。不能提高盈利，一切都是虚的。而公司的盈利情况可以从利润表分析得出。

（一）利润表的编制

1. 利润表的构成

利润表是依据"收入－费用＝利润"来编制的，主要反映一定时期内公司的营业收入减去营业支出之后的净收益。通过利润表，一般可以对上市公司的经营业绩、管理水平做出评估，从而评价投资者的投资价值和投资报酬。如表3-5所示。

表3-5　××公司披露的利润表（2020年12月31日）

【利润表摘要】

指标（单位：万元）	2020/12/31
营业收入	210598400.00
营业成本	168839800.00
营业费用	6443800.00
管理费用	6629100.00
财务费用	950600.00
投资收益	4748600.00
营业利润	5033100.00
营业外收支净额	473200.00
利润总额	4796900.00
净利润	4175000.00

由表中可以看出，利润表主要由三个部分构成，一是营业收入，二是与营业收入相关的生产性费用及销售费用，三是利润。利润表犹如上市公司的成绩单，能集中反映该公司在一定时期内的收入及支出，是盈利还是亏损，同时也表明了公司获取利润能力的大小以及经营趋势。

利润表在编制时，通常以年初为起始时间，然后按时间分为第一季度、上半年、前三季度及全年度利润表，参考价值大，并可作为计算全年度每股纯利或股利依据的参考表，是包含整个年度的利润表。

2. 利润表主要内容分析

总体来说，利润表是一张动态表，反映了公司在某一时期的经营成果，是一个比较直观的经营状况表。利润表的主要内容和分析方法如下：

（1）营业收入。营业收入是指企业通过销售产品或对外提供劳务获得的新的资产，其形式通常表现为现金或应收账款等项目。对大多数公司来说，销售收入是公司最重要的营业收入来源。一般来说，公司的营业收入通常与它的营业活动有关，但也有一些公司营业收入的某些部分与其自身的业务并无关系，因此区分营业收入和其他来源的收入，对于判断公司的投资价值，就有十分重要的意义。主营业务收入则是指企业销售商品的销售收入和提供劳务等主要经营业务取得的收入总额。

（2）营业费用。营业费用是指企业为获得营业收入发生的耗费。销售成本一般是公司最大的一笔营业费用，包括原材料耗费、工资和一般费用，一般费用又包括水电杂费、物料费和其他非直接加工费；销售费用和管理费用包括广告费、行政管理费、职员薪金、销售费和一般办公费用；利息费是指用以偿付债务的费用。上述费用都会导致公司现金开支的增加。

（3）利润。税前利润通常由营业收入与营业费用之差决定。从税前利润中减去税款，再调整非经常项目后，剩余的利润就是税后净利润。税后净利润又分为支付给股东的股息和公司留存收益两项。公司若亏损，留存收益就减少；若盈利，则这些收益将首先用于支付优先股的股息，之后再是普通股取息分红。另外，投资者不仅要看利润的多少，还要看利润的性质。主营业务收入减去主营业务成本及相关税金，反映的是主营业务利润。主营业务利润加上其他利润，再减去管理费用和财务费用，得到的差额反映公司的经营效益，称为营业利润。利润总额则是营业利润与投资收益及营业外收入的总和，再减去营业外支出计算得出的结果，它反映的是公司直接在供产销经营过程中，或投资联营、购买股票债券等所有公司业务活动的总效益。如表 3-5 所示的某公司在2020 年 12 月 31 日的利润披露。

（二）如何根据利润表选股

根据利润表提供的数据，并结合年度报告中其他有关资料，特别是资产负债表中的有关资料，投资者可以对公司经营状况做出分析和判断。

1. 分析企业全年利润大小及其组成是否合理

将企业的全年利润与前年度利润比较，能够评价企业利润变动情况的好坏；通过计算利润总额中各组成部分的比重，能够判断企业利润是否合理。通常情况下，企业的主营业务利润应是其利润总额的主要组成部分，其比重应是最高的，其他业务利润、投资收益和营业外收入，相对来说比重不是很高。如果出现不符合常规的情况，还需投资者多加分析。

2.计算企业毛利率，判断企业主营业务盈利能力的大小

毛利率的计算公式如下：

毛利率＝（主营业务收入－营业成本）／主营业务收入×100%

如果企业毛利率比以前提高，就说明企业生产经营管理具有一定的成效，同时，在企业存货周转率未减慢的情况下，企业的主营业务利润应该有所增加；反之，当企业的毛利率下降，则应对企业的业务拓展能力和生产管理效率多加分析。

3.计算有关比率指标，判断企业盈利能力和投资报酬

同资产负债表一样，对利润表的分析，不能静态地看一个数据或一张报表的内容，而应将各种财务数据结合起来综合分析，这样才能看出问题的实质。

（三）根据利润表选股应重视的指标

在分析企业盈利能力和投资报酬时，投资者尤其应重视以下指标。

1.反映获利能力的指标

获利能力是一家上市公司能否较快发展的关键。成长性公司的资本实力可能不那么雄厚，但每年都有相当高的盈利，这样的公司当然是好公司。衡量公司获利能力的指标主要有以下几种。

（1）每股收益。其计算公式如下：

每股收益＝净利润／发行在外的普通股份总数

该指标是一家公司管理效率、盈利能力和股利分配来源的显示器，通常被用来衡量企业的盈利能力，评估股票投资的风险。如果企业每股收益较高，则说明企业盈利能力较强，投资于该企业股票的风险相对也小一些。

目前，我国上市公司发行的股票主要为普通股，每股面值为1元。根据这种情况，可直接以税后利润除以平均股本总额来计算，这一指标即为"股本净利率"，这是衡量一家公司能否给股东以丰厚回报最重要的指标。一般来说，股本净利率在20%以下的公司，除非股价很低，否则投资回报不会很好。股本净利率和每股收益的高低，反映了公司分配股利的能力，因此是投资者最应关心的指标。

（2）净资产收益率。其计算公式如下：

净资产收益率 = 报告期净利润 / 报告期加权平均净资产 × 100%

这个指标一方面反映企业的盈利能力，另一方面也可以用来说明企业经营者为所有股东拥有的资产争取充分收益的能力。对股东来说，唯有税后利润才是实在的回报，可是对公司来说，其所创造的全部利润，包括上缴给国家的税收均是其获利能力的体现。

（3）总资产收益率。其计算公式如下：

总资产收益率 = 利润总额 / 年初和年末的资产平均余额 × 100%

年初和年末的资产平均余额 =（年初资产总额+年末资产总额）/ 2

该指标表明一家公司总共投入了多少总资产（包括借来的资产），创造了多少利润。这是考核其投入产出比率的重要指标。一般而言，该指标越高越好。

（4）主营业务收入增长率。其计算公式如下：

主营业务收入增长率 =（本期主营业务收入—上期主营业务收入）/ 上期主营业务收入 × 100%

该指标可以用来衡量公司的产品生命周期，判断公司发展所处的阶段。一般来说，如果主营业务收入增长率超过10%，说明公司产品处于成长期，未来一段时间将继续保持较好的增长势头，尚未面临产品更新的风险，属于成长型公司；如果主营业务收入增长率在5%～10%，说明公司产品已进入稳定期，不久将进入衰退期，需要着手开发新产品；如果该比率低于5%，说明公司产品已进入衰退期，保持市场份额已经很困难，主营业务利润开始滑坡，如果没有已开发出来的新产品，企业将步入衰落。

（5）成本费用利润率。其计算公式如下：

成本费用利润率 = 利润总额 / 成本费用总额 × 100%

这是一项衡量企业成本费用与利润关系的指标，反映企业的投入产出水平，即所得与所费之比。一般来说，成本费用水平低，则企业盈利水平高；反之，成本费用水平高，则企业盈利水平低。

（6）成长率。其计算公式如下：

成长率 =（税后利润—股利）/ 股东权益 × 100%

成长率是衡量上市公司凭借自己的财务资源支持自身成长能力的重要尺度，是考察上市公司可持续发展能力的指标，也是判断其股票能否成为"成长股"的重要依据。一般来说，公司保留盈余占股东权益的比例高，则公司将来的成长潜力大。但是这个指标也不能绝对化，因为较高的保留盈余，必然要以牺牲股东应得股利为代价。如果上市公司一毛不拔，这样的高成长对于股东毫无好处。一般来说，大公司的成长率大于 10% 为好，若为 15% ～ 20% 的成长率，说明公司具有超过平均水平的成长潜力，而 3% ～ 5% 的成长率则有些偏低。

2. 反映经营能力的指标

公司的获利能力是以某一特定时点为基准的，比如有的公司突然接到一笔大生意，或有意外的营业收入等，其时点测算获利能力就特别强；有的公司刚投入的资本尚未产生效益，其时点测算的获利能力就较差。因此，在分析获利能力时，还要看企业的经营能力。分析企业的经营能力，主要依据以下四个指标。

（1）销售利润率。其计算公式如下：

$$销售利润率 = 销售利润 / 销售收入$$

该指标实实在在地反映了销售出去的产品到底实现了多少利润。

（2）存货周转率。其计算公式如下：

$$存货周转率 = 销售成本 / 存货平均余额$$

存货周转率是衡量企业销售能力和存货库存状况的一项指标。一般而言，存货周转率越高越好。存货周转率越高，说明公司对存货的利用率越高，存货积压少，因此存货所支付的利息以及仓储费也低，表明公司的经营管理效果越好；存货周转率越低，说明企业存货存在积压或滞销，由此将带来一系列经营隐患。

（3）应收账款周转率。其计算公式如下：

$$应收账款周转率 = 销售收入 / 应收账款$$

应收账款周转率表示别人欠企业的钱通过企业的销售，一年中能周转几次。一般来说，应收账款周转率越高越好。一个企业收账迅速，可以减少坏账损失，既节约资金，又表明企业信用度状况良好。与此指标相关的，还有应收账款周转次数和应收账款周转天数。总体来说，应收账款周转率越高，表明应收账款越少，一年中周转的次数越多，公司的经营状况与经营能力越好。

（4）总资产周转率。其计算公式如下：

$$总资产周转率 = 销售收入 / 总资产 \times 100\%$$

总资产周转率反映资产总额的周转速度。企业总资产周转速度越快，资产利用效果越好，销售能力越强，进而反映出企业的偿债能力和盈利能力令人满意。加速资产的周转，可使利润绝对额增加。

3. 反映市场价值的指标

反映市场价值的指标，主要是价格—盈利比率指标，即通常所说的市盈率。该比率是一个用来评价投资报酬与风险的指标。其计算公式如下：

$$市盈率 = 每股市价 / 每股前一年净盈利$$

假定某企业普通股每股市价为 10 元，每股前一年获利额为 0.40 元，则其市盈率为 25（10 / 0.40），这表示该股票的市价是每股税后利润的 25 倍。其倒数为 4%，表示投资于该种股票的投资报酬率。

将市盈率和每股获利额结合运用，可对股票未来的市价做出一定的估计。比如，企业每年利润增长 30%，如果这个估计比较准确，则次年的每股获利额可达 0.52 元（0.4 × 130%）。此时，即使市盈率不上升，未来的股价也将为 13 元（0.52 × 25）。投资者可参考此数据，继而对这种股票的买卖做出决策。当然，这只是理论上的推算，与二级市场的实际表现有一定差异。

4. 反映分配能力的指标

这类指标主要包括每股红利、股利发放率、股利实得率。

（1）每股红利。其计算公式如下：

每股红利 = 当年可供股东分配的普通股股利 / 发行在外普通股股数

与每股收益相比，每股红利是股东真正能够得到的股利分配额。

（2）股利发放率。其计算公式如下：

$$股利发放率 = 每股股利 / 每股获利额$$

股利发放率又称派息率，其大小取决于企业提取的公积金的多少。这是投资者非常关心的一个指标。每股股利相同而股利支付率不同的公司，派息基础也不同。股利支付率低的公司，可能在利润充裕的情况下不选择分红；股利支付率高的公司，也可能在利润拮据的情况下坚持分红。

对这一指标的评价，很大程度上取决于投资者是短期投资还是中长期投资。一般而言，若作为短期投资，或者投资主要目标在于取得较高的股利，则应选择股利发放率比较高的股票，不要选择将大部分税后利润保留起来，发放股利较少的企业；若作为中长期投资，则应选择股利发放率不是很高的股票，因为这预示该企业正在把资金再次投入企业，使其未来的利润增长具有较大的动力，并使未来的股票价格上涨。由此可见，不能简单地认为股利支付率越高越好。

（3）股利实得率。其计算公式如下：

$$股利实得率 = 每股股利 / 每股市价$$

这是一个反映股票投资者现金收益率的指标。这一指标往往会引起对股利比较感兴趣的投资者的注意。对他们而言，股利实得率较高的股票，自然具有较强的吸引力。

在看利润表时，单纯看利润的多少是不全面的，还要看利润的来源与构成。如前所述，公司利润主要由三部分构成，即营业利润（主业利润加上其他业务利润）、投资收益和营业外收入。营业利润是核心，比例一般应在 70% 以上。投资收益是多元化经营的需要，拿出一部分资金向其他行业和企业投资，既可以让暂时不用的资金产生效益，又可防止主业收入萎缩导致的企业动荡。投资收益一般包括股权、联营投资收益（此为长期投资），股票、债券投资收益（此为短期投资）；前者较稳定，后者若有行情，只要不违规，也是可以投资的，但若这部分投资比例太高，就会加大经营风险。营业外收入主要包括出售资产收益、新股申购利息等，属非经营性收益。有的公司虽然利润总额较高，但如果其获得来源不稳（如有的公司靠炒股获利），甚至主营业务出现亏损，那就要认真分析其主营业务利润率指标，这样才能全面准确地掌握企业的获利能力。

财务费用是许多投资者忽视的项目，事实上这和公司的盈利能力与经营能力关系非常密切。如许多公司发行股票，一下子获得几亿元到十几亿元巨资，再加上随之而来的可观的发行利息，或通过银行做委托贷款，即所谓"委贷"，获得的利率更高。财务费用减少了，甚至出现巨大的"负数"，这不是付出费用，而是拿到许多财务收益。反映在利润表上，其主营利润就会大幅扬升，随之主营利率就会大幅提高。

如某上市公司发行股票时，超额认购数百倍，当年主营利润仅几十万元，但存在银行的利息却达到 3000 多万元，使该公司当年的每股收益达 0.2 元之多。实际上，这是一家业绩差的公司，除上市头一年股民获得这点收益外，上市以来每年的收益都只有几分钱，最低仅有 8 厘多。因此，对于财务费用偏高或偏低的公司，投资者一定要认真分析，寻找其中的原因，避免投资风险。

五、根据资产负债表选股

财务报告作为最重要的公开信息之一，是投资者了解上市公司经营情况的直接资料来源。一般来说，公司的财务报告分为资产负债表、利润表和现金流量表。本节主要讨论如何利用资产负债表选股。

（一）资产负债表的编制原则

资产负债表是企业经营情况的一张"快照"，反映企业在某一时点的资产、负债和所有者权益的情况。资产是指企业拥有的反映企业通过自有资产和外源性资金获得的，属于企业所有，并且能够为企业带来未来收益的财产，是通过过去的交易事项获得或控制的财产；负债就是反映企业取得的非自有资金项目；所有者权益就是资产减去负债后，为企业股东或所有者所拥有的资金情况。

资产负债表是上市公司最主要的综合财务报表之一。根据会计学上复式簿记的记账方法，公司资产和负债在账面上必须平衡，所以资产负债表也就是资产和负债的平衡表。资产作为会计上的借方，列在表的左边，负债作为会计上的贷方，列在表的右边，两边的总额必须相等。如表3-6所示。

表3-6　资产负债表

【资产负债表摘要】

指标（单位：万元）	2020/12/31
资产总额	26027485.31
货币资金	943338.54
应收账款	1480679.03

续表

指标（单位：万元）	2020/12/31
预付账款	43495.30
其他应收款	79363.85
存货	646902.56
流动资产总额	3352372.54
固定资产	16092605.63
负债总额	18623023.45
应付账款	1217448.65
预收账款	14779.92
流动负债	9718262.32
非流动负债	8904761.13
未分配利润	2466961.13
盈余公积金	713169.97
股东权益	6174777.98
少数股东权益	1229683.88

　　我国规定企业资产负债表每年12月31日编制，反映企业在该时点的资产、负债及所有者权益情况。资产负债表的编制，必须符合会计准则规定的及时性、准确性和可比性原则。

（二）资产负债表的选股意义

　　利用资产负债表，可以分析企业的资金运用和资本运营是否正常、健康。通过企业公开的财务报告，可以根据一些简单的公式，如盈利、偿债指标公式，衡量企业生产经营状况是否正常。

　　1. 偿债指标

　　（1）资产。分析资产负债表时，要注意分析资产要素。资产可以反映企业的经营实力和规模。按照流动性标准，可以将资产分为流动资产、长期投资、固定资产和无形资产四大类。在实际分析中，我们不仅要看公司的资产规模，还要看公司的资产质量。

流动资产包括现金、银行存款、应收账款、存货、短期投资等科目。企业的流动资产充足，表明企业有较强的支付能力。

长期投资分析。企业的长期投资，主要是为了实现多元化经营或通过兼并、收购实现的控股。企业长期投资增加，一般来说能够为企业发展带来光明的前景。在市场处于完美状态下，企业做出正确的投资决策时，公司的股票会上升到应有的水平。

固定资产分析。这是对实物形态资产进行的分析。资产负债表所列的各项固定资产，是在持续经营的条件下，固定资产尚未折旧、损耗的金额，预期在未来各期间陆续收回。因此，折旧、损耗是否合理，直接影响资产负债表、利润表和其他各种报表的准确性。很明显，少提折旧，就会增加当期利润；多提折旧，则会减少当期利润，有些公司常常在这上面做文章，使某期账面上的利润显得"好看"。

无形资产分析。无形资产主要指商誉、著作权、专利权等非实物形态的资产，未来预期可以给企业带来利润。由于会计准则对无形资产的处理方式规定不够严谨，所以这也易成为一些公司造假的地方。

（2）负债。负债分为流动负债和长期负债。负债过多，对企业的现金流支出会带来很大压力，影响企业正常的生产经营活动。但是，负债又可以减少企业的融资成本。公司应该有一个合理的负债水平，这个指标应该与行业平均水平相比较，没有一个绝对的衡量标准。

（3）股东权益。股东权益包括股本、资本公积、盈余公积和未分配利润四个方面。分析股东权益，主要是了解股东权益中投入资本的不同形态及股权结构，了解股东权益中各要素的优先清偿顺序等。

公司的公开财务报告可以从各种网站上获得，只要输入需要了解的上市公司的代码即可。

对比公司连续几年的资产、负债、所有者权益变化情况，可以大致掌握公司的利好或利空趋势。细读资产负债表的具体科目，可以分析上市公司的财务状况。

看资产负债表时，要与利润表结合起来，主要涉及资本金利润和存货周转率。前者是反映企业盈利能力的指标，后者是反映企业运营能力的指标。

（4）流动比率。流动比率是企业流动资产总额与流动负债总额之比，一般用来分析企业流动资产用以清偿流动负债的保证程度。

其计算公式如下：

$$流动比率 = 流动资产 / 流动负债$$

在正常情况下，流动资产包括现金、银行存款、应收票据、应付账款、预收货款、待摊费用、存货；流动负债包括短期借款、应付票据、应付账款、预收贷款、应付工资、应交税费、预提费用、长期负债本期将到期部分及其他应付款等。

流动比率是公认的衡量短期偿还能力的指标，因为它显示了短期债权人在求偿权到期日前的变现能力。一般来说，2∶1的流动比率是比较合理的状态。但是，由于各种行业的经营性质和营业周期不同，对资产流动比率应有不同的衡量标准。过低的流动比率，表明企业可能面临清偿到期账单、票据的困难；过高的流动比率，则表明企业的流动资金过多地滞留在流动资产上，没有发挥应有的资金效率。

在分析了流动比率之后，还应分析速动比率。速动比率是指立即可以用来偿付流动负债的流动资产，包括现金、银行存款、应收票据和应收账款。速动比率一般保持在1∶1较为合适。此外，负债比率、存款周转率、应收账款平均回收率、总资产周转率等重要数据，也是判断企业经营情况是否正常和健康的重要数据。

2. 资本结构

公司的资本结构，是指公司负债和所有者权益的比值。一般来说，在不考虑税赋的情况下，公司的资本结构不影响公司的价值。但是，现实中不仅有公司税，还有个人所得税，整个市场也不是完全竞争的市场，因此，公司的资本结构会影响公司的价值。

负债与股东权益的比率，可以反映公司的资本结构比率。负债的融资成本低于股东权益的融资成本，但负债水平过高，又会影响公司的正常经营，公司可能会由于负债水平过高而导致破产；破产造成的律师费用等其他一系列费用，又会降低公司价值，所以合理的资产负债结构是公司价值最大化的基础。

其他用于分析企业资产结构的指标，还有以下几种：

（1）固定资产比率。其计算公式如下：

$$固定资产比率 = 固定资产 / 总资产 \times 100\%$$

固定资产能够为企业带来长期稳定的现金流。企业总资产很多，固定资产很少，就不能给人可靠的感觉。另外，拥有较多的固定资产，还可以以此作抵押或担保进行融资，扩大经营规模。但是，第三产业如金融、贸易、科技咨询等公司，并不需要很多固定资产。特别是高科技企业，固定资产往往并不高。因此，这个比率应根据行业而定。

（2）净资产比率，其计算公式如下：

$$净资产比率 = 股东权益总额 / 总资产 × 100\%$$

该指标也叫股东权益率，主要用来反映企业的资金实力和偿债安全性，它的倒数即为负债比率。净资产比率的高低，与企业资金实力成正比，一般应在50%左右。但对于一些特大型企业而言，该指标的参照标准应有所降低。

（3）固定资产净值率。其计算公式如下：

$$固定资产净值率 = 固定资产净值 / 固定资产原值 × 100\%$$

该指标反映的是企业固定资产的新旧程度和生产能力，一般以超过75%为好。该指标对于工业企业生产能力的评价有重要的意义。

（4）资本化比率。其计算公式如下：

$$资本化比率 = 长期负债/（长期负债＋股东股益）× 100\%$$

该指标主要用来反映企业需要偿还债务及有息长期负债占整个长期营运资金的比重。该指标不宜过高，一般应在20%以下。

3. 支付比率

支付比率表明股东所持有的每一份股票在企业中所具有的价值，即所代表的净资产价值。净资产即股本、资本公积金、法定盈余公积金、任意盈余公积金、未分配利润诸项目的合计，代表全体股东共同享有的权益，有人称其为股票净值。其计算公式如下：

$$每股净资产 = 股东权益总额/（股本总额 × 股票面额）$$

净资产的大小是由公司经营状况决定的。公司经营成果越好，净资产越高，股东所享有的权益就越多。因此，净资产即股票净值，是决定股票市场价格走向的主要依据之一。

一般来说，那些净资产较高而市价不高的股票，具有较好的投资价值；相反，如果净资产较低，但市价却居高不下的股票，投资价值较小。

（三）提防财务报表中的假象

企业资产负债表反映的是企业某一时点的经营状况。有些企业为了上市圈钱，获取配股资金，避免连年亏损导致退市，或者出于其他目的，常常人为操纵财务报告，故意调节利润，粉饰财务报表。投资者如果只根据公司财务报表提供的利润数据评估股票定价，或者根据其盈余水平和未来变动趋势，判断企业目前及未来的经济价值，据以做出投资判断，就极易上当受骗。例如，某公司虚构了 5.66 亿元利润，虚增了 6 亿多元资本公积金，结果套牢了近 10 万上当受骗的股民。

以下是企业常用的做假手段，投资者可以据此鉴别企业财务报告的真假，以便对上市公司做出正确的评估。

1. 通过关联企业的交易

关联交易对企业利润的影响，主要是通过不正常的卖出价和买入价，也就是通过影响收入和成本，最终达到控制企业利润和企业所得税的目的。投资者可以从关联交易科目上，了解企业与其关联企业交易的规模以及关联交易占全部利润的比例，继而判断关联交易的比重是否过大，企业的财务报告是否存在虚假内容。

2. 利用资产重组或债务重组做文章

资产和债务重组，给亏损企业提供了一个转亏为盈的机会。企业也很可能利用资产或债务重组的机会，在财务报告上弄虚作假，虚增利润。例如，一家企业将价值 3000 万元的固定资产划拨给债权人，以充抵 8000 万元债务。该企业在这一交易中产生了 5000 万元的利润，之后再用 3000 多万元现金购回该固定资产。这样一买一卖，实际上是买卖双方都受益的。

3. 提前确认销售收入

由于资产负债表是企业某一时点的经营状况，所以，企业的经营者就很可能在资产负债表确定之日，通过一系列非正常的销售等活动，实现非正常的利润，掩饰不良的经营业绩，欺骗投资者。销售收入的确认，是企业获得经营成果的前提。

企业会计准则规定，下列条件均能满足时，方可确认收入：

（1）企业已将商品所有权上的主要风险和报酬转移给购货方。

（2）企业既没有保留通常与所有权相联系的继续管理权，也没有对已售出的商品实施控制。

（3）与交易相关的经济效益能够流入企业。

（4）相关的收入和成本能够可靠地计量。

但在实际活动中，还是有很多企业通过确认的收入来虚增本期利润，影响投资者对企业和经营者的评价。

4. 推迟确认本期费用

推迟确认本期费用与提前确认销售收入道理相通。企业根据需要，对收入或者费用采取不同的确认标准，从而影响当期利润。

5. 对准备金的提取，根据利润目标而定，无法确定统一的规则

一些经营者利用准备金的提取，人为地影响利润。如果经营者想做大利润，就会少提准备金；若是想减少本年度的盈利，则会多提各项准备金。投资者应当擦亮眼睛，对企业公开的财务报告的指标进行横向、纵向比较，即分别将企业前期计提的准备金以及同行业其他企业计提准备金情况，与企业当期的经营业务相结合，判断企业是否在该类科目中造假，评估企业的真实价值。

上市公司存在操纵利润的现象，投资者不能简单地根据企业的财务报告，就对企业价值做出判断，而应该对其中的重点科目仔细阅读，发现其中的破绽，从而评估企业财务报告的可信度。

虽然一般股民缺乏过硬的财会知识，但一样可以通过简单地比较，来分析企业真实的财务状况。其中，应重点关注以下企业经营者经常"调节"的科目：

（1）应收账款与其他应收款的增减关系。如果对同一单位的同一笔金额，由应收账款调整了其他应收款，则表明企业有操纵利润的可能。

（2）应收账款与长期投资的增减关系。如果一个单位的应收账款减少，同时增加了对该单位的长期投资，且增减金额接近，则表明企业存在操纵利润的可能。

（3）待摊费用与待处理财产损失的数额。如果待摊费用与待处理财产损失数额较大，有可能存在将拖延费用列入利润表的问题。

（4）借款、其他应收款与财务费用的比较。如果公司有对关联单位的大额其他应付款，同时财务费用较低，说明企业有利用关联单位降低财务费用的嫌疑。

6. 非经常性损益影响当期利润

非经常性损益是公司正常经营之外的一次性或偶发性损益，主要包括处置资产的损益、新股申购冻结资金的利息、临时性获得的补贴收入和税收减免、债务重组损益、偶发自然灾害损失、捐赠收支、合并价差摊销等。正确看待企业的经营利润，区分正常的业务收入和其他非经营性收入，对于投资者而言，

是评判企业价值的一个重要指标。对于一家正常的企业而言，其主营业务收入应当占其收入来源的绝大多数。如果企业收入中绝大多数都是非经常性的，很大程度上说明企业的生产经营或者管理有问题。

有些企业会通过调节某一时期的非经常性损益来实现经营利润，造假账，从而误导投资者，对这类企业要提防。

在现实中，大多数投资者并不会利用这些报告判断企业的投资价值。这里只想告诉投资者，学会分析财务报告并不难，通过财务报告来分析企业的财务状况，也是很简单的。只要掌握了基本的分析技巧，关注重点科目，普通投资者也可以通过企业的公开财务报告，对企业的经营状况做出恰当的分析，并对企业的投资价值做出合理判断。

六、利用现金流量表选股

现金流量表是公司的三大财务报表之一。现金流的重要性可以用巴菲特的投资策略来印证。比如巴菲特曾经长期持有一些持久增值的股票，除了可口可乐公司的股票外，还有华盛顿邮报、美国运通公司、迪斯尼公司的股票等。细心分析这些公司的财务报表，会发现它们有一个共同的特点：这些公司的现金流永远充足，且每年都平稳增长。可见，从本质上看，巴菲特不仅是在投资股票，更是在投资公司。

利用现金流量表选股，就是通过分析上市公司的现金流量表，挖掘出其中有投资价值的因素，然后选择那些现金流充足，现金流量稳步、健康增长，同时流动资产远大于流动负债的公司股票作为投资标的。

（一）现金流量表的作用

现金流量表是用来提供企业现金流入、现金流出及投资活动与筹资活动方面信息的财务报表。虽然利润表与资产负债表能够描述企业的财务状况，但是却不能很好地解释财务状况变动的原因，而现金流量表则能很好地弥补这一缺点。

通过现金流量表，我们能够获得以下信息：

（1）企业在未来的会计年度为投资者产生净现金流量的能力。

（2）企业偿还债务的能力。

（3）企业向投资者分配股利的能力。

（4）企业财务状况发生变化的原因。

（5）企业哪些投资活动和筹资活动将对企业的现金流产生影响，哪些活动对企业的现金流毫无意义。

现金流量表并不复杂，非专业人士花一点时间就能看懂一张财务报表，但要想熟练运用现金流量表选股，则需要长久的修炼，必须懂得现金流量表中的每一个术语和数字的含义。

我们先来看一张现金流量表（表3-7）。

表3-7　现金流量表

【现金流量表摘要】

指标（单位：万元）	2020/09/30
销售商品收到现金	10856194.03
经营活动现金流入	10933491.66
经营活动现金流出	8526847.01
经营活动现金净额	2406644.64
投资活动现金流入	137421.31
投资活动现金流出	1341075.93
投资活动现金净额	-1203654.62
筹资活动现金流入	6367295.31
筹资活动现金流出	7597907.90
筹资活动现金净额	-1230612.59
汇率变动的现金流	1423.31
现金流量净增加额	-26199.25

从表 3-7 中可以看出，现金流量表主要覆盖企业的：经营活动、投资活动、筹资活动三种活动。

经营活动包括的范围很广，企业除了投资活动与筹资活动以外的所有交易和事项，均可并入经营活动之列，包括销售商品、提供劳务、经营性租赁、购买商品、接受服务、广告宣传、推销产品、缴纳税款等。

经营活动产生的现金流，是一项非常重要的指标，它能说明企业能否仅仅利用经营活动产生的现金流，来维持企业的基本运转、保持偿债能力、支付股东报酬等，而不需要动用投资所得和外部筹集资金。如果企业能够做到这一点，则说明该企业的资产状况良好。根据企业会计准则对于现金流量表的规定，经营活动产生的现金流量，至少应当单独列示反映下列信息的项目：

（1）销售商品、提供劳务收到的现金。

（2）收到的税费返还。

（3）收到其他与经营活动有关的现金。

（4）购买商品、接受劳务支付的现金。

（5）支付给职工以及为职工支付的现金。

（6）支付的各项税费。

（7）支付其他与经营活动有关的现金。

投资活动是指企业长期资产的购建以及不包括在现金等价物范围内的投资及其处置活动。主要有购建和处置固定资产、无形资产和其他长期资产并收回投资成本等。

此处所指的长期资产是指固定资产、在建工程、无形资产、其他资产等持有期限在一年以上的资产。需要提出的是，不包括在现金等价物范围内的投资要排除在外，因为它们已经包括在现金流量表中的现金中。

投资活动现金流量的定义，包括作为金融或固定资产投资的现金流出以及处置这些投资品时所得到的现金流入。根据企业会计准则对于现金流量表的规定，投资活动产生的现金流量，至少应当单独列示反映下列信息：

（1）收回投资收到的现金。

（2）取得投资收益收到的现金。

（3）处置固定资产、无形资产和其他长期资产收回的现金净额。

（4）处置子公司及其他营业单位收到的现金净额。

（5）收到其他与投资活动有关的现金。

（6）购建固定资产、无形资产和其他长期资产支付的现金。

（7）投资支付的现金。

（8）取得子公司及其他营业单位支付的现金净额。

（9）支付其他与投资活动有关的现金。

筹资活动是指导致企业资本及债务规模和构成发生变化的活动。此处所说的资本，包括实收资本，即股本；还包括资本溢价，即股票发行价格超过发行面额的部分。此处的债务活动是指企业从外部借入的款项，包括发行债券、从银行直接贷款以及偿还债务等。根据企业会计准则对于现金流量表的规定，筹资活动产生的现金流量，至少应当单独列示反映下列信息：

（1）吸收投资收到的现金。

（2）取得借款收到的现金。

（3）收到其他与筹资活动有关的现金。

（4）偿还债务支付的现金。

（5）分配股利、利润或偿付利息支付的现金。

（6）支付其他与筹资活动有关的现金。

（二）现金流量表的应用

现金流量表能够向投资者提供一系列信息，这些信息并不是在一个会计期间就能反映出来的，往往需要借助几个会计期间的现金流量表进行比较，以找出其中不影响现金流量的活动和影响现金流量的活动。对于能够影响现金流量的活动，要尝试分析出其影响现金流量的原因。

那么，如何从企业的现金流量表分析出上市公司的大致经营情况呢？

1. 看懂经营活动现金流量

经营活动如果产生净现金流量，说明该期间公司完全能够依靠持续经营活动维持公司的日常运作和产品生产。

所谓净现金流量，是指当期现金流入量减去现金流出量。如果结果为正，则称这一会计期间产生了正的净现金流量，简称净现金流量；如果结果为负，则称这一会计期间产生了负的净现金流量。

最理想的状况是，任一经营活动在任一会计期间都能够给企业带来净现金流入。现实中，这一理想状况很难实现。我们要寻找的企业，是那些在多数会计期间，其净现金流量都是增加的企业。对于一些依靠长期订单生产的企业来说，在一部分时期内，其净现金流量为负也是可以接受的。因此，只要企业的财务制度比较健康，能够随时通过筹资补充暂时紧缺的现金流即可。比如飞机制造业，由于从原料采购到最终产品验证，期间需要很长一段时间，因此其现金周转速度比较慢，但是它经常会在某些会计期间产生净现金流出，所以这样的企业是可以关注的。

选择企业，除了看该企业是否能够在尽可能多的会计期间产生尽可能多的净现金流以外，对该企业各个会计期间经营活动产生的现金流的构成进行分析，也是非常重要的。企业经营活动的现金流入，应该是在产品销售和提供劳务环节产生的。企业的现金回收率，即销售商品或提供劳务收到的现金与销售收入的比率接近1时，说明本期经营活动比较稳定，绝大部分销售款都能在当期收回。而当这个比率逐渐下降时，则需要好好分析一下造成该变动的原因是由于公司提供的信用额度过大，还是公司产品在生产环节中出现了质量问题造成损失，抑或是该企业的客户本身信用状况出了问题？如果客户是资产质量优良，信用记录一向良好的大型企业，则很可能是这个公司本身存在问题，这就需要管理者进行改善。在情况没有好转之前，建议投资者看空该企业的股票。

对于税款的支付以及返还税款的领取，也是在分析现金流量表时需要重点考察的一个因素。如果国家经济未出现大的波动，而企业延迟缴纳税款，很可能是自身财务状况出现了问题。

2. 看懂投资活动现金流量

企业投资活动所取得的现金，可能来自金融资产的投资收益所带来的现金流入，或是收回投资时带回的投资成本，也可能是对自身的固定资产、无形资产和其他长期资产出售、出租带来的现金流入。与之相对的是企业投资活动产生的现金支出，只是其所对应的投资活动属于反向关系而已。

金融资产的投资收益带来的现金流增加，对于投资者选股存在很大的迷惑性。并不是说这部分投资活动产生的现金流增加不重要，实际情况是，在对现金流量表进行分析时，很可能将这部分增加的现金流与经营活动产生的现金流同等对待，如果这样的话，那就大错特错了。企业对金融资产的投资收益是无法规划和掌控的。企业在某一会计期间如果净现金流量突然放大，投资者可能会认为这是由于这一期间股市行情非常火爆，企业在证券市场上大赚了一把而引起的。而事实上，其经营活动可能不但没有增长，反而倒退了。可见，在对现金流量表进行分析时，如果不把金融资产的投资收益带来的现金流量增加，与未来几年金融市场的行情考虑进去的话，得出的结论有可能带有误导性。

在投资活动现金流流出的栏目下，有两个重要的项目，就是收购新公司的现金支出和购建固定资产的现金支出。企业在扩张道路上，往往存在内涵性扩张和外延性扩张两种选择。内涵性扩张是指利用自身积累的未分配利润进行固定资产投资，扩大生产线，从内部把企业做大；外延性扩张是指通过收购新的企业，实现在本业务领域做强，或在新业务领域立足。多数专家认为，虽然外延性扩张能够最快地使一个企业成长，但是最终却很难做强做大。这是因为公司合并后，虽然存在协同效应，但是很可能因为企业文化背景不同、企业发展战略不一、企业管理层中有冲突、财务状况混乱、新添债务负担等原因引发一系列问题，让兼并成为企业发展的一把双刃剑。因此，当企业的现金流量表中出现收购新公司而支出大量现金时，就需要保持高度的警惕，应密切关注该企业的后续发展态势。

与收购新公司和购建固定资产相对的，是出售原有子公司以及打包处置固定资产。后面的两种活动，虽然能够给公司带来正的净现金流入，但是所传达的信息却往往有天壤之别。

企业打包出售固定资产，情况可能比较复杂，比如企业近期财务状况恶化，资金链面临断裂的危险，为了补充现金，公司不得不把自有的固定资产进行打包销售。也有可能是被打包出售的固定资产没能被企业充分利用，没有作出其应尽的贡献，为了做活企业的资产业务，同时为了减轻对固定资产的维修负担，管理层才做出出售的决定。不管出于何种理由，都说明企业的生产经营没有发挥最佳的效率。

企业出售原有子公司或出售参股公司股份，往往属于截然相反的一种情况，经常在二级市场上能推动其股价的上涨。公司出售子公司，往往是因为子公司业绩不佳，公司将其出售后，不但能够甩掉包袱，轻装上阵，同时还能获取一大笔净现金流，用来发展最具有核心竞争力的业务，方便企业发展战略的调整。因此，企业现金流量表中对出售子公司所带来的现金流入记录，是选股时需重点考虑的一个因素。

3. 看懂筹资活动现金流量

公司的筹资活动，往往有两种途径：一种是发行证券，如股票和公司债券，称为直接融资；另一种途径是银行贷款，即间接融资。此外，还有一种分类方法，将发行股票看作股权融资，发行债券和银行贷款看作债务融资。

　　投资者应该关注筹资活动中有关债务融资的现金流入量和流入比例。现金流入比例并不是越高越好，这涉及资本结构问题。通常来说，如果一家公司通过债务融资的比例过高，就可能由于资不抵债而破产。债务融资在所有融资中所占的比例，有一个理论上的最优数字，债务融资超过该比例，破产风险将增大，在此比例下的增长，则是比较健康的。这个最优比例与权益资本的期望收益率有关，即股东期望获得多大的收益，就应该采用与之对应的债务融资率。

　　对于债务融资来说，还有一个因素需要考虑，那就是债务融资的结构问题。债务融资所产生的现金流入中，有多大比例是短期债务，又有多大比例是长期债务？债务融资所产生的现金流出中，利率是否公平、固定？本息偿付的计划如何，能否与其投资收益的期限相匹配？最佳的答案应该是公司筹得的短期债务资金，应该用于公司的短期项目和日常经营；长期债务资金，则应该用于公司的长期项目。这样成本与收益才能匹配，不会对公司的现金链造成冲击。比如一家建筑公司，要为一次投资回收期为 20 年的项目融资，且预期年回报率为 15%，则该公司债务融资的最佳选择为：通过发行 20 年期的长期债券，或者通过银行贷款，筹措一笔为期 20 年的长期贷款，且利率最好固定在 10% 以下。

　　对于权益融资，即股权融资来说，现金流量表中能够记载公司的两种活动，一是通过增发扩大公司的股本筹措资金；二是在二级市场上回购公司的股票，增强公司的自我控制力度，同时加大获利杠杆作用。这两种相反的活动，所传达的信息也往往具有相反的意义。

　　对于上市公司来说，增发的最佳时机，莫过于该公司的股价已经被高估，且远高于其本身价值之时，此时选择增发，能够为公司圈得额外的现金。但是，增发对公司的股价会造成一定的冲击，因为增发的股票会成为机构投资者投机的对象，一旦上市获利以后，机构投资者可能会抛售手中的股票，造成股价下跌。

　　最后，现金流量表的筹资活动中，对股利现金的支付，也应该是投资者关注的重点。稳定的股利支付，暗示着积极的意义，因为该行为迎合了投资者的心理预期。只有当公司具有平衡增长的现金流，且未来业绩也能够平衡增长时，公司管理层才会作出发放现金股利的决定。因此，投资者普遍把现金股利的发放看作是一种利好消息，代表管理层对公司未来的前景看好。

4. 现金流量表的应用综述

从前面的讲述中，可以提炼出一个简明扼要的观点：那些拥有大量充足现金流，并且其现金流量能够保持稳定增长的上市公司，更具有投资价值。只有当一个公司拥有充足的净现金流量时，才说明其经营活动业绩优良，能够充分利用这些现金流量降低负债比率、回购公司股票，或者购建固定资产，扩大生产规模。

第四章

短线选股，指标是利器

　　在股票的投资过程中，大家赚钱的方法各有不同，但亏钱的人几乎都是因为犯了同样的错误——选股失误。很多人即使判断对了大势，却由于选股的偏差，仍然无法获取利润。

　　本章介绍了诸多短线选股的指标和技巧，投资者掌握了这些指标技巧，并在实战中加以灵活运用，定会获益匪浅。

一、短线选股的策略和理念

短线交易与长线交易是一个相对的概念。市场上的短线交易周期通常都在一个月之内，其中 80% 以上在两周之内就完成从选定股票——买入——卖出离场的整个交易过程。

相比于长线投资，短线交易的显著特点是资金利用率高，参与门槛低，能灵活回避市场波动带来的风险。而长线投资则需要对上市公司的基本面有非常深入的了解，对于普通投资者来说，由于市场信息的严重不对称，加之缺乏专业知识，长线投资并不容易做到。短线交易则不存在上述问题，普通投资者可以根据市场波动的规律，随机参与盈利概率大的投资机会，以追求资金的高利用率。

（一）短线交易的风险

短线交易有利也有弊，短线投资虽然提高了投资的灵活性，但同时也失去了长线投资确定性的投资收益。许多投资者只关注短线交易产生的盈利，考虑到资金有可能快速增长，却忽视了短线交易潜在的风险，从而导致盲目交易、过度交易等情况。还有些投资者因为过于在意参与交易的时间周期，出现缺乏持股耐心、急于落袋为安的倾向，结果过早地抛售股票，坐失获利良机。更有甚者，因此引发"恋股情结""报复市场"等不正确的心理倾向，从而影响正常的买卖操作，导致投资频繁出现失误和亏损。

还有些投资者不能严格遵守短线交易原则和操作纪律，当市场未能像预期的那样运行，资金出现少量亏损时，没有按预定的交易计划操作或及时止损离场。在市场转入下跌趋势时，由于短线投资者对市场抱有不切实际的希望，又没有足够的勇气挥刀斩仓，以至于浅套变深套、短线变长线，最终招致巨幅亏损。

在股票市场，交易规则是相同的，人性是相似的，所以在操作中有很多潜在的规律可以遵循。但投资者同时还要知道，任何规律都无法保证完全正确，只不过正确的概率大于错误的概率而已。也就是说，市场规律并不能保证每次操作都会正确，但长期坚持按照有效的规律参与交易，操作正确的次数要多于错误的次数，短线交易的收益也就来源于此。

在短线操作中，要注意"三律（率）"——严守纪律、寻找规律、判断概率，只有做到这三点，才能在短线操作中实现稳定盈利的最终目标。

（二）短线选股也要考虑基本面因素

短线选股虽然不必像长线投资那样，对个股进行深入系统地分析研究，但还是要尽可能从不同方面和多个角度对市场加以了解和观察，从而提高短线操作的正确率。

一般来说，投资者需要对下面几个市场因素加以了解。

1. 外部宏观因素

（1）利率。如果银行利率提高，一方面人们会更倾向于将钱存入银行，以获得稳定的利息收益，这将使更多的社会闲散资金产生分流；另一方面从上市公司的角度来看，利率提升会使公司的贷款成本增加，对企业盈利产生负面的影响。

（2）税率。税率的提升，大多会与股票价格相关，是此消彼长的关系。税率对股市的影响主要体现在两个方面：一方面是对应上市公司的企业经营相关税种的税率；另一方面是投资者进行交易和交易所得税的税率。与企业经营相关的税率（如企业所得税）提升，会影响到企业的盈利水平。投资者进行交易中所对应的税种（如交易印花税），或是对交易收入征收的税率上调，则会增加交易成本，降低投资者收益水平，影响投资者的积极性。

（3）汇率。通常本国汇率上调，即本国货币升值时，会增加企业出口的难度，对于出口依存度较高的外贸类企业，会直接影响其盈利水平，降低业务收入，对股价的影响偏于负面。与此同时，由于汇率升降会有一定的持续性，故境外资金有可能在汇率上升期间大举进入本国市场，从而使市场中的游资数量大增，提高市场的流动性，在一段时间内对整个股市中股票的价格具有向上的推动作用。另外，汇率的变动涉及国家与国家之间多层面的博弈，对各领域的影响也较复杂，对股市的整体影响是多元或偏于中性的。

（4）银行政策松紧。银根紧时，信贷放缓，市场资金会减少，对股票价格的影响是负面的；反之，银行政策宽松，市场资金增加，通常对股票价格的影响是正面的。

（5）经济周期。市场经济的运行是具有一定周期性的，大到世界范围内，以国家为单位的经济体，小到一个地区或一个行业，都会受到经济周期的影响，这是供给与需求这两只"无形的手"运作的结果。当一个企业处于旺盛的周期时，通常企业所生产的产品供不应求，企业利润大幅度增长，股价则随之上升；丰厚的利润引发该领域产能进一步扩大，大量资金涌入该企业，投入到产品的生产当中，随后产能则逐渐出现过剩，产品价格随之下降，企业收入减少，股价也会随之下跌。因此，关注经济周期，对股价运行方向的整体判断具有重要的意义。

（6）通货膨胀。通货膨胀是因货币供给大于货币的实际需求，而引起的一段时间内物价持续而普遍上涨的现象，其实质则是社会总需求大于社会总供给。由于严重的通货膨胀会给人民的生产、生活产生较大的负面影响，政府通常会控制通货膨胀水平。通货膨胀对股价的影响主要是负面的，但通常会有一定的滞后性。

（7）产业政策。基于对国家经济结构总体调控的需求，政府会对某些行业给予一定的扶持，如减免税、退税和畅通融资等，使相关企业的经营流程更为顺畅，运营成本降低，企业盈利水平增加，从而对股价产生正面的影响。如果政府对某些行业的发展进行一定的限制，其对股价的影响则具有不确定性。例如，假如对整个行业增加税收，则会对上市公司股价产生负面影响。但如果对行业的准入条件加以限制，则有可能使原有企业的垄断性增强，具有更强的盈利能力，从而对股价产生正面的影响。

（8）地缘政治。地缘政治对全球经济有着直接的影响，比如中东产油国的政治形势，可能会直接影响国际市场上石油的价格。国际政局不安定，必然会带来经济上的混乱。

2. 上市公司的基本面因素

上市公司所处行业内的小环境，对股价也会有直接的影响。对于这些情况，在市面上流行的股市行情分析软件中都可以查询到。投资者对于这些资料，只要对数字进行简单的比较即可。

(1)营业收入。由于股票买卖是对上市公司未来业绩的预期进行交易,所以上市公司营业收入的增长情况,对个股而言显得尤为重要。一个公司的营业收入在一定时间内迅速增长,会增加人们对企业盈利能力的预期,从而具有使股价大幅上升的机会。

(2)每股盈利。有些企业虽然营业收入明显提升,但可能只是赔本赚吆喝,这样的企业盈利增长空间有限。这种企业多半在公司管理层面存在很多问题,从而导致经营成本过高,影响收益,虽然营业收入增加,但可能隐藏着潜在的风险。可见,盈利能力才是判断公司质量最重要的标准,投资者应加以关注。

(3)股票净值。股票净值即公司资本金、资本公积金、资本公益金、法定公积金、任意公积金、未分配盈余等项目的合计,它代表全体股东共同享有的权益,也称净资产。一般来说,上市公司的经营业绩越好,其资产增值越快,股票净值就越高,股东所拥有的权益也就越多。

除上面提到的因素外,同业竞争情况也会影响到股价的波动,投资者在决策时可以加以考虑。

二、K线选股法

K线又被称为蜡烛线或日本线,起源于18世纪的日本,当时的日本米商用阴阳烛来记录米价的变动,后被引用到证券市场,成为股票技术分析的一种理论。

在股市中,K线图具有基础性。盘面上任何基本时间单位的股价走势都可表示为K线形式,如日K线、周K线、月K线、5分钟K线、30分钟K线以及60分钟K线等。K线分析是根据一定时间内K线的组合情况来判断股票市场多空力量的对比关系,进而得出多空双方谁占优势以及这种优势是暂时性的还是决定性的结论。

（一）K 线的特点

K 线有以下四个基本特征：

1. 一个基准

K 线阴阳的参照系是以某一基本时间单位的开盘价位为基准的。在这一时间单位内，把收盘价高于开盘价的 K 线定义为阳线，而把收盘价位低于开盘价的 K 线定义为阴线。阳线和阴线与上涨和下跌没有必然的联系，因为 K 线阴阳与股价跌涨的基准点不同。

2. 两个种类

阳线在彩色图中用红色表示，在黑白图中则以空心（空白）来表示。阴线在彩色图中用蓝色或绿色表示，在黑白图中则以实心（黑色）表示。

3. 三个部分

一根 K 线通常由上、下影线和实体三部分组成。中间的矩形是实体，实体上方的细线叫上影线，实体以下的细线叫下影线。上影线的顶端表示当日最高价，下影线的底端表示当日最低价。如图 4-1 所示。

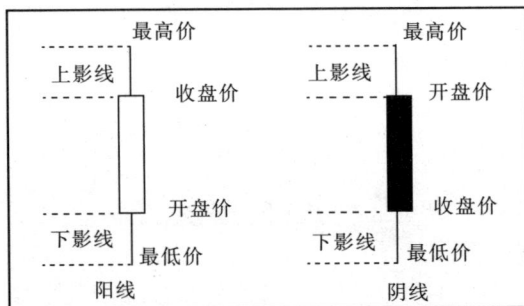

图4-1

一般来说，上影线的长短表示抛压的轻重，上影线长意味着股价上升时，遇到了较大的抛压而回落；下影线的长短表示支撑的强弱，下影线长意味着股价下跌时，遇到了较强的支撑而回升。

4. 四个价位

四个价位是指，一根 K 线一般由开盘价、最高价、最低价和收盘价构成。开盘价是指股票在每个交易日开市后的第一笔买卖成交价格，也称开市价；最高价是指股票在每个交易日从开市到收市的交易过程中所产生的最高价格；最低价是指股票在每个交易日从开市到收市的交易过程中所产生的最低价格；收盘价通常是指股票在每个交易日个股的最后一笔成交价格，也称收市价。

（二）单根 K 线的基本形状和意义

K 线有各种各样的形态，其基本形态主要有 12 种，如图 4-2 所示。不同的 K 线形态具有不同的意义。

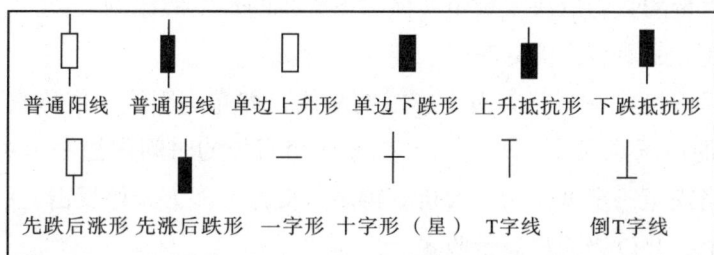

普通阳线　普通阴线　单边上升形　单边下跌形　上升抵抗形　下跌抵抗形

先跌后涨形　先涨后跌形　一字形　十字形（星）　T字线　倒T字线

图4-2

1. 普通阳线和普通阴线

普通阳线是最常见的一种阳线，也称标准阳线。它是指带有上下影线的阳线实体。普通阳线反映的市场意义是：在某一单位时间内，多空双方围绕开盘价位展开激烈拼杀，在供求关系的作用下，股价不断波动，一会儿冲高，一会儿探底，最后以多方获胜而告终，较（开盘价）高的收盘价得到了市场认同。对于普通阳线来说，其上影线意义远远大于其下影线意义。上影线的长度表示多方在上攻的过程中所遭遇的抛压程度。实体的长度表示多空力量的对比程度，实体越长，表明多方力量越大，市场买气越强。

普通阴线与普通阳线完全对称，其市场意义正好相反。

2. 单边上升形和单边下跌形

这种 K 线俗称光头光脚阳线和光头光脚阴线。

单边上升形也称光头光脚阳线（收盘无影线），表示在某一单位时间内，多方处于强势，股价走势以最低价开盘后，呈现震荡盘升的态势，最终以最高价收盘。单边上涨型分为大阳线、中阳线和小阳线。大阳线和中阳线表示多方力量十分巨大，尤其是在盘档末期出现时，表示多方已占上风，空方阵地失守。小阳线表示股价上下波动有限，一般不宜强调其"光头性"。

单边下跌形，即光头光脚阴线，与光头光脚阳线相反，其市场意义也正好相反。

3. 上升抵抗形和下跌抵抗形

上升抵抗形是一根只带有上影线的光脚阳线，俗称开盘红秃头。上升抵抗形的市场意义是：多方在高位遇到空方的抵抗，多方力量受空方压制，导致股价上升遭遇阻力，多方力量的强弱取决于红色实体与上影线的长度的比例。

下跌抵抗形是一根只带有下影线的光头阴线，俗称开盘黑秃头。其市场意义是：空方在低位遇到多方的抵抗，空方力量受到阻击，使股价下跌遇到支撑，空方力量的强弱取决于黑色实体与下影线的长度的比例。

4. 先跌后涨形和先涨后跌形

先跌后涨形是一根只带有下影线的阳线，即光头阳线，俗称收盘红秃头。这种 K 线的市场意义是：开盘后，空方在相当长的时间内控制市场，股价一路下跌，当跌至一定低位后，股价获得多方支撑，多方开始反击，股价回升至开盘价以上，并以当天最高价收盘。

先涨后跌形是一根只带有上影线的阴线，即光脚阴线，其市场意义是：开盘后，多方在相当长的时间内控制市场，股价一路上涨，当涨到一定高位后，股价遇到空方压力，空方开始反击，股价跌落至开盘价以下，并以当天最低价收盘。

5. 一字形和十字星

一字形是 K 线中的一种特例。当股价从开盘到收盘都没有很明显的变化，即所谓四价合一时，K 线就会出现这种形态。此外，当数据来源只有收盘价，或者开盘后直接达到涨跌停板也会出现一字形。一字形是由于交易制度的缘故而出现的 K 线形态，在实行涨跌限制的条件下，达到涨跌幅限制的个股（即涨停或跌停，中途不被打开）就会形成这种一字形。

十字星表示交易过程中股价出现高于及低于开盘价成交，收盘价却与开盘价相同。十字星是单根 K 线中最重要的一种，可分为大十字星和小十字星。大十字星对应的是大成交量，表示多空双方分歧严重，兵力投入很多，股价振幅巨大；而小十字星则表示多空双方都很谨慎，股价出现小幅波动，这种图形往往对应的是小成交量。

6. T 字线和倒 T 字线

T 字线是指开盘价与收盘价相同，在基本时间单位内，整个交易都在开盘价以下的价位成交，而以最高价（即开盘价）收盘，一般表示空方力量有限。这种 K 线出现在股价波段的波峰和波谷时，其意义完全不同。

倒 T 字线与 T 字线正好相反，开盘价与收盘价相同，在单位时间内，整个交易都在开盘价以上的价位成交，并以最低价（即开盘价）收盘，一般表示多方无力拉升。与 T 字线相似，倒 T 字线出现在股价波段的波峰和波谷时，其意义也是完全不同的。

运用 T 字线买入股票是一种风险较高的投资，短线操作讲究快进快出。一旦收益达到 10% 以上，应该立刻平仓获利了结，切不可贪心。

一根 K 线记录的是股票在某一时间内的价格变动情况。将每个交易日的 K 线按时间顺序排列在一起，就构成了 K 线图，它反映出了股票价格的历史变动情况。如图 4-3 所示。

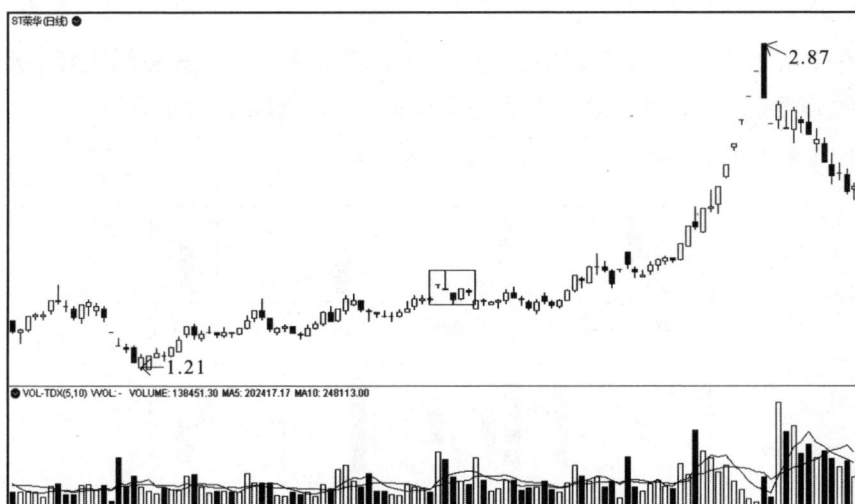

图4-3

根据一根 K 线记录时间的长短，可以将 K 线图分为五种：

（1）分时 K 线图。即记录时间在一个交易日内的 K 线，包括 1 分钟 K 线图、5 分钟 K 线图、15 分钟 K 线图、30 分钟 K 线图、60 分钟 K 线图等。

（2）日 K 线图。即依据一天内价格波动情况画出的 K 线图，是最常见的一种 K 线图。

（3）周 K 线图。即依据周一的开盘价、周五的收盘价以及当周的最高价和最低价画出的 K 线图，一般用于对中期趋势的分析和预测，准确性较高，对趋势的把握较日 K 线图更可靠。

（4）月 K 线图。即依据一个月内第一个交易日的开盘价、最后一个交易日的收盘价以及当月的最高价和最低价所画出的 K 线走势图，用于长期趋势的分析和预测。月 K 线图预测的准确性较高，但是由于周期过长，对趋势的把握具有一定的滞后性，因此应用较少。

（5）年 K 线图。即根据一年内第一个交易日的开盘价、最后一个交易日的收盘价以及全年的最高价和最低价所画出的 K 线走势图，一般用于对超长趋势的分析和预测，常用于成熟的股市。

不同的股票行情软件中，K 线图上的各种线条颜色也略有不同，具体可看 K 线图左上角 MA 数值后面的颜色。比如，M5 后面是黄色、M10 后面是粉红色，这就代表着 5 日均线用黄色线表示，10 日均线用粉红色线表示，依此类推。

（三）重要的 K 线组合及意义

在了解了单根 K 线的基本形态后，我们需要进一步了解 K 线组合的形态。从大的分类来看，K 线组合的形态分为反转组合形态和持续组合形态。

1. 显示股价反转的双 K 线组合（见图 4-4）

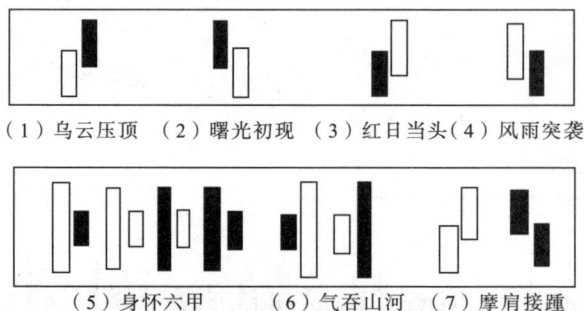

（1）乌云压顶　（2）曙光初现　（3）红日当头（4）风雨突袭

（5）身怀六甲　　（6）气吞山河　（7）摩肩接踵

图4-4

（1）乌云压顶。这是一种比较准确的股价见顶信号，暗示股价即将进入下跌趋势。这种形态一旦形成，就是一个卖出的信号，是一种比较强烈的空头图形。乌云压顶的形态特征是一根大阳线之后紧跟一根大阴线，且此阴线的开盘价要高于阳线的收盘价，阴线的收盘价低于阳线的收盘价，这使得阴线的重心要高于阳线的重心，看上去就像股价上涨过程中被蒙上了一层厚厚的乌云。一般来说，第二根阴线实体下部深入第一根阳线的实体越深（至少为阳线柱体长度的 50%），表明空头趋势越强烈，卖出信号越准确。

（2）曙光初现。这是一个短期看多的信号，一般出现在下跌趋势的末端，暗示股价即将展开反弹。其形态特征是一根大阴线之后紧跟一根大阳线，且阳线的开盘价低于阴线的收盘价，阳线的收盘价高于阴线的收盘价，这使得阳线的重心要低于第一根阴线的重心。这种形态一旦形成，就是一个短期买入的信号。阳线插入阴线的腹地越深（至少为阴线柱体长度的 50%），反弹的可能性也就越大。第二根阳线如果得到成交量的配合，那么，转势的信号将相当可靠。如图 4-5 所示。

（3）红日当头。这是一种比较可靠的底部反转形态，买入信号非常准确。其形态特征是：一根大阴线之后紧跟一根大阳线，且阳线的开盘价低于阴线的开盘价，阳线的收盘价要高于阴线的开盘价，这样使得阳线的重心高于第一根阴线的重心，犹如一轮红日当头升起。第二根阳线的收盘价高出第一根阴线的开盘价越多（至少为阴线柱体长度的 50%），股价反转的概率就越大。

（4）风雨突袭。这是一种比较可靠的顶部反转形态，卖出信号比较准确。其形态特征是：一根大阳线之后紧跟一根大阴线，且阴线的开盘价要高于阳线的开盘价，阴线的收盘价要低于阳线的开盘价，这使得阴线的重心低于阳线的重心，好像股价受到风雨袭击，急转直下。第二根阴线的收盘价低出第一根阳线的开盘价越多（至少为阳线柱体长度的 50%），股价实现顶部反转的可能性就越大。

（5）身怀六甲。也叫母子线，其形态特征是：一根长 K 线之后紧跟一根短 K 线，且短 K 线的开盘价与收盘价均在长 K 线的柱体之内，就像一位怀孕的母亲。母子线又分为母阳子阴、母阳子阳、母阴子阳、母阴子阴四种类型。母阳子阴和母阳子阳型，均是大阳线多头形，是买进信号；母阴子阳和母阴子阴均属于空头形，是卖出信号。通常，出现母阳子阴和母阳子阳的形态后，后市盘整和上升行情的可能性比较高；出现母阴子阳和母阴子阴的形态后，后市盘整和下跌行情的可能性比较高。

如图 4-6 所示，在上升市道中出现阳孕阴，是见顶的信号，在下跌趋势中出现阴孕阳，是见底的信号。

（6）气吞山河。也称吞噬线，利用这种 K 线组合对股价进行研判和预测，往往是比较准确的。吞噬线的形态特征为：一根短 K 线之后紧跟一根长 K 线，且第一根短 K 线的最高价和最低价均在第二根长 K 线的柱体内，就像长 K 线把短 K 线整个吞到肚子里一样。吞噬线又可以分为阳包阴和阴包阳两种。阳包阴是指一根大阳线从下往上吞噬一根小阴线，是强烈的买入信号；阴包阳是指一根大阴线从上往下吞噬一根小阳线，是强烈的卖出信号。如图 4-7 所示。

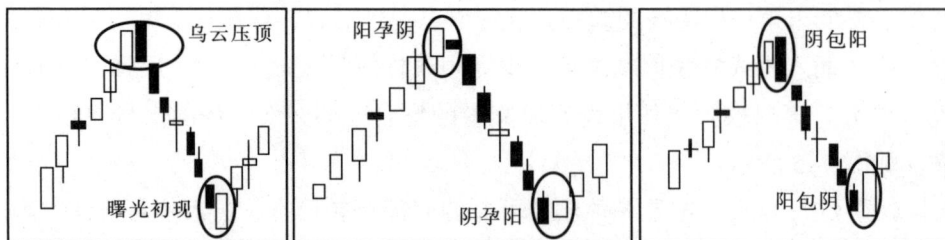

图4-5 顶部和底部的　　图4-6 身怀六甲的转势形态　　图4-7 气吞山河的转势形态
　　　转势形态

（7）摩肩接踵。该形态又分为上升双肩形和下降双足形，其中上升双肩形由两根向上涨升的阳线组成，对 K 线柱体的长度没有具体的要求。上升双肩形是一种多头形态，表示股价扶肩而上，稳步上涨，是一种短期的买入信号，两根阳线的柱体长度越长，则买入信号越准确。下降双足形由两根下降的阴线组成，对 K 线柱体的长度同样没有具体要求。下降双足形是一种空头形态，表示股价拾足而下，有逐渐加快脚步的趋势，是一种短期内卖出的信号。两根阴线的柱体长度越长，则卖出信号越准确。

实践表明，摩肩接踵 K 线组合对股价的研判效果不明显。由于这种形态常见于反弹行情或回档行情中，短暂的反弹行情和回档行情之后，股价仍然会回到原来的下降趋势或者上升趋势之中，使得根据该形态判断所得的结论不够准确。

2. 三根 K 线组合的形态

利用三根 K 线组合的形态对股价进行分析和预测，其准确性比双 K 线组合有所提高，但也并非绝对。只有为数不多的组合能向投资者提供比较准确的买入及卖出信号。如图4-8 所示。

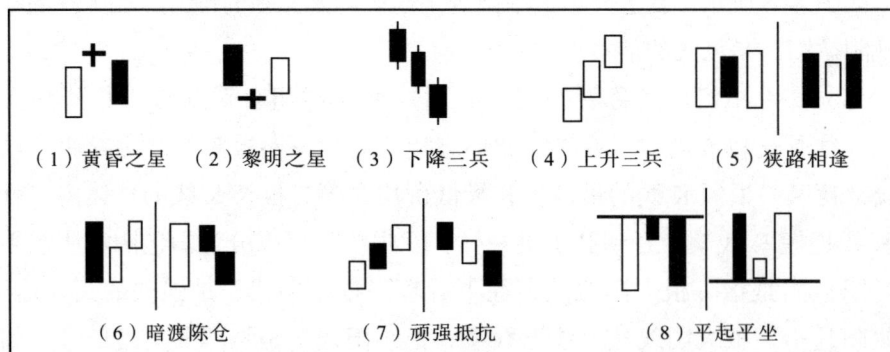

（1）黄昏之星　　（2）黎明之星　　（3）下降三兵　　（4）上升三兵　　（5）狭路相逢

（6）暗渡陈仓　　　　（7）顽强抵抗　　　　（8）平起平坐

图4-8

（1）黄昏之星。该形态是三根 K 线组合中运用价值最高、研判结果最准确的组合之一。其形态特征是第一根 K 线为大阳线；第二根 K 线为短 K 线（既可以是小阳线，也可以是小阴线，还可以是十字星），且一般要求与第一根大阳线之间形成向上的跳空缺口；第三根 K 线为大阴线，且一般要求与第二根短 K 线之间形成向下的跳空缺口。如果三根 K 线之间没有形成缺口，也可以认为是黄昏之星的形态，但是其研判结果的准确程度会降低。

黄昏之星一般出现在上升行情的末端，也就是趋势的顶部，是一种强烈的反转形态，暗示股价即将由上升行情进入下跌行情，属于卖出信号。该卖出信号的准确程度，还与以下三个因素有关：一是第二根短 K 线的上影线越长，卖出信号越准确；二是第三根阴线与第二根短 K 线之间的跳空缺口越大，卖出信号越准确；三是第三根阴线的下跌幅度越大，卖出信号越准确。

（2）黎明之星。该形态是黄昏之星的反向运用，也是 K 线分析人士常用来抄底的工具之一，其准确程度相当高。黎明之星的形态特征与黄昏之星恰恰相反，第一根 K 线为大阴线；第二根 K 线为短 K 线（即可以是小阳线，也可以是小阴线，还可以是十字星），且一般要求与第一根大阴线之间形成向下的跳空缺口；第三根 K 线为大阳线，且一般要求与第二根短 K 线之间形成向上的跳空缺口。如果三根 K 线之间没有形成缺口，也可以认为是黎明之星的形态，但是其研判结果的准确程度也会有所降低。

黎明之星一般出现在下跌行情的末端，暗示趋势即将反转，是比较强烈的买入信号。该买入信号的准确程度，同样与三个因素相关：一是第二根短 K 线的下影线越长，买入信号越准确；二是第三根大阳线与第二根短 K 线之间形成的向上跳空缺口越大，买入信号越准确；三是第三根阳线的上涨幅度越大，该买入信号越准确。最佳形态是第三根阳线能够完全修复第一根阴线攻占的领地。

（3）下降三兵。由三根连续出现的下跌阴线组成，并常常带有上下影线。下降三兵常常出现在顶部整理行情的末端，是下降趋势的开始，属于后市看跌的卖出信号。在完美的下降三兵形态中，三根阴线的单日下跌幅度不宜太大，每根阴线柱体内的单日跌幅在 1% ～ 3% 比较适宜。如果跌幅太大，则下降动能释放过快，空方力量容易衰竭，很可能引发反弹行情；但是跌幅也不宜太小，如果每根 K 线的跌幅均小于 1%，则说明空方力量不足，很可能是主力洗盘。

（4）上升三兵。由三根连续上升的阳线组成，并常常带有上下影线。上升三兵常见于底部反转行情中，是上升趋势的先锋部队，属于后市看涨的买入信号。同样，在一个完整的上升三兵形态中，三根阳线的单日上涨幅度不宜太大，每根阳线柱体内的单日涨幅在1%～3%最佳。如果涨幅太大，短线获利盘积累过多，高档抛压过重，后市涨势难以持续。如果每根阳线的涨幅均小于1%，说明多方上攻无力，形态可靠性不高。

上升三兵是一种比较强烈的买入信号，但是投资者在运用时，需要注意以下几个问题：一是该形态只有在低位盘整区末期或者上升趋势初期时，买入信号才值得信赖；二是三根阳线的上影线越短，说明每天的收盘价越接近最高价，买入信号也就越准确；三是K线图中偶尔会出现连续向上跳空的三根阳线，这是上升三兵的一种衍生形态。如果该形态出现在下跌行情之后，则趋势反转即将到来，后市涨幅可观，投资者应该抓住机遇入场。

（5）狭路相逢。该形态有两种组合，一种是两阳夹一阴，另一种是两阴夹一阳。该形态的研判依据在于第三根K线。

两阳夹一阴为买入信号，其形态特征是：第一根阳线与第二根阴线形成身怀六甲的双K线组合，而第二根阴线又与第三根阳线形成气吞山河的双K线组合。该形态既可以出现在上升趋势中，也可以出现在下降趋势中。如果在上升趋势中出现，则后市继续看涨；如果在下跌趋势中出现，则股价有可能已经见底。

两阴夹一阳是卖出信号。其形态特征是：第一根阴线与第二根阳线形成身怀六甲形态，而第二根阳线又与第三根阴线形成气吞山河的双K线组合。该形态同样出现在上升趋势和下降趋势中。如果在下降趋势中出现，表示后市继续看跌；如果在上升趋势中出现，表示股价有可能已经见顶。

（6）暗渡陈仓。该形态具有一定的欺骗性，其形态特征是：一根较长的K线（一般要求该K线柱体内的单日涨跌幅度在5%以上）出现在前（称为陈仓之渡），两根相反走向的短K线紧随其后（称为栈道线），且栈道线能够收复第一根长K线攻克的领地。根据栈道线的类型，又可以将该形态分为两类，即阳线栈道和阴线栈道。

暗渡陈仓这种形态之所以具有一定的欺骗性，是因为该形态的研判依据在第一根长K线，而不在后面两根栈道线。这种三根K线组合，事实上是一种股价短期回调的信号，但并不会改变股价运行的大趋势。阳线栈道一般出现在下跌趋势中，暗示股价即将反弹，但是反弹幅度的大小很难预测，一般不会太大，投资者应该持币观望，不可贸然进场；阴线栈道一般出现在上升趋势中，暗示股价即将回档，但是回档幅度不会太大，投资者可以继续持股看多。

（7）顽强抵抗。其形态特征是：三根 K 线的重心在同一趋势内运行，即保持良好的同一上升趋势或者下降趋势，其中第一根 K 线与第三根 K 线的类型和趋势运行方向相同，而第二根 K 线的类型则与趋势运行方向相反。根据趋势的方向，可以将该形态分为上升抵抗形和下降抵抗形。

顽强抵抗形态一般出现在趋势中部，暗示趋势仍将保持原来的状态。上升抵抗形出现在上升趋势中部，在该形态中，第二根阴线虽然具有一定的转势作用，但是第三根阳线的出现，不但完全收复第二根阴线攻占的领地，并创出新高。第三根 K 线在上升趋势中表现出了良好的抗跌性，说明上升趋势仍将继续。下降抵抗形出现在下降趋势的中部，在该形态中，虽然第二根阳线的出现，表明股价有可能触底回升，但是第三根阴线不但将股价拉回，并创出新低。第三根 K 线在下降趋势中表现出了良好的抗涨性，暗示下降趋势还将维持下去。

（8）平起平坐。该形态是一种比较准确的反转形态，它是由两长一短的三根 K 线组成，其中长 K 线位于两侧，短 K 线居于中间，且三根 K 线的最高价或最低价位于同一水平线上。根据位于同一水平线上的股价是三根 K 线的最高价还是最低价，可以将该形态分为两类，即平起形和平坐形。

平起形的特征是：三根 K 线均不带上影线，第一根长 K 线为阳线，第三根长 K 线为阴线，第二根短 K 线的形态不作要求，一般来说，阴线比阳线所具有的转势信号更准确。三根 K 线的最高价位于同一水平线上，该形态一般出现在行情顶部，属于卖出信号。

平坐形的特征是：三根 K 线均不带下影线，且第一根长 K 线为阴线，第三根长 K 线为阳线，第二根短 K 线的形态不作要求，一般来说，阳线比阴线具有更好的筑底效果。三根 K 线的最低价处于同一水平线上，该形态一般出现在行情底部，属于买入信号。

3. 依据 K 线选股的注意事项

（1）无论是单 K 线、双 K 线，还是三 K 线，如果向投资者发出买入信号，一定要有成交量的配合。只有在成交量显著放大的情况下，该买入信号才能够成立，否则，有可能是主力在骗线。

（2）在一个形态中，K线的数量越多，发出的信号也就越准，即双K线比单K线准确，三K线又比双K线准确。

（3）研判结论的准确性，与K线的时间周期有关。周期越长，K线的运用价值越高，即日K线的运用价值比分时K线的运用价值高，而周K线的运用价值又比日K线的运用价值高，依此类推。

（4）如果某一个K线形态构筑得并不完美，投资者不应贸然进入，要继续观察后市走势，以确定该形态是否成立。例如，一般来说，T字线出现以后，股价一般还有10%～20%的上涨空间，但有三个前提：一是T字线形成当日，股价最好是以涨停板的价位开盘，且盘中下跌之后，收盘前重新封住涨停；二是T字线出现之前，该股已经经历了一波较大的涨幅，最好是连续2～4个涨停板，但涨停板不宜太多，除非该股有重大利好消息支撑；三是该股前期连续涨停期间，应该有利好消息公布。当以上三个条件都满足时，投资者在T字线出现之时买入股票，其后的收益会比较可靠。

（5）运用K线选股，掌握各种K线组合的用法固然重要，但最重要的是熟悉各种K线组合在何种环境下才能发挥最大的作用。例如，理论上说多头吞噬暗示股价即将上涨，但是，如果盲目应用该法则，虽然获利次数比损失次数多，但是扣除手续费后，最终可能收效甚微。

三、利用形态理论选股

利用形态理论选股是指根据K线形态所表示出来的特定含义，选出那些K线图中含有指示股价即将上涨的形态。

下面介绍几种常见的K线整理形态。

（一）三角形整理形态

三角形整理是一种较常见的黑马形态。因这种形态的个股在上涨之前会有一段振幅由大到小渐渐收窄的过程，K线组合常常形成一个三角形形态，故被称为三角形整理。如图4-9所示。

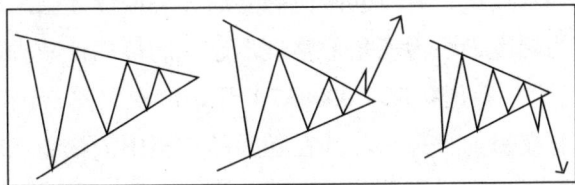

图4-9

在各种形态图形中，三角形整理形态一旦向上有效突破，其在实战中获利的概率便极大，向上突破就意味着将创新高；如果向下破位，杀伤力也是很大的，因为第一次创出新低，改变了不创新低的趋势。

1.三角形整理的原因

三角形整理形态的形成有以下几个原因：

（1）三角形整理形态显示买卖双方在一定范围内的较量，卖方由于对后市信心不足，于是股价每升到某一价位时便沽出，这样股价在某一趋势下便形成了一条压力线。

（2）市场的购买意愿较强，不待股价回落到上次的低点，便有投资者急不可待地买进，因此形成一条向右上方倾斜的支撑线。

（3）另外，当低位出现时，也可能是一种有计划的市场操纵行为，主力有意将股价暂时压低，以达到逢低建仓的目的。

股价每次上升到一定价位，便呈现出强大的卖压，股价上升到该价位便告回落，但由于市场看好该股，逢低吸纳的买盘十分强劲，股价每次未回至前次低点即告回升，致使下探低点越来越高，上升高点越来越低，若将每一个短期波动高点连接起来，便可画出一条向下倾斜的压力线，而每次短期波动的低点则可以连接出另一条向上倾斜的支撑线，这就形成了三角形整理形态。

股价经过一段时间的上涨或下跌后，多空双方出现分歧，通过三角形整理以达到多空平衡，最终才会令股价选择新的运行方向。多数连续上涨或连续下跌的股票都可能会出现三角形整理形态，与大盘运行没有必然联系。

2.三角形整理形态形成的特征及条件

（1）三角形整理形态一般出现在上升途中，少数出现在下降趋势的末期。在上升过程中出现，暗示向上突破的可能性较大，但有时向上突破无量时，就会演变成顶部形态。

（2）三角形整理形态在突破趋势压力线时，必须伴有大成交量的配合，但向下破位时则不要求放量，有时候破位确立后，恐慌盘才会杀出。

（3）升跌幅的幅度最小为三角形整理形态中的最高价减去最低价的幅度。

如图4-10所示，秦川机床（000837）开始出现调整，快速杀跌后出现反弹，但反弹并没有突破前日高点，并在随后的调整中振幅越来越小，形成了三角形整理形态，同时成交量逐渐萎缩。调整到三角形末端时最终向上突破，并在短短两周之内走出了一波涨幅超过20%的行情。

如图4-11所示，珠海港（000507）开始出现调整，在连续七个交易日内振幅渐渐收窄，形成三角形整理形态，同时成交量逐渐萎缩，最终在三角形末端向上突破，并在35个交易日内，实现将近30%的涨幅。

3.操作策略

并不是所有的三角形整理的个股最终都会上涨，所以操作上要区别对待。只有符合如下两种情况才有可能获利：一是三角形整理时成交量也随整理平稳缩小；二是股价运行到三角形态末端时选择放量向上突破。

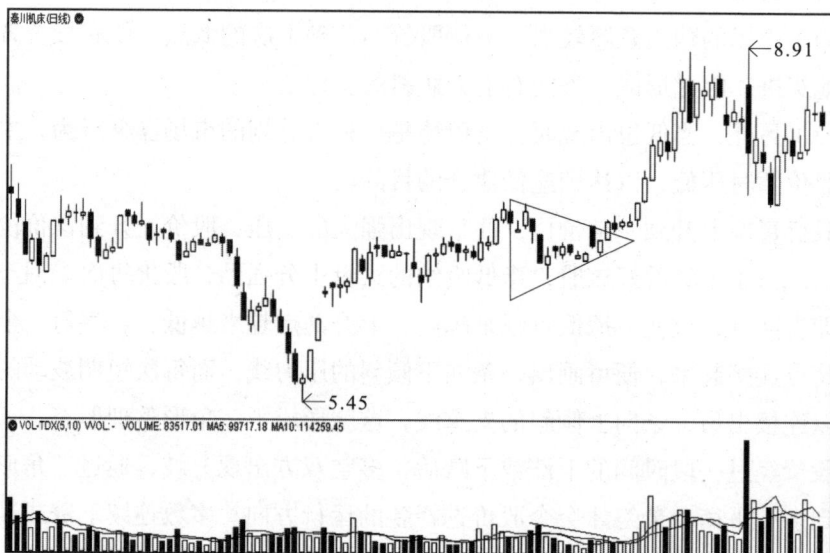

图4-10

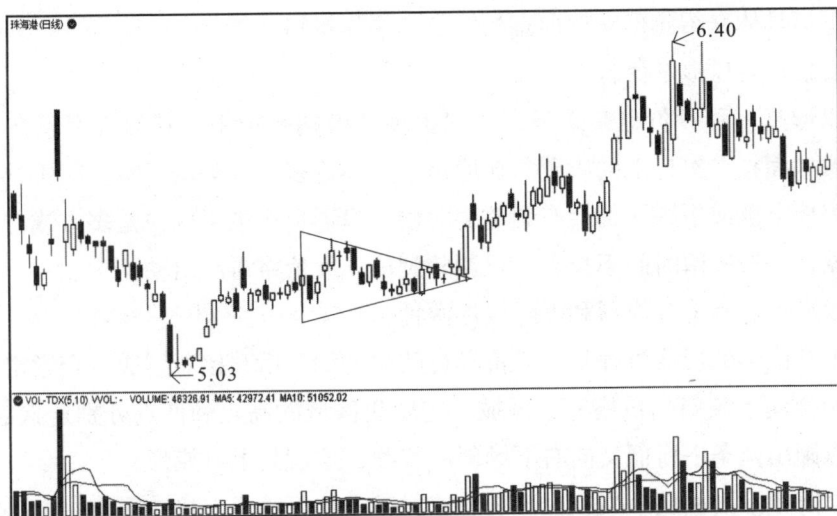

图4-11

当个股或指数出现三角形整理形态时，可以按照以下方式操作：

（1）三角形整理形态的最佳买点为股价放量突破趋势压力线之时；三角形整理形态的最佳卖点为股价跌破趋势支撑线之时。

（2）当无法把握突破时的买入机会，则在突破后回抽确认趋势压力线（此时已转化为支撑线）时为第二买点。卖出同理。

（3）在三角形整理形态运行初期，股价回跌至支撑线受到支撑时也是合适的买点。卖出同理。

连续上涨或下跌的股票多数会出现三角形整理，从严格意义上来说这并不属于黑马股。但因为这种走势一旦确立，多数股短期会有 20% ～ 30% 的涨幅，所以值得投资者关注。

与三角形整理形态相似，其他趋势形态都具有相似的原理和内涵，包括以下将提到的旗形、楔形、箱体等整理形态。所以学习股票理论，关键要学会触类旁通。

（二）旗形整理形态

旗形是一种常见的整理形态。对于这种形态，投资者需要注意的是到了旗形整理的末端，如果股价出现向上突破，成交量随之增加，而且突破整理上轨时，仅会在先前高价附近稍微停留，整理筹码后，又将展开另一段上升行情。投资者此时需要果断介入，以免贻误战机。

下面具体介绍旗形整理形态的特点和操作策略。

1. 旗形整理形态的特点

旗形是一种股价盘整态势，一般出现在极端行情中。其形态表现在 K 线图中像一面挂在旗杆上的旗子。在股市中，不论多么强势的行情，股价都不可能不停地上涨或下跌，都会有调整的时候。旗形形态也可以说是多方或空方的加油站，一般停留时间不长，一旦调整到位，股价将再次启动。

旗形形态有上升旗形和下降旗形两种。

上升旗形的形成过程是：股价经过陡峭的飙升后，接着形成一个紧密、狭窄和稍微向下倾斜的价格密集区域，把密集区域的高点和低点分别连接起来，就可以画出两条平行而又向右下倾斜的直线，这就是上升旗形。

下降旗形则相反，当股价出现急速或垂直的下跌后，接着形成一个狭窄而又紧密且稍微向右上倾斜的价格密集区域，把密集区域的高点和低点分别连接起来，就可以画出两条平行而又向右上倾斜的直线，这就是下降旗形。如图 4-12 所示。

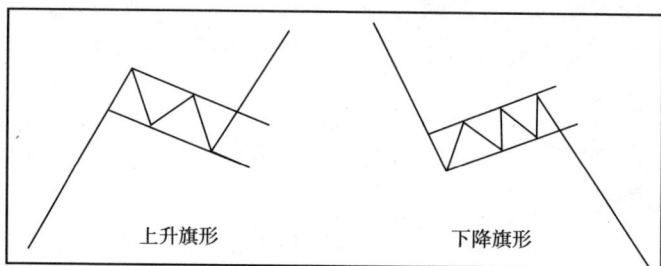

上升旗形　　　　　下降旗形

图4-12

2. 买卖策略

一般来说，旗形在上升趋势中出现，会引发下一波的大涨；在下跌趋势中出现旗形，会引发下一波的大跌，旗形在这里起到了加速度的作用。如果某一只股票大幅上涨，并且于上升趋势中途呈现旗形整理形态时，应该加码买进。这种整理形态一旦突破，涨势通常势如破竹，往往几乎以接近"垂直"的方式奔向目标区；同样，如果在下跌趋势中出现旗形，投资者则应及时出局，以免套牢。

此外，投资者在利用旗形操作时还要注意以下几点：

（1）旗形整理形态完成后会继续原来的趋势。即上升中出现的上升旗形，整理完成后会继续上升，股价调整到支撑位是个良好的建仓点；反之，下跌中出现的下降旗形整理完成后还是会下跌。

（2）旗形出现在上升的过程中，说明原有的趋势已经到了后半段，要提防大市经历最后一段上升之后的转势。旗形整理形态形成的时间通常在四周左右，如果超过三周且成交量没有缩量，那就有可能是转势形态，会形成顶部。

（3）旗形出现在下跌趋势的时候说明下跌才刚开始，投资者应及时离场。

（4）形态突破后，会持续趋势，最佳的买点在形态突破之时或突破回抽确认之时。

（三）楔形整理形态

楔形与旗形相类似，所不同的仅有一点，旗形的上下界线平行向上或向下移动，而楔形上下界线虽然亦往同方向移动，但上界线或下界线倾斜度较大，使两条界线呈收敛形。

楔形和三角形一样，成交量的变化都是向上逐渐递减。楔形又分为上升楔形和下降楔形。在下跌趋势中常常出现上升楔形，而在上升趋势中则常常出现下降楔形。如图 4-13 所示。

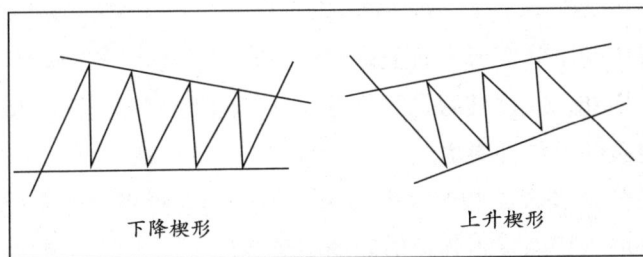

下降楔形　　　　　　　　上升楔形

图4-13

在股市中，标准的楔形形成的时间通常要三周或者更长的时间。楔形突破后的走势将是非常迅猛的。尤其是向下突破，其跌幅通常要跌掉前面楔形本身所积累的涨幅，有的时候还会下跌更多。

1. 上升楔形的买卖策略

上升楔形常在跌势中的回升阶段出现，显示尚未见底，只是一次下跌后的技术性反弹而已，属于一种修复整理的形态。从形态上看，价格升至一定水平后掉头回落，但每次回落的低点都较前次的低点高，形成一浪高过一浪的走势。上升三角形只有一边上倾，通常代表的是向上突破的多头趋势，而上升楔形有两个边同时上倾，多头趋势应该更浓些，但实际上并非如此。因为上升三角形的压力线代表股价涨到一定价格时投资者才卖出，当供给被吸收后，上档压力解除，股价便会往上突破；而在上升楔形中，股价上升时卖出压力虽不大，但投资者的兴趣却逐渐减小，每一个新的上升波段都比前一个弱，最后当需求完全消失时，股价便反转下跌。

上升楔形其后向下突破的概率通常有七成，而维持在上升高档横盘整理的概率较小，所以上升楔形通常是一个明显的减仓信号：未来走势正在逆转中。上升楔形表示的技术性意义是：多方力量正在渐次减弱。当上升楔形下档的支撑线被有效跌穿后，就是比较明显的卖出信号。此时后期走势极容易出现放量长阴或跳空下跌的走势，跌势较凶猛。虽说是"上升"楔形，但最后走势却恰与其"上升"之名相反，往往是向下跌破。投资者可在向下突破趋势确立后及时卖出。

2. 下降楔形的买卖策略

下降楔形和上升楔形恰恰相反，一般出现在长期升势的中途。股价经过一段大幅上升后，出现强烈的技术性回抽，股价从高点回落，跌至某一低点即掉头回升，但回升高点较前次低，随后的回落创出新低点，形成后浪低于前浪之势。

上升趋势中的下降楔形实质上是股价上升过程中的一次调整波，是前期多头获利的一次回吐，往往其后是股价继续选择向上突破。而下降趋势中的下降楔形则向下突破的可能性更大些。

下降楔形的市场含义和上升楔形正好相反。下降楔形的支撑线向下倾斜，似乎说明市场的承接力量不强，但新的回落浪较上一个回落浪波幅小，并且跌破前次低点之后，并没有出现进一步下跌反而很快就出现回升的走势，说明市场抛压的力量只是来自上升途中的获利回吐，并且抛压正在减弱，没有出现新的主动做空的力量。经过清洗浮筹后，股价向上突破的概率很大。

无论是上升楔形还是下降楔形，整体成交量都是由左向右递减，并且股价越接近顶端，成交量越小。下降楔形与上升楔形的不同点是：成交量的量价匹配是理想的，即价升量增，价跌量减。当股价上升突破下降楔形的压力线时，成交量会明显放大，同时下降楔形在突破压力线之后常常会有反抽，一般会受支撑于压力线的延长线。从实战的经验统计，下降楔形向上突破与向下突破的比例为7∶3左右。从时间上看，如果下降楔形整理时间过长，超过三周的时间，那么向下突破的可能性就会相对大一些，下降楔形的最佳买点为突破压力线和突破之后回抽确认点，萎缩至地量时，可以介入，等待第二波拉升。

如图 4-14 所示，华金资本（000532）构筑了一个下降楔形，但是该股处于长期的上升趋势中，经过短短几个交易日后，股价突破了该下降楔形的压力线，在一个多月的时间内股价出现了大幅上涨。

图4-14

总体来说，楔形是一个后期反向运动的整理形态，上升楔形常常出现在下跌趋势中，而下降楔形常常出现在上升趋势中。其中，上升楔形多出现在空头市场的反弹中，因此有见顶的信号；而下降楔形的出现一般说明升市尚未见顶，仅是升势途中的一个正常暂时性的调整。上升楔形（下降趋势中）最终向下突破，下降楔形（上升趋势中）最终向上突破都是比较经典的图形。

3. 注意事项

下降楔形与上升楔形的不同之处在于：下降楔形在价格发生突破后，不一定会像上升楔形一样快速变化，下降楔形价格突破后可能形成圆形底的形态，价格出现缓慢上升。

作为整理形态，上升楔形与下降楔形都是价格的停顿走势，但造成停顿的是因为原有趋势需要稍作休息后才能继续前进，为涨势或跌势进行调整，所以后继趋势不变。

上升楔形除了发生在下降趋势中形成的一个连续形态外，也经常发生在涨势的末端，从而形成头部，之后便出现一波快速下跌的走势，此时的楔形就成为反转形态，而不是持续形态了。

而下降楔形除了发生在上升趋势中形成的一个整理形态外，也经常发生在跌势的末端，从而形成底部，之后便发生反转，股票价格开始上升。

4. 楔形形态的应用原则

（1）楔形整理形态是一种短期或中期的趋势形态，所以它适合短线或中线交易。

（2）楔形的成交量类似于三角形整理形态，即在发展过程中的成交量会持续萎缩，而在跌破或者升破趋势线时伴随着成交量的放大。成交量在下降楔形中的突破量比上升楔形中的突破量更加重要。

（3）如果在下跌走势中出现上升楔形，则可能是一波短期反弹的行情，而不是多头的第一波，须注意后势的空头走势。

（4）楔形是一种较难准确辨认和交易的价格形态之一。例如，反转形态的上升楔形，它在发展过程中上下两条趋势线呈现收敛的形态，向上动能的逐步衰弱暗示了熊市的特征，但是不断出现的新高又在维持着牛市的步伐。随着下面一条趋势线被带量跌破，则确认下降趋势的到来。

（5）反转形态的楔形的形成一般需要 3～6 个月的时间。

（6）对于楔形，不能预测目标价格，需要应用其他技术分析方法进行研判。

（7）有时楔形结构与三角形形态相近，但二者的趋势含义却完全不同。此时需要投资者认清其特质，楔形结构的价格波动较紧密，且两条趋势线的斜率明显向上或向下。如果两条趋势线的其中一条趋近水平，则这样的排列应该是三角形形态，而不是楔形。

（四）箱体整理形态

箱体整理形态中，不仅以一个点为依据买入，箱体本身也是重要的支撑和阻力，而且比一个点位的支撑和阻力的力度更大。因此，对箱体整理形态做必要的研究，对投资者极有益处。

所谓箱体，就是股价在大体平行的两条水平线之间进行震荡，因此也被称为矩形形态。如图 4-15 所示。

图 4-15 中，股价在 ACE 为上沿、BDF 为下沿的一个矩形空间里震荡。股价每到上沿时就遇阻回落，每到下沿则得到支撑。箱体震荡的时间有长有短。需要指出的是，箱体形态不一定是规范的平行线，有时也会带有一些倾斜。因

此，投资者可以举一反三，对于前面提到的三角形整理形态、楔形整理形态、旗形整理形态，都可以相互借鉴操作。

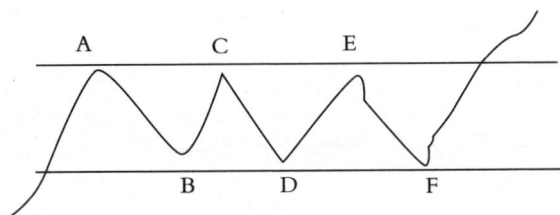

图4-15

利用箱体整理形态买卖股票有以下三种方法。

1. 箱体突破买入法

箱体突破买入法是股价在突破箱体时买入的一种方法。

如图4-16所示，招商银行（600036）一直在一个大型箱体内来回震荡，随着一根阳线的出现，从而突破了为期三个多月的横盘，宣告了一轮涨势的开始。

需要说明的是，这类长期箱体震荡突破的股票，很少有再回到箱体内的情况，因为在较长时间的箱体震荡中，已经达到了充分的换手，筹码已经相当集中。

在牛市初期，投资者如果在它的起涨点买入这样的金股，会带来翻番的收益。

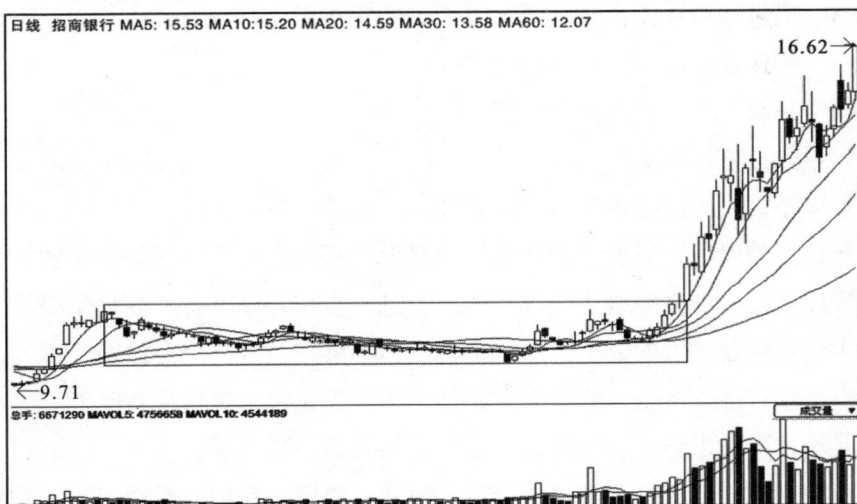

图4-16

如图4-17所示，中国软件（600536）出现了两次突破箱体，第一次突破箱体时拉出了一根大阳线，第二次突破时同样拉出了一根大阳线。也就是说，若认真按照操盘计划操作，获利会很丰厚。

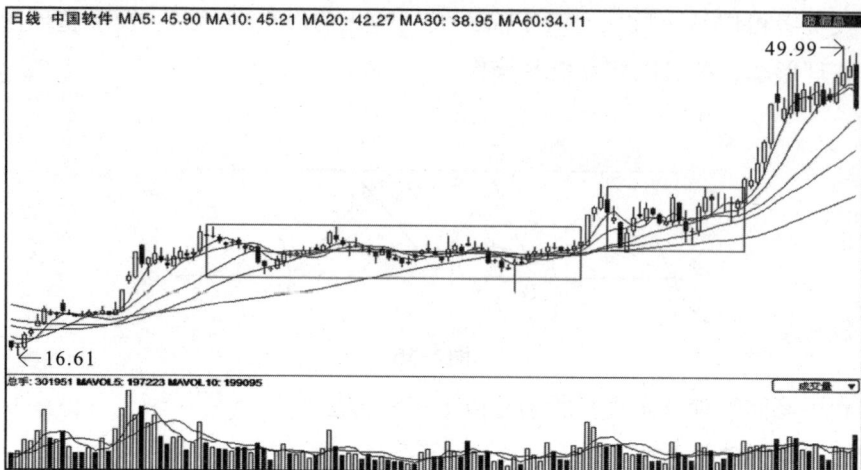

图4-17

对于箱体突破买入法，投资者要考虑止损问题。虽然突破这种箱体整理后，特别是横盘时间较长，突破后通常不会再次回到原来的箱体里，但是，股市里什么事情都会发生，必须防患于未然。在决定买入的时候，同时要把止损位设置好，一般来说，止损位设在箱体上沿以下3%～5%就可以了。

总体来说，箱体突破买入法有以下几个要点：

（1）股价在箱体横盘时间要足够长，通常在五个月以上。

（2）箱体震荡的幅度在30%左右。

（3）突破箱体时最好是大阳线。

2. 箱体不破买入法

箱体不破买入法是在箱体内部做波段，即没有脱离箱体。

箱体突破以后，股价多数情况下会马上上涨，有的主力还要回来试探一下箱体支撑情况，加之要顺手清洗浮筹，为进一步拉升做准备，会打压股价。但是，由于箱体是主力的成本，一般情况主力不会把股价打到自己的成本区，也不会自己套自己，所以，股价会在箱体上沿附近止住，然后反转向上。这种走势就是箱体不破走势，相应的买入法就是箱体不破买入法。

通常来说，当股价突破箱体以后，投资者要留心它们的后期走势，看是否有回探动作，如果有，则是介入的好时机。

如图4-18所示，泰禾集团（000732）出现了一个箱体突破买点，两个月后回抽箱体的上沿不破，出现了箱体不破买点。由图中可以看出，经过回抽以后，股价拔地而起实现了翻番。

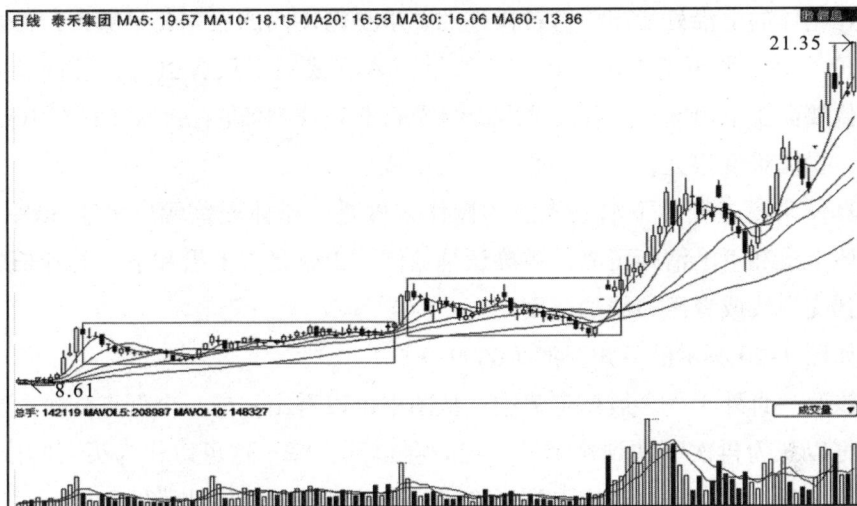

图4-18

有时候，主力回探不一定只有两个月一次。如图 4-19 所示的马钢股份（600808），该股在箱体内来回震荡两个月后，以一根大阳线突破箱体上沿，出现了箱体突破买点。随后，该股在两周内回探箱体下沿不破，然后才展开大幅上涨。

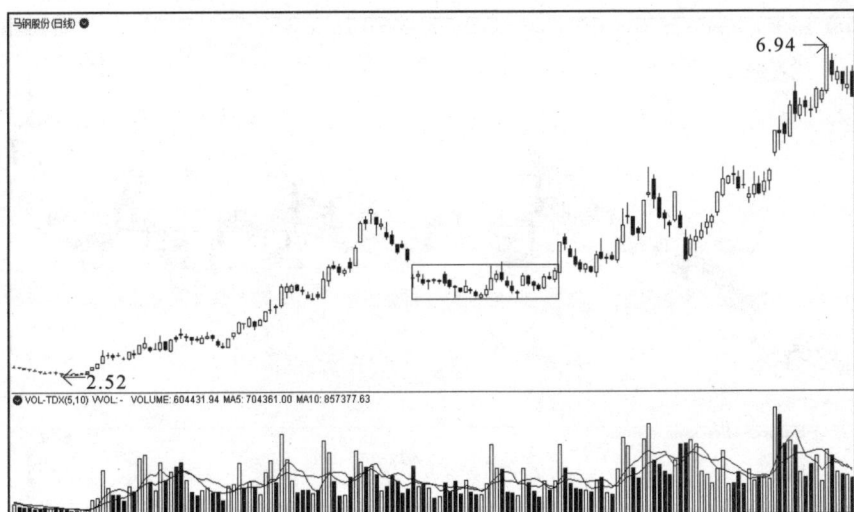

图4-19

3. 箱体下沿买入法

以上两个买点是以箱体上沿做参照位，由于箱体震荡的时间在五个月左右，所以上面两个买点比较适合中长线操作。除此之外，还有以箱体下沿为参照价位的箱体内操作方法。这种操作方法是一种波段操作，即在箱体的下沿买入，在箱体的上沿处卖出。这种操作的要求是箱体内的振幅要足够大，否则因为差价不够，做不了波段。比如，如果箱体震荡幅度只有20%，投资者买入的价位要高于下沿5%左右，卖出价位要低于上沿5%左右，这样只有10%的空间，操作难度很大，稍不小心，就会赔钱。

具体来说，箱体下沿买入法的操作条件是：箱体震荡幅度大于30%；前期箱体上沿和下沿清晰可靠，被确认是箱体，也就是说上沿和下沿的延长线可以起到支撑线或者压力线的作用。

如图4-20所示的兰州黄河（000929）。

该股一直处于一个震荡走势中。从图中可以看出，前三个低点一次次被确认，可以认为再次下跌到这个低点位时会得到支撑。这可以作为买入的依据。从高点来看，前两次高点也得到了确认，也满足了做箱体波段的条件。

当股价两次下降到箱体下沿附近止跌，那么在股价上攻时，投资者就可以买入，这个买点就是箱体下沿买点。随后股价都在上沿附近徘徊，投资者应该在这个价位卖出。在使用箱体下沿操作买入时，同样要设置好止损位，止损位可以设在下沿下方3%～5%的位置。

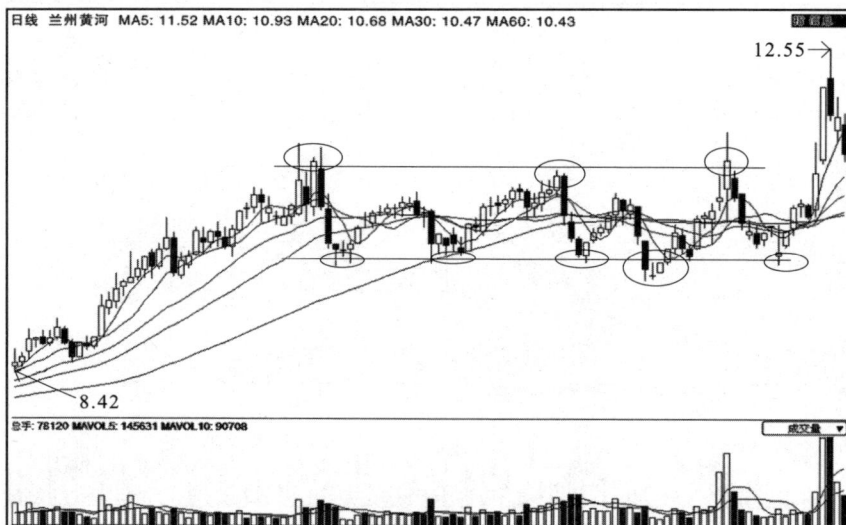

图4-20

四、顺势而为——利用趋势选股

想在股市中生存，就要学会顺势而为。"新手看价，老手看量，高手看势"的股谚从一个侧面说明了"势"的重要性。所谓"势"，就是股票价格市场运行的大趋势。技术分析的本质就是遵循趋势，借助趋势，因此，投资者应该学会依据股价的发展趋势和运行规律进行选股，使用有限的资金买入最具有上涨潜力的个股，从而在短时间内获取最大的收益。

（一）道氏理论

趋势理论是对道氏理论的继承和发扬，而道氏理论则是技术分析理论的鼻祖，与波浪理论、江恩理论被技术分析派奉为技术分析领域的"三座灯塔"。

道氏理论由 19 世纪的美国人查尔斯·道始创，他发现股市上存在一个现象：绝大多数股票都倾向于同时同向波动，似乎暗中受同一种力量的牵引，这种现象过去存在，将来也仍然会存在。为了更好地研究这种波动规律，查尔斯·道试图通过一些具有代表性的股票，对其价格进行加权平均，来反应股票市场运行的趋势。最终，在当时市场的主要产业——铁路行业中，他选用了20 家具有代表性的公司数据，编制了道·琼斯铁路指数。此外，他还选用当时几只主要的工业股票数据，编制了道·琼斯工业指数。后者至今仍然被广泛采用。通过对这两个指数的长期追踪观察，查尔斯·道针对股市提出了一系列至今仍被人们奉为圭臬的观点。

经过后人对道氏理论的提炼，得出以下几个要点。

1. 平均指数包容和消化一切因素

平均指数包括所有与股市相关或无关因素的综合表现，既包括投资者的行为，也包括公司本身的情况，甚至包括天气等看似无关的因素。目前，世界上的所有股票交易所无一例外地都在使用着各自的股价指数，尽管这些股价指数的具体设计会有差异，但其计算方法、分析思路和测市原理的基础均来自道氏理论。

2. 趋势有级别

趋势论认为，股价的波动尽管表现形式不同，但最终可以划分出三种：主要趋势、次要趋势和短期波动。

主要趋势能够在总体上反映市场的大方向，一般持续时间为1年以上，甚至更长。主要趋势有上升和下降两个方向，上升趋势即牛市，下降趋势即熊市。

次要趋势是对主要趋势的修正，其方向与主要趋势相反，运行空间和时间均比主要趋势低一个级别。上升基本趋势中出现的次要趋势被称为回档，下降基本趋势中出现的次要趋势称为反弹。一般来说，次要趋势持续的时间在3周到3个月之间，运行的空间则在基本趋势的30%～60%。

短期波动是次要趋势中的短暂波动，运行时间在3周以内，一般不会超过6天。许多短期波动合成主要趋势和次要趋势。查尔斯·道认为，短期波动可以忽略不计。但是，在后来的趋势理论中，短期波动被赋予了非常重要的使命，那就是对趋势线的确认和修正。

3. 量与价一起变动

股价按照目前长期趋势的方向变化时，成交量趋于增加。即在强势市场中，股价上升时成交量增大，股价下降时成交量减少。如果股价上升时成交量并不增加、股价下跌时成交量反而增加，那么，此时便是趋势反转信号，上升趋势即将结束；反之，在弱势市场中，股价下降时成交量增加，股价反弹时成交量减小。如果股价下跌时成交量并不增加、股价反弹时成交量反而增加，那么，此时很可能是趋势反转信号，下降趋势已接近尾声。

4. 收盘价最重要

在开盘价、最高价、最低价和收盘价这四个价位中，收盘价最重要，它是对当日市场的最后评价。收盘价成为大多数投资者考虑下一个交易日操作计划的基础。

收盘价的重要性被后来大部分技术分析大师接受，并应用到自己的技术分析体系中。如趋势理论认为，对趋势线的突破应该以收盘价为准，而不是盘中的最高价。又如均线理论中对均线指标进行计算时，也是使用了收盘价数据。

5. 转势后再操作

在反转信号发出之前，当前趋势会一直延续。但是，任何趋势都不会永久持续，都有可能发生反转。与其逆势而动匆忙买卖，不如确认转势再行操作。

因为，正是趋势的转变，才能够为投资者带来最大的收益。道氏并没有明确说明，什么样的反转信号才算确立，这需要投资者在市场中根据经验获取，正因为如此，趋势理论应运而生。

6. 支撑与压力

道氏理论有一项基本原则，即只有发生了可以确定的反转信号，才能判断一个已经存在的趋势终结。这也是趋势理论的核心思想。换言之，一个趋势一旦形成了，会具有一定的惯性，股价通常会沿着原来的方向继续发展，直到有一个足够的力阻止它的运行为止。这个力就是"支撑"和"压力"。

所谓"支撑"也就是谷底。在市场波动中，每次谷底的出现，意味着市场价格在这个位置会出现向上的反弹，这个谷底所处的位置就可以称为支撑。同样，每次波峰的出现，意味着市场开始从峰值出现回调，峰顶所在位置称为压力。存在支撑或压力的位置，可以统称为阻挡位置。

前文提到，市场中依次上升的波峰和波谷构成了市场的上升趋势。在上升趋势中，每一个波峰都要比之前的波峰更高，也就意味着上升的势头在之前的压力处会受到一些阻碍，但此后股价一定会向上突破，否则，所谓的上升趋势就结束了。在下降趋势中，支撑也是同样的道理。

支撑和压力的产生，主要是由于投资者对股票的市场价值产生了不同的判断以及交易者复杂的心理因素造成的。

（二）典型的趋势线种类

趋势线是趋势理论中最重要的分析工具，通过对趋势线的运用，能够使股价运行的趋势更加直观、具体，并且能够在第一时间捕捉趋势结束和转变的痕迹，为投资者提供重要的买卖信号。

画趋势线，首先要明白什么是趋势。道氏理论中，趋势的定义是：相连的指数波动中，如果每个波动的波峰和波谷都相应地高于前一个波动的波峰和波谷，则市场处于上升趋势中；反之，则处于下降趋势中。此外还有一种横向趋势。总的来说，市场中的趋势方向有三种：上升、下降和横向延伸（无趋势）。相应的，不同的趋势对应不同的趋势线。

以下是几种常见的趋势线：

上升的趋势线由依次上升的波谷连接而成，如图 4-21、图 4-22 所示。

下降的趋势线则由依次下降的波峰连接而成，如图 4-23、图 4-24 所示。

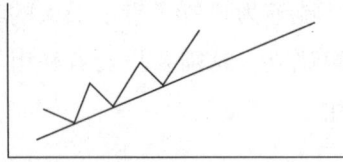

图4-21

图4-22

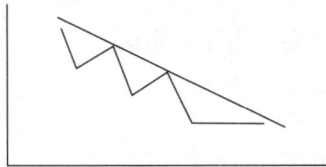

图4-23

图4-24

箱体和上下行通道，则是由依次的波峰和依次的波谷分别连接成的两条趋势线构成的，如图 4-25 所示：

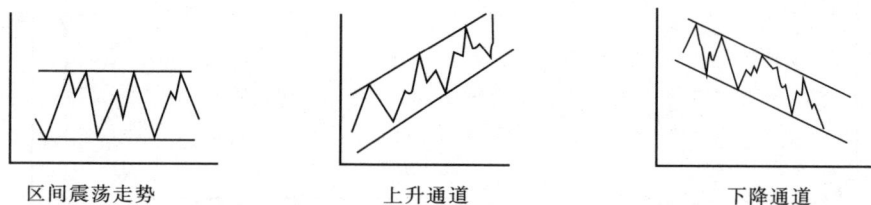

区间震荡走势　　　　　　　上升通道　　　　　　　　下降通道

图4-25

（三）趋势线的画法及验证

在趋势理论中，绘制趋势线是非常重要的一步，只有在准确绘制趋势线的前提下，才能够正确把握趋势的方向和反转的时机。绘制并最终确认股价的趋势线，需要注意以下几点。

1. 寻找最具代表性的点

我们知道，趋势线是一条简单、直观的直线，虽说任意不重叠的两个点都可以确定一条直线，但为了画出准确的趋势线，必须选出两个具有代表意义的点。不同的趋势线对点的选择要求不一样。

在绘制上升趋势线时，由于趋势线对趋势的运行主要起支撑作用，因此在图形上，上升趋势线应该紧挨 K 线图的底部，随股价的上涨而上扬，所以每个小波动的底部，就是我们所要寻找的点。当股价产生两个小波底部，并且后一个底部相对前一个底部有所上升时，第一条上升趋势线就产生了。连接两个底部，即可得到一条上升趋势线。

下降趋势线对趋势的运行主要起阻力作用，因此在图形上，下降趋势线应该紧挨 K 线图的顶部，随股价下跌而下降。如果能够找出股价下跌过程中连续两个小波动的顶部，连接两个顶部的顶点，就可以画出一条下降趋势线。

对于横向趋势，由于需要预测下一个运行趋势的方向，因此需要严密监控股价对该横向趋势的突破方向，如果股价向上突破，则是买入信号；如果股价向下突破，则是卖出信号。所以，需要画出横向趋势的上下两条趋势线，以监控股价对任意一条趋势线的突破。其制作方法是：连接横向趋势中两个明显的高点，可以画出上趋势线，连接两个明显的低点，可以画出下趋势线。如图 4-26 所示。

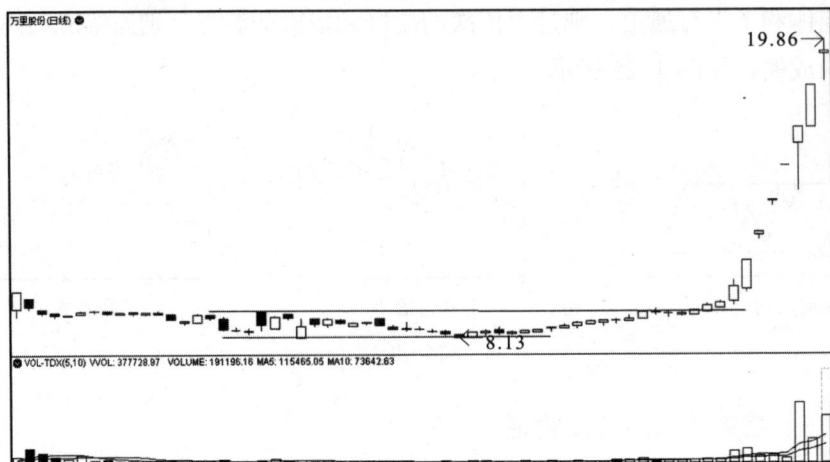

图4-26

2. 趋势线的验证

虽然说只要有两条依次的波峰或波谷，就可以画出一条趋势线，但是，一条趋势线是否有效，还需要第三个点来进行验证。如图 4-27 所示，由点 1 和点 2 所产生的趋势线，需要点 3 来验证其有效性。如果验证有效，则可以认为趋势成立。

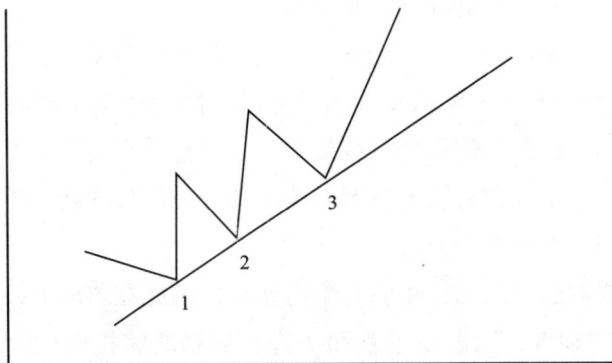

图4-27

3. 画出尽可能多的实验性趋势线

具有重要意义的趋势线很难在一两次的尝试下就画出来。有经验的技术分析人士会不断地绘制各种趋势线。无论在哪里，只要有绘制趋势线的必要，他们就会实验性地先画出一条线。许多趋势线在画出不久，就会被股价运行的波动破坏掉，最终只会留下那些具有强大支撑或阻力作用的趋势线，也就是我们要寻找的具有重要意义的趋势线。

值得注意的是，正确的趋势线，不一定具有重要的意义。具有重要意义的趋势线，是指能够在较长时间内指导股价运行的趋势线，即能够在较长时间内持续地对股价产生支撑或者阻力作用。

此外，还需要指出的是，趋势线运行的时间越长，其作用就越突出，对市场走势的判断也就更有指导意义。此外，交易量和股价走势之间有着密切的关系，趋势线形成时，其交易量越大，越能对这种趋势起到巩固作用。

（四）利用趋势线买卖股票

对趋势线了解以后，投资者就可以利用趋势线来选择股票进行操作了。

趋势理论中买入或卖出信号的发出，全部来自股价对趋势线的突破。然而，并非所有的突破都能够看做买入或者卖出的信号。因此，在运用趋势线选股时，需要明确股价对于趋势线是真突破还是假突破。如果股价在小幅跌穿上升趋势线之后，在趋势线附近盘整，并能在跌破后一周以内（时间越短越好）以中阳线或大阳线重新站稳上升趋势线之上，且有成交量的配合，则为假突破。类似的假突破的股票，在股价重新回到趋势线之上时，可能会展开短期的报复性上涨行情。

下面分别介绍利用趋势线选股的买入和卖出的时机。

1. 上升趋势线的买入时机

当股价触碰到上升趋势线后，又一次开始向上远离趋势线，说明此轮上升趋势仍健康，投资者可以加仓买入。图4-28为东风汽车（600006）的上升趋势图，图中所示的是该股五个月以来的走势，圆圈所示的位置是可以加仓买进的时点。

特别提醒：

利用此种方法操作时应注意，当股价回调至上升趋势线时，成交量应呈现萎缩，否则上升趋势线难以支撑股价。在实际操作时，应根据情况变化适时修正上升趋势线。

2. 下降趋势线的买入时机

当股价在某一天放量向上突破下降趋势线时，可以视作买入信号。但是，由于股价对下降趋势线的突破很可能只是一次小反弹，并不一定能够真正改变其下跌的趋势，因此只能将其视为短线买入信号。图4-29为中工国际（002051）的走势图。

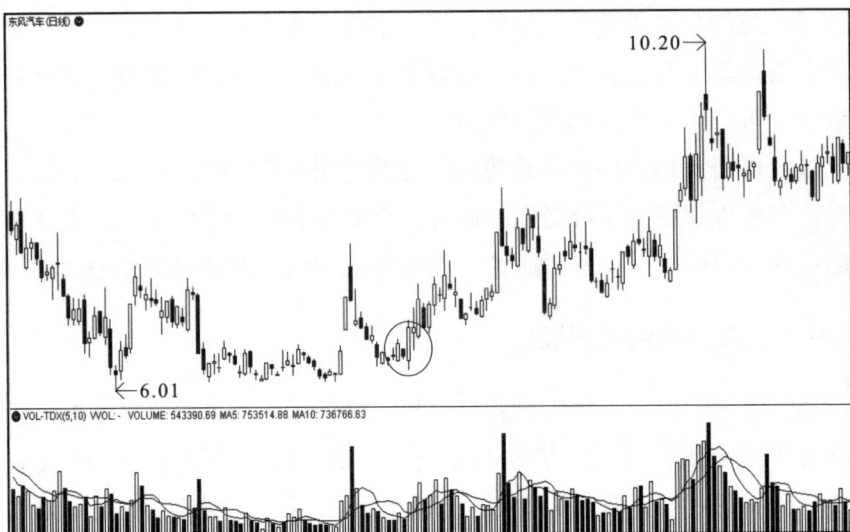

图4-28

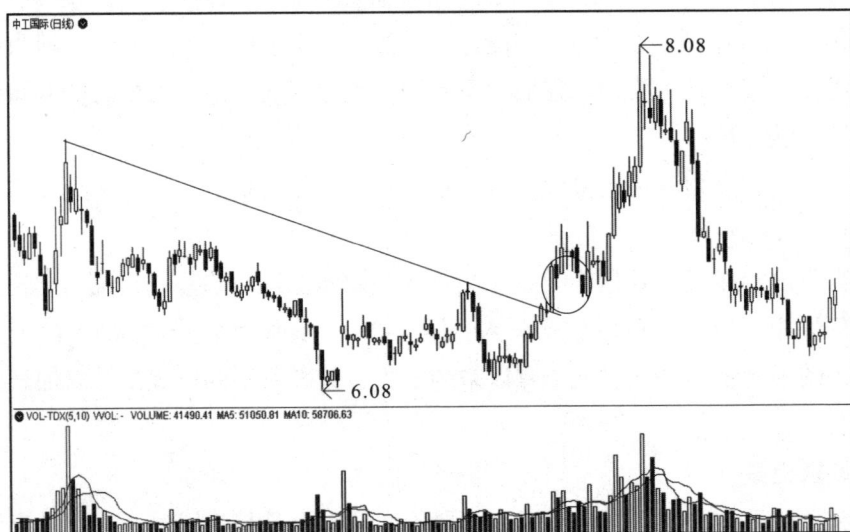

图4-29

特别提醒：

通常，在股价突破下降趋势线时，成交量并没有随之放大，则可视为短期的反弹，股价随后可能又会回到下降趋势线以下，原有下降趋势并没有改变，投资者此时不宜介入。

3.横向整理的买入时机

股价长时间运行，每次上冲到某一个价位，都受阻回调，把这若干个高点连接起来，便形成一条水平的压力线。

当股价在某一天放量向上突破水平压力线时，投资者可以将其视为买进信号。图4-30为山东威达（002026）的走势图。

图中圆圈标出的位置，正是股价突破水平压力线的地方，由于有成交量放大的配合，该突破可以视为有效突破，投资者可以在此点买入。

特别提醒：

股价向上突破水平压力线时，如果成交量未配合放大，意味着换手不够积极，有可能突破后不久即再跌回这条趋势线之下，此时不宜介入。

股价长时间在该水平线上运行，由于主力对倒或护盘等原因，持仓成本也不断提高，当主力向上拉升时，明显是为这批筹码以后的出局拉出空间。此种主力高度控盘的股票如果是在高位运行，投资者只能适量参与。

图4-30

4. 卖出时机

当股价与趋势线出现以下两种情形时，可以视为卖出信号。

情形一：股价向下跌破水平支撑线时，应立刻卖出。如图4-31所示的黄山旅游（600054）的走势图。

情形二：当股价向下跌破上升趋势线时，投资者应该短线卖出，直到股价再次反转上升时，再重新买入。图4-32所示的厦门象屿（600057）的走势图图中圆形区域内，该股向下跌破上升趋势线，向投资者发出了卖出的信号。值得注意的是，该股在此处跌破上升趋势线并调整一段时间后，继续展开上升攻势。当股价再次从下方接近原来的上升趋势线时，该趋势线就由支撑线转变成了阻力线。

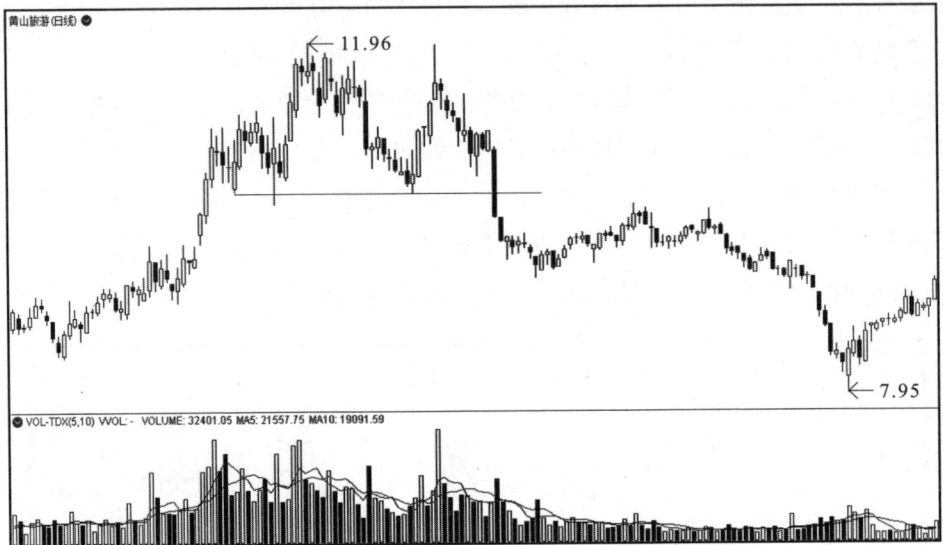

图4-31

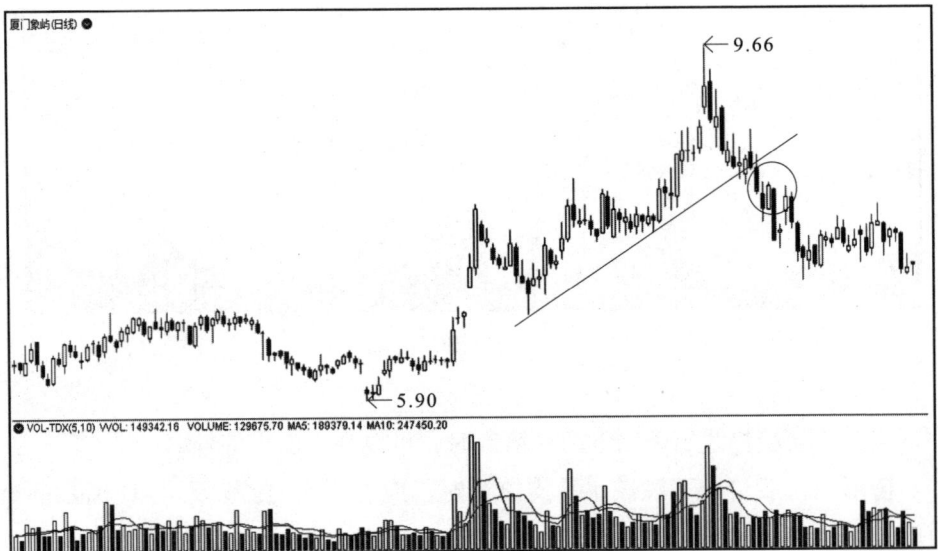

图4-32

五、冲破迷雾——利用均线指标（MA）选股

均线是移动平均线的简称，又称成本线，英文 Moving Average 缩写为 MA。均线反映了在一段时间内公众持股的平均成本，同时能够反映股价的强弱状态和运行趋势。均线指标是技术分析指标中最简单且最实用的一个指标，也正因为如此，所以投资者比较容易掌握该指标，并且能够给投资者带来意想不到的收益。

利用均线指标选股，是指根据均线指标的研判法则，来分析判断股价走势，并根据均线指标所发出的买入或卖出信号进行相关操作的一种选股方法。

（一）均线指标图例

均线是对前期股价进行平滑之后的产物，即将若干连续的交易日的股票价格加以移动平均，然后连成一条光滑的曲线。由于均线与 K 线图的走势密切相关，所以各个行情软件都将均线作为 K 线图的辅助指标，并显示在主窗口。如图 4-33 所示。

由图中可以看出，均线指标一共由两部分组成。

（1）参数设置。上图窗口上端并排的五个数值：MA5、MA10、MA20、MA30、MA60 就是参数。其中 MA 表示均线，MA 后紧跟的数字表示制作该移动平均线时采用的时间周期，如 5 即表示以 5 天为周期，10 即表示以 10 天为周期。最后面带有两位小数点的数字，如 10.60，表示此时对应的均线数值大小。

一般来说，均线的常用参数主要有 5、10、20、30、60、120、250，其中，5 日均线和 10 日均线为短期均线，30 日均线和 60 日均线为中期均线，120 日均线和 250 日均线为长期均线。这里短、中和长期的划分是相对的。

（2）颜色设置。在炒股软件中，不同的均线颜色不同。具体可以参见相应软件的标识。

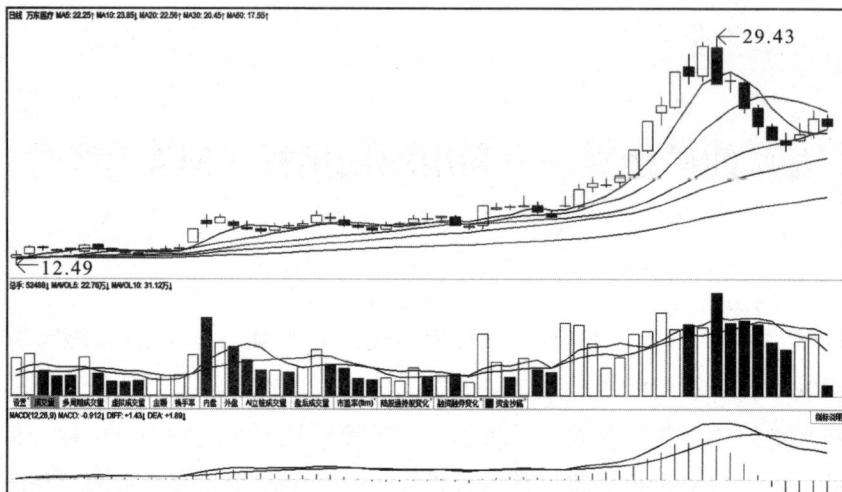

图4-33

（二）均线指标的特性

由于均线指标是对一定周期内的收盘价经过平均处理而得，因此均线指标具有四个特性，分别是趋势性、稳定性、滞后性、助涨助跌性。

第一，平均线能够表示出股价变动的趋势，并能够根据该趋势进行相关的操作。比如当股价处于上涨趋势时，投资者应大胆买入，因为已经处于上涨趋势的股票，其股价会延续上涨趋势，有进一步上涨的可能；当股价处于下跌趋势中时，投资者应持币观望，因为处于下跌趋势中的股票，其股价有进一步下跌的可能。运用均线指标的趋势时，从理论上讲，在上升趋势中买入股票，除了在最高点外，在其他点买入都能产生利润；在股价下降的趋势中买入股票，投资者要谨慎对待，否则会产生亏损。

第二，由于均线是对一段时间内收盘价平均处理的结果，因此比日K线图更具有平滑稳定性。一般来说，周期越长的均线，稳定性越好。

第三，由于均线是对一段时间内收盘价平均处理的结果，因此股价的波动要反映到均线上需要更长的时间，从而使均线指标具有一定的滞后性。一般周期越短的均线，滞后的时间越短。正因为如此，在运用均线指标时，必须把短期均线和长期均线结合起来使用，利用长期均线判断股价的运行趋势，利用短期均线判断股价的转势时机。

第四，助涨助跌性是均线最主要的特性，也是均线指标得到广泛应用的原因所在。它反映在以下三个方面：

（1）当股价沿着均线运行时，均线会产生一种力量，使股价继续沿着均线运行下去。当均线处于上涨趋势时，这种力量助涨；当均线处于下跌趋势时，这种力量助跌。

（2）当股价逐渐远离均线时，均线又会产生一种力量，把股价拉回均线附近。比如股价加速上升时，由于均线的滞后性，所以与股价的距离越来越远，此时均线发挥助跌作用，使股价下跌至均线附近；相反，当股价加速下跌时，由于均线的滞后反应，股价与均线越离越远。此时均线的助涨效应会将股价拉回到均线附近。

（3）当股价逐渐接近均线时，均线又会产生一种力量，阻止股价继续突破，也就是起支撑或阻力作用。当股价从下方接近均线时，均线会阻止股价向上突破均线；当股价从上方接近均线时，均线会对股价产生支撑作用，阻止股价向下跌破均线。

（三）均线指标选股的三大必杀技

从均线具有的以上四个特性来看，越是长期的均线，在投资中的安全性越高，但由于其滞后性，往往会失去更好的时机。因此，如果仅仅使用单一参数的均线，容易产生失误，而对不同参数的均线同时使用则更有效。下面，将为读者介绍利用均线指标选股的三招必杀技。

1. 绝对金叉

绝对金叉是指三条均线同时交叉，且发生交叉的必须是三条周期较短的均线，同时从上到下必须按照周期由短到长的顺序排列。例如，选择5日均线、10日均线、20日均线和60日均线，则交叉的三条均线必须是5日均线、10日均线和20日均线，60日均线则不在交叉之列。同时，金叉形成之时，必须按照5日均线在上，10日均线居中，20日均线在下的顺序排列，否则就不能看作是绝对金叉。如图4-34所示。

除了三条中短期均线金叉之外，另外一条最长周期均线的走势，也会对股价的走势产生一定的影响。同样以5日、10日、20日、60日均线为例，当5日、10日、20日均线形成绝对金叉，并且交叉点位于60日均线之下时，说明市场刚从下跌趋势中恢复过来，短期内仍有余跌的可能；当绝对金叉点位于 60 日均线之上时，说明市场一直处于上升趋势中，股价上涨的空间更大。当然，从长期来看，无论绝对金叉点落在哪里，股价表现都将不凡，值得买入。如图 4-35 所示。

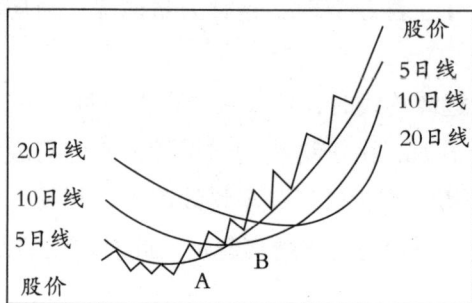

图4-34　绝对金叉

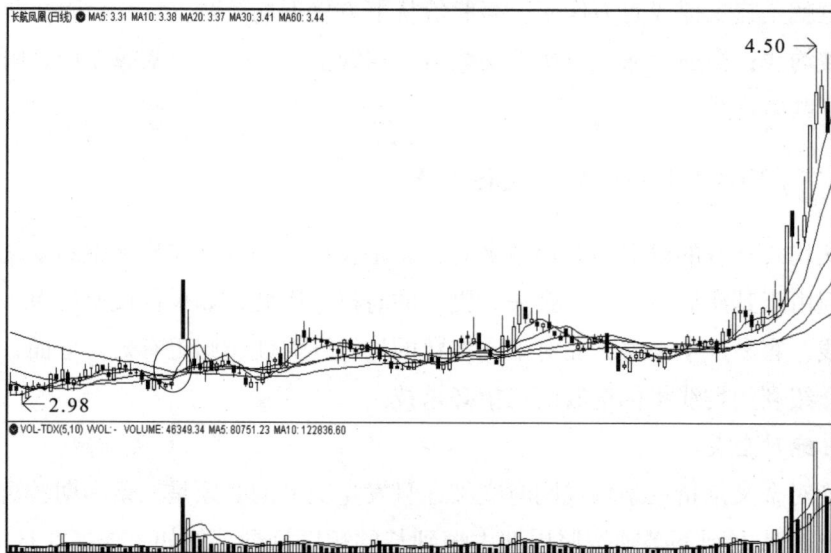

图4-35

从图中可以看出，5 日、10 日、20 日均线形成绝对金叉时，60 日均线在金叉点之上向下运行，说明该股刚从下跌趋势中恢复过来，短期内股价表现一般，但是随后上涨幅度达 60%。

再如图 4-36 所示的柳工（000528），该股三根均线形成绝对金叉时，60 日均线底部平稳上扬作为强势支撑，此时是明显的买入信号，随后该股出现了大幅上扬。

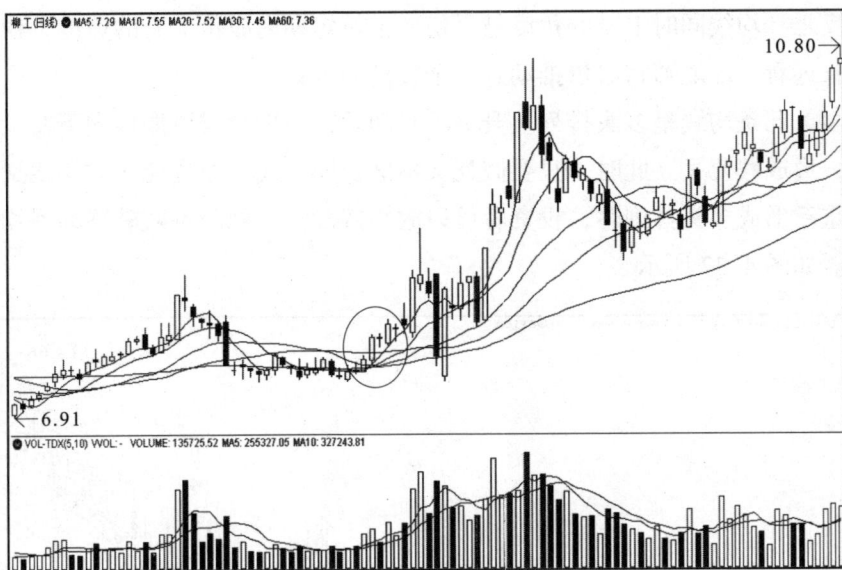

图4-36

均线交叉除了金叉外，还有死叉。金叉是指均线系统由空头排列转向多头排列的交叉点。换句话说，短期均线从下往上交叉长期均线所形成的交叉点就是金叉，金叉通常是买入信号。死叉正好相反，它是指均线系统由多头排列转向空头排列的交叉点，即短期移动平均线从上往下交叉长期移动平均线所形成的交叉点，死叉一般是卖出信号。

2. 多头排列

均线的多头排列，是指不同参数的均线按照时间从上往下的顺序排列，并且同时处于上升状态的一种均线形态。多头排列的形态一旦形成，意味着多方上攻有序，此时，空方节节败退，股价必然会在多方的带领下平稳上攻。此时宜买入。

在运用多头排列必杀技选股时要注意以下几点：

（1）几条均线上扬时，必须长短有序，不可乱排。即5日均线先上扬，接着是10日均线，再次是20日均线，最后是60日均线，依此类推。在最后一根均线上升时，其他几根均线在其上不远处平稳上攻，形成有力的多头进攻方阵。

（2）几条均线转势上升时间间隔越短，股价上涨的潜力越大。因为，时间间隔越短，市场共振的现象越明显，共振的力度越大。如果多头上攻战线拉得过长，支持股价上涨的推动就会乏力。

（3）均线同时上升的角度越大，短期内的走势会越凶悍，但是长期走势堪忧；反之，均线同时上升的角度越平稳，虽然短期内股价上升的速度不快，但是从长远看，却能够将股价推动到一个较高的位置。

（4）几条均线呈多头排列上升一段时间后，短期均线可能会向下交叉中期均线，形成假死叉。此时，只要假死叉不破长期均线，原先死叉的均线又在短期内重新形成多头排列时，投资者可以放心持股，直到股价跌破移动平均线时卖出。如图4-37所示。

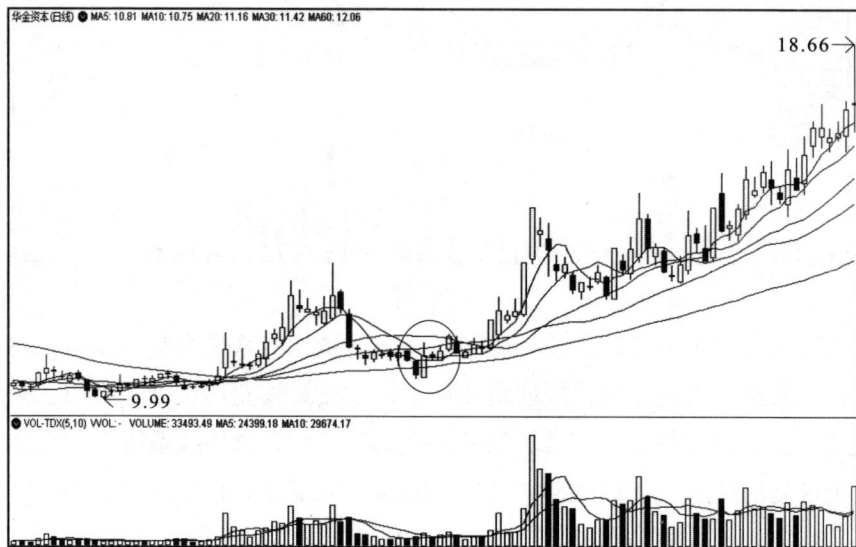

图4-37

图4-38中，均线指标首先形成多头排列的上攻阵容，且上攻走势平稳。其后，由于短期内调整，均线形成死叉，但是由于股价和均线死叉点并未向下突破60日均线，所以仍然可以长线看多。股价经过调整重新回到60日均线附近时，四条均线几乎同时加速向上，上升角度陡峭，一个月内该股股价即实现翻番。可见，当出现第一个多头排列时，是买入的最佳时机，假如投资者跟进，获利必然丰厚。

与多头排列相对的是空头排列。

空头排列是指长、中、短期均线依次向下的排列方式，如图4-38所示。这种排列压制股价向下运行，均线系统向下发散，一般表示市场处于空头阶段。当所有参数的均线均按此排列时，我们称为完全空头排列，而当部分参数的均线按此排列时，我们称为局部空头排列。只要股价位于空头排列的均线之下，投资者便可以持币观望，待股价突破均线时，方可进行买入操作。

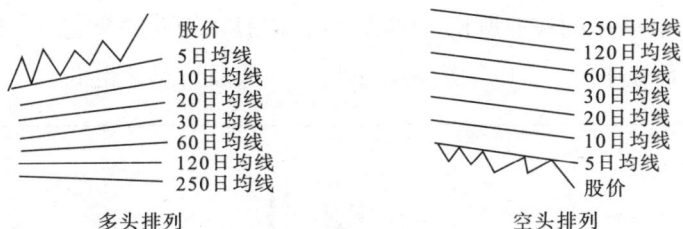

图4-38

3. 均线黏合

均线黏合是指长短周期不同的几根均线，在同一位置水平运行，且彼此接近重合的形态。均线黏合的形成原因是，股价在经过一段较长时间的整理后，不同风格的投资者持股成本趋于一致，从而使得均线接近平行运行。从 K 线形态来看，此时股价应该是在进行箱形整理。

均线黏合的出现暗示市场即将出现大的转势，均线一旦发散，转势也将开始。具体的转势方向一般可以结合均线黏合出现之前的市场走势进行判断。如果均线黏合之前，市场已经历了大幅上扬，则市场即将进入下跌趋势；假如均线接近黏合之前，市场经历了一次大跌，并且已经横盘整理了一段时间，则有可能迎来新的上升机会。

如图 4–39 所示的惠天热电（000692），该股在均线黏合前，经历了一次大跌，随后反弹回升，走出了震荡整理的形态而形成了上升趋势。均线黏合之后，股价开始强势上扬。

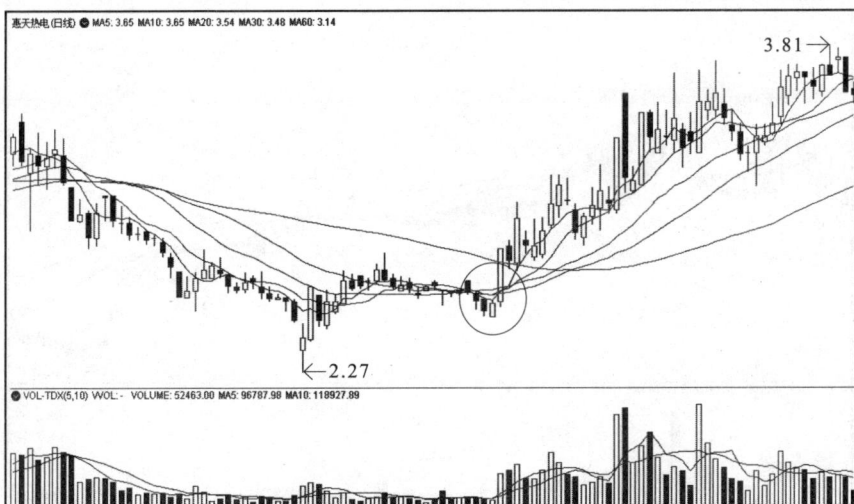

图4-39

如图 4-40 所示的锌业股份（000751），该股在均线黏合之前，股价已经经历了一轮上涨的过程，所以均线黏合之后，该股股价迅速走低。

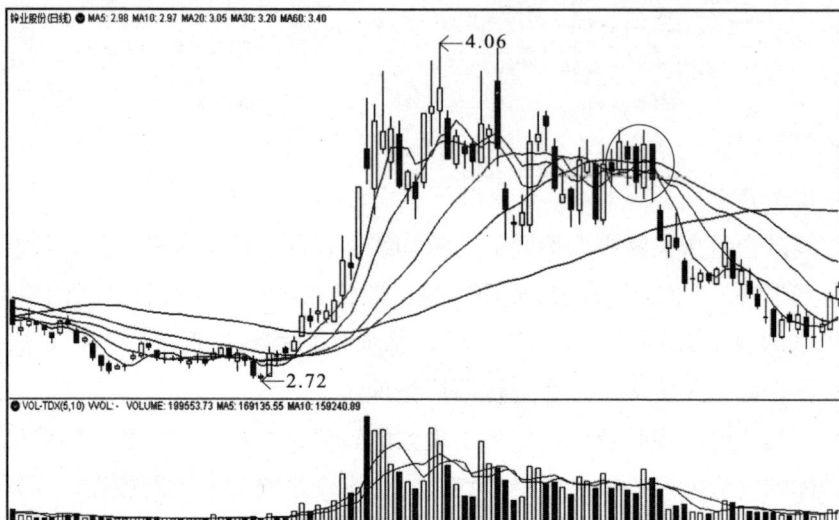

图4-40

需要指出的是，在下跌行情中，有时会出现"无效均线黏合"，因为，此时只有 5 日、10 日、20 日均线黏合，而 60 日均线仍然保持下跌趋势。只有当 60 日均线已经平稳运行一段时间，发生了均线黏合之后，股价转跌为升的可能性才会比较大。如图 4-41 所示。

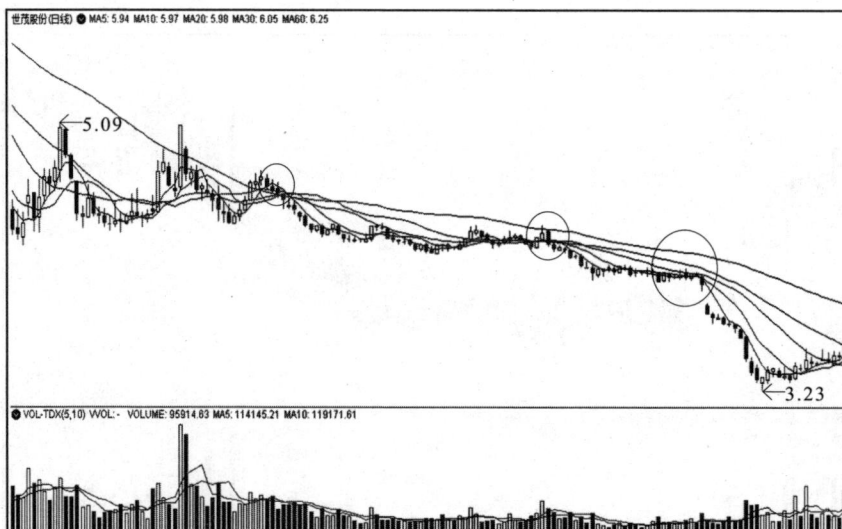

图4-41

图中，5 日、10 日、20 日均线有三次形成黏合，但是 60 日均线均未做配合，而是一直保持下降趋势，由此判断，该股下跌空间仍然存在，而其后的走势也印证了这一点。

六、中期波段的保护神——MACD指标

MACD 是平滑异同移动平均线，这是一个十分出色的技术指标。其出色主要体现在它的波动趋势十分稳定，不会受股价短期内频繁波动的影响，因而具有指导股价趋势的作用。在临盘实战中，MACD 指标备受广大职业操盘手的追捧，原因是 MACD 特定的计算公式较难受股价短期波动的影响，主力机构很难对 MACD 指标实施骗线性操纵，这在一定程度上保证了该指标对选股与实盘操作的准确性。

（一）MACD 指标的优势

MACD 指标属于均线类型的趋向性技术指标，它是由差离值（DIF）、平滑移动平均差离值（MACD）以及两者之差值（EMA，即 DIF－MACD）三部分组成。其中 DIF 是主指标，MACD 是辅指标，EMA 是背景图。DIF 是短期（常用为 12 日）移动平均线与长期（常用为 26 日）移动平均线之差值，MACD 是 DIF 的平滑移动平均值（9 日），EMA 则是以柱状线表示的差值。连接每天的 DIF，可以得到差离曲线。如图 4-42 所示。

临盘可利用 DIF 和 MACD 之间的交叉以及红绿两种颜色的柱状图来分析研判行情，并预测股价中短期发展趋势。随着行情的变化，差离曲线沿着 0 轴（指标线横轴）时正时负地上下穿行移动。当 MACD 从负数转向正数，是买入的信号；当 MACD 从正数转向负数，是卖出的信号。当 MACD 以大角度变化，表示快的移动平均线和慢的移动平均线的差距在迅速地拉开，代表了一个市场

大趋势的转变。如图 4-43 所示。

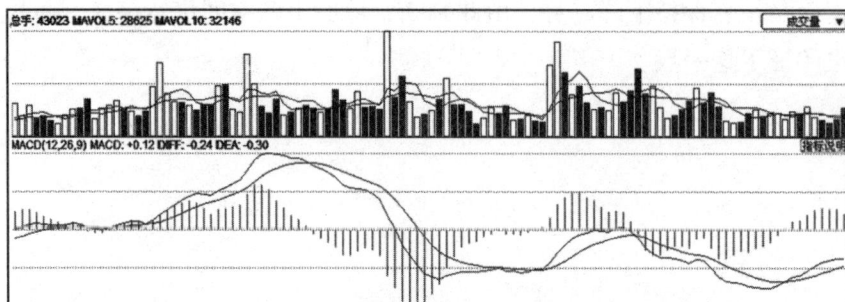

图4-42

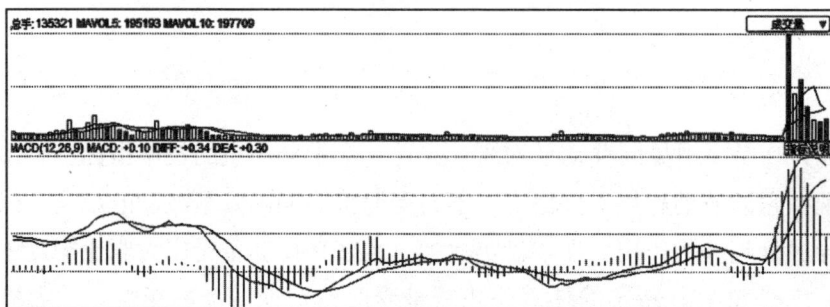

图4-43

MACD 指标不仅具有一般移动平均指标所具有的特点，与此同时，它还具有其他指标不同的优点。

（1）MACD 指标比移动平均线指标更具时效性。在进行技术分析时，时效性是最重要的特性，只有当指标能够提前于股价启动前发出买卖信号，或者至少同步于发出比股价更清晰的买卖信号，投资者才能通过该指标获利，而MACD 指标基本能够同步于股价发出信号。

（2）当股价处于平台运行行情，即不涨也不跌（俗称的牛皮市）的状态时，MACD 指标发出的信号比移动平均线指标更清晰。在这种行情中，移动平均线走势会非常混乱，让投资者无所适从。MACD 指标虽然会频繁交叉、发出买卖信号，但其买卖时机至少是清晰的。在这种行情中，即使投资者无法利用MACD 指标获得盈利，但仍可以对大势做出很好的判断和把握。

（3）MACD 指标还能够指示市场的强弱情况。当指标在 0 轴以上运行时，说明市场处于强势状态；相反，当指标在 0 轴以下运行时，说明市场处于弱势状态。

（二）MACD 指标的一般应用法则

1. 趋向信号

当 DIF 与 MACD 都为正值，两条曲线均在 0 轴上方且方向朝上时，意味着短期平滑移动平均线比长期平滑移动平均线要高，此时市场趋于多头行情；而当 DIF 与 MACD 都为负值，两条曲线均在 0 轴下方且方向朝下时，此时市场趋向空头行情。如图 4-44 所示。

2. 买卖信号

由于 MACD 指标属于中线指标，它所发出的买卖信号一般具有中线性质。MACD 指标通过 DIF 曲线和 MACD 曲线的交叉情况以及它们和 0 轴的交叉情况完成其买卖信号的揭示功能。一般来说，MACD 指标有六种不同的买卖信号。如图 4-45 所示。

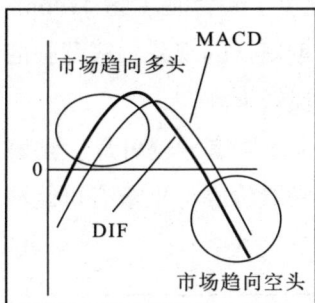

图4-44

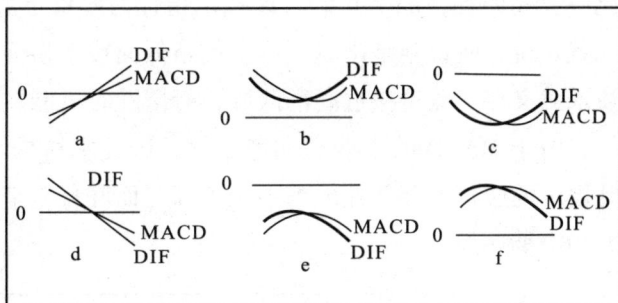

图4-45

买点 1：当 DIF 或 MACD 或者两者同时从下向上突破 0 轴时，说明市场有望反转，一般为买进信号。如图 4-45a 所示。

买点 2：当 DIF 或 MACD 或两者同时位于 0 轴之上且 DIF 向上升过 MACD，形成金叉时，为重要的买进信号。如图 4-45b 所示。

买点 3：DIF 和 MACD 位于 0 轴之下，属于空头市场，此时如果 DIF 从下向上穿过 MACD，形成金叉，只可认作反弹，为买进信号（图 4-45c），亦即暂时补空信号。

卖点 1：当 DIF 或 MACD 或者两者同时从上向下击穿 0 轴时，市场可能转势，为一般卖出信号。如图 4-45d 所示。

卖点 2：当 DIF 和 MACD 位于 0 轴之下且 DIF 向下跌穿 MACD，形成死叉时，为重要卖出信号。如图 4-45e 所示。

卖点 3：DIF 和 MACD 位于 0 轴之上，属于多头市场，这时如果 DIF 从上向下穿过 MACD，形成死叉，只能认为是回档，为卖出信号（图 4-45f），亦即获利了结信号。

3. 背驰信号

背驰也称背离，是股市技术分析中的一个重要概念。指标背驰原理是根据形态学理论，对指标曲线形态与股价走势形态进行对比分析，寻找两者峰（相对高点）谷（相对低点）之间的不同步性（滞后性）。如果在股价 K 线图上出现了一波比一波高的峰，而在指标曲线图（这里为 MACD 指标）上却出现了一波比一波低的峰，那么我们就说技术指标与股价走势发生了顶背驰（图 4-46a）。换句话说，顶背驰是指股票价格创新高而技术指标未能创新高的现象。一般来说，指标出现顶背驰，预示着市势见顶，即将转跌。相反，如果股价在 K 线图上出现了一波比一波低的谷，而在指标曲线图上却出现了一波比一波高的谷，那么我们就说技术指标与股价走势发生了底背驰（图 4-46b）。也就是说，底背驰是指股票价格创新低而技术指标未创新低的现象。底背驰的技术意义在于股价接近底部区域，行情随时可能发生反转上涨。

由于 MACD 的中期性和稳定性，因此它所揭示的背驰信号较可靠。顶背驰揭示的股价顶部往往成为中期顶部，而底背驰暗示的股价底部也极有可能演变为中期底部。

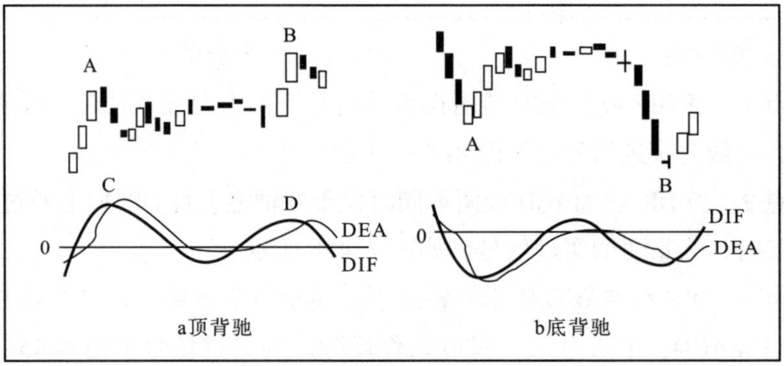

图4-46

4. 强弱转换信号

当柱状体缩短时，表明股价运行趋势的强度正在减弱；当柱状体伸长时，表明股价运行趋势的强度正在加强。当柱状线的颜色改变时，也就是说柱状线从 0 轴一侧跳到另一侧时，说明市场发生了转势。颜色变化发出转势信号的准确性，与原有趋势持续的时间有关。原有趋势持续时间越长，转势可能性就越大；原有趋势持续时间过短，则表明 MACD 指标发出转势信号太过频繁，这种情况下可以认为 MACD 指标是无效的。

需要指出的是，在应用 MACD 指标时，单一的指标传递的信息太过苍白，有时候甚至具有欺骗性，因此，投资者在运用这个指标时应综合其他因素考虑。

（三）利用 MACD 指标选股的三个买入点

买点 1：目标个股出现在当日涨幅、跌幅、振幅或量比 20 强排行榜中，股价趋势已经向上突破生命线或决策线等重要阻力位，临盘发现 MACD 在 0 轴之下的空头空间内向上发生金叉，股价趋势以做多为主，临盘可以即时买入。如图 4-47 所示。

买点 2：目标个股出现在当日跌幅 20 强排行榜中，操盘线、生命线与决策线趋势仍然向上未变，而 MACD 指标仍然在多头空间内以多头趋势运行，说明当前下跌仅仅是洗盘行情。当股价回调到操盘线或生命线区域时，临盘可以进行伏击性买入。如图 4-48 所示。

买点 3：目标个股出现在当日涨幅 20 强排行榜中，股价已经突破生命线，成交量迅速放大，换手积极。MACD 指标在 0 值以上的多头空间内再次发生金叉，股价即将展开波段性拉升行情，临盘可积极买入。如图 4-49 所示。

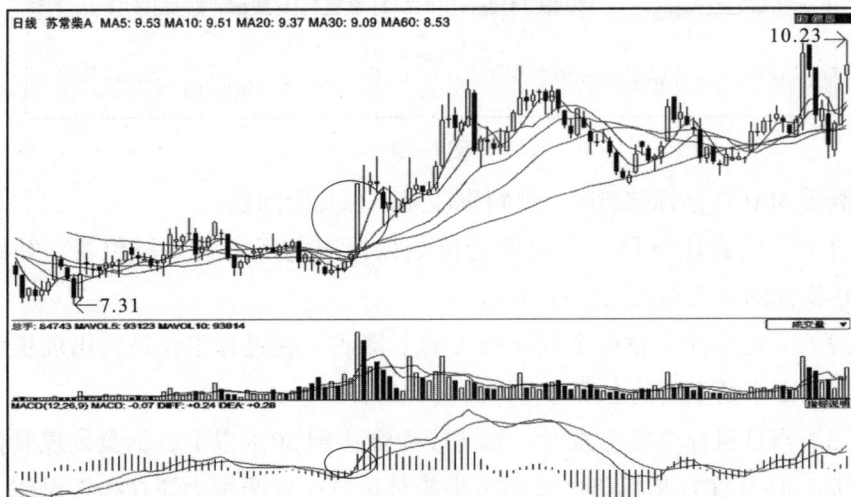

图4-47

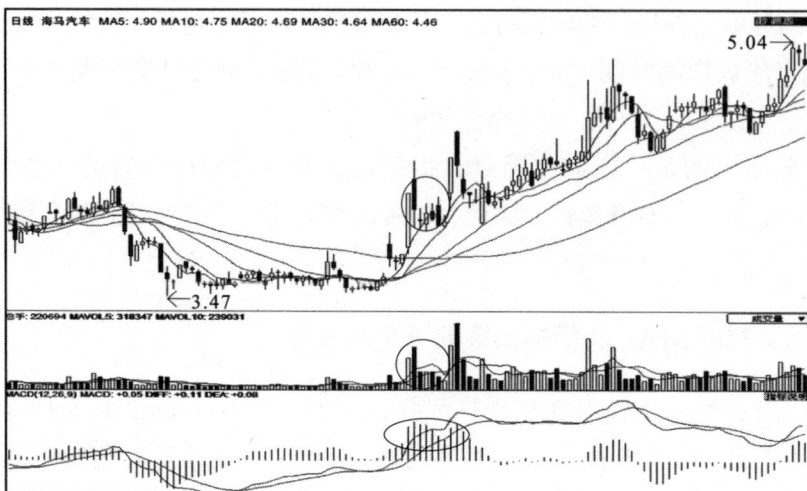

图4-48

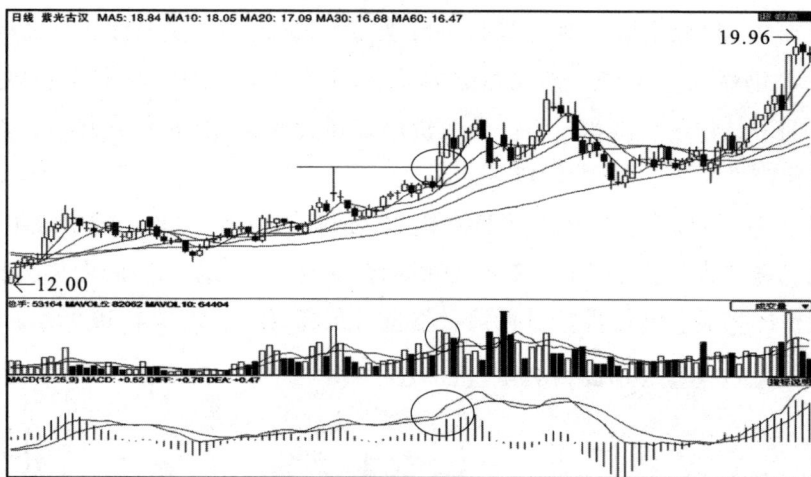

图4-49

利用MACD指标选股时，要特别注意下面几个问题：

（1）一定要注意目标个股的量价结构形态与所处的阶段位置，并结合MACD指标的金叉与死叉进行研判。

（2）一定要注意目标个股在当天的上涨或下跌过程中，是否出现板块效应，以判断市场主流的态度与整体的发展趋势。

（3）当日目标个股出现时，如波段涨幅达到30%以上，临盘发现股价已经滞涨，但MACD指标仍然按照多头趋势运行，说明主力还在积极操作，出货特征不明显，应待回调至重要支撑位时，再考虑抄底买入。

（4）当日目标个股出现时，如波段涨幅达到 30% 以上，临盘发现 MACD 指标开始出现向下死叉的现象，说明主力在拉高出货，股价趋势转弱，则应谨慎回避。

（5）当日目标个股出现时，刚刚突破重要阻力位之后，临盘发现 MACD 指标刚刚发生金叉现象，说明主力强势建仓，临盘应考虑即时果断重仓介入。

（四）利用 MACD 指标捕捉卖点

在股市投资中，MACD 指标不但具备抄底、捕捉强势上涨点、捕捉洗盘结束点的功能，同时，它还能够捕捉最佳卖点，帮助投资者成功逃顶。

由于一只股票的卖点很多，所以这里只给大家介绍一种最有效、最常用的逃顶方法。

最佳卖点经常出现在牛市行情末期，当股价经历了一轮大幅上涨之后，股价处于相对高位，此时在 MACD 指标图中，在 0 轴之上出现许多长红柱线与之对应。当红柱线开始变短时，说明市场开始从强势向弱势转变。此时不要轻易清仓，因为趋势仍然没有完全明朗，可能会有踏空的风险。只有当长红柱线短暂翻绿，再变成短红柱线时，才是清仓出局的最好机会。同样，最佳卖点应该是红柱开始缩短时的第一个交易日，此点的出现比死叉要早。如图 4-50 所示，根据 MACD 指标对该股走势进行判断，可以轻松抓到最佳卖点。

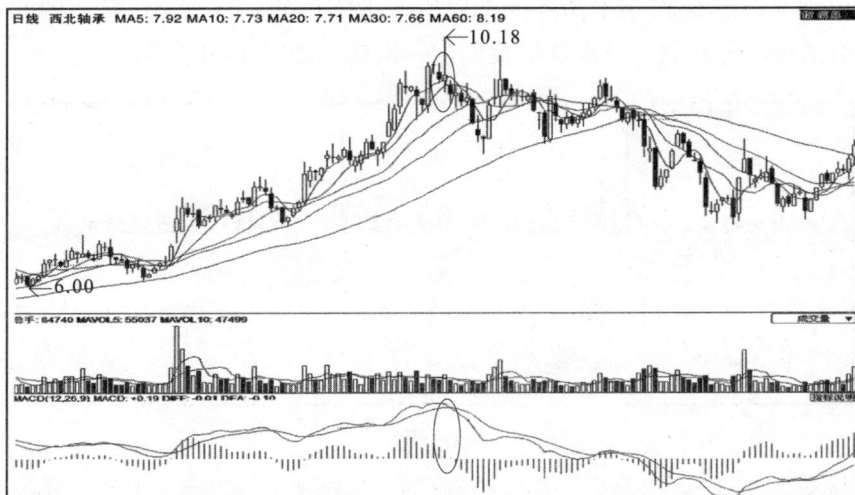

图4-50

七、短线法宝——随机指标（KDJ）选股法

随机指标，英文简称 KDJ 或 KD（因其指标中的三条或两条曲线而得名），是股票市场中最常用、最有效的技术指标之一。投资者可以根据 KDJ 指标提示的买入、卖出时机，选择即将进入上涨阶段的股票、卖出即将下跌的股票，通过中短期投资实现收益。

（一）随机指标的图例

KDJ 指标是根据过去一个周期里的最高价、最低价以及该周期的收盘价，通过其比例关系，来考察股价走势的强弱状况和超买超卖现象。由于 KDJ 指标融入了移动平均线以及强弱指标的属性，因此既可以向投资者提供最佳的买入信号，又能指导投资者成功逃顶，还可以监测市场的人气指数和强弱状态。

由于 KDJ 指标得到了众多技术分析人士的认同，且应用广泛，因此几乎在所有的证券分析软件中都能够找到这一指标。如图 4-51 所示。

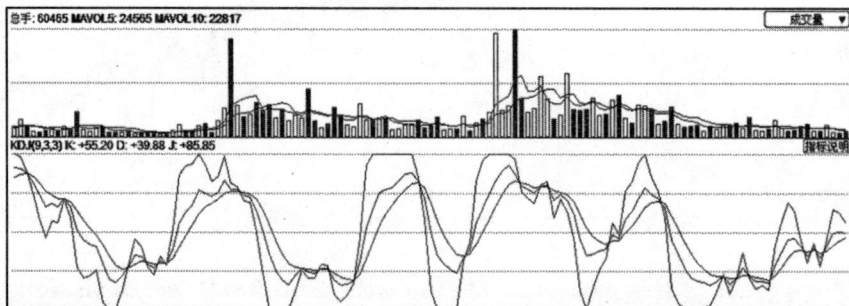

图4-51

从图 4-51 中可以看出，KDJ 指标图一共由两部分组成，上边一排所列的四个数值指标和下排三条相互缠绕的曲线。这三条曲线的名称与上排数字的颜

色相对应。

三条曲线中最重要的是 K 线。该线直接反映了本周期内股价收盘价与最高价的间接比例关系，同时直接反映了该比例关系的波动情况，因此是进行技术分析时主要的参考依据。D 线是通过对 K 线平滑处理得到的，因此其走势比 K 线更平缓。另外一条线就是 J 线，它实际上是 D 值与 K 值的大小之差，类似于 MACD 指标中的 MACD 值。

（二）KDJ 指标的应用原则

KDJ 指标的最大优点是其短期走势的分析预测功能要比移动平均线更准确，其短期超买超卖的反应又比相对强弱指标更灵敏。下面介绍 KDJ 指标应用中的五个判断依据和应用原则。

1. 超买超卖的数值依据

在 KDJ 指标中，三个指标的取值具有非常重要的意义，所含的信息也比较丰富，需要重点考虑。

K 线称为快速确认线，其取值的大小最为重要。一般来说，当 K 值在 90 以上，就可以认定该区域为超买区，股价随时有下跌的可能；当 K 值处于 10 以下，则可以认定该区域为超卖区，股价随时有止跌回升的可能。

D 线称作慢速主干线，是反映股价总体走势的趋势线，其超买区域为 80 ～ 100，超卖区域在 0 ～ 20。

J 线称为方向敏感线，对股价变动速度特别敏感，能够最早感知趋势的变化。J 值的取值范围要大于 K 值与 D 值的取值范围，既能够低于 0，也能够高于 100。一般来说，当 J 值高于 100 时，市场人气陡增，股价存在很大的回调压力，短期获利盘激增；当 J 值低于 0 时，市场抛售现象严重，技术面上有反弹的需求。

与此同时，50 是市场强弱状态的分水岭。当 K、D、J 三个值均大于 50 时，说明市场处于强势状态，短线仍有上涨潜力；当三个值均小于 50 时，说明市场暂时处于弱势状态，短期内可能进一步下跌；当三条线长时间在 50 处交叉盘整时，说明此时股价走势以平台整理加小幅波动为主，市场趋势不明显，此时不宜操作，应耐心等待明显的转势信号出现。

2. 曲线走势

当 K 线、D 线和 J 线均向上运行，呈多头走势排列时，说明此时市场属于多头市场；相反，当三条线均向下运行时，则说明市场处于下跌趋势中。此外，三条曲线运行的角度越大，说明趋势越明显，股价变动速度也越快；反之，三条曲线运行的角度越小，则说明趋势越缓和，其研判结论越不确定。

3. 突破和金叉、死叉

我们知道，凡是具有两条或两条以上线的技术指标，当两条线都发生突破时，就都是重要的买入或卖出信号。KDJ 指标也是如此。

由于 K、D、J 值的计算公式具有相似性，因此当其中两条线相交时，另外一条线也必然同时与这两条线相交。也就是说，无论何时，三条线都会交于同一点。这样在信号的发出上就具有同时性，避免像均线系统那样，发出的买卖信号比较混乱。

当 J 线从上、D 线从下同时突破 K 线时，暗示市场形成短期头部形态，是一个重要的卖出信号；当 J 线从下、D 线从上同时突破 K 线时，暗示市场短期底部形成，是一个重要的买入信号。

KDJ 指标的买卖信号同样也依赖于不同指标曲线的交叉来实现。一般来说，如果 K 值大于 D 值，表明当前的市况是一种向上涨升的趋势。当 K 线从下向上交叉 D 线时，形成金叉，发出买进信号；反之，如果 D 值大于 K 值，表明当前的趋势是向下跌的，因而，当 K 线从上向下交叉 D 线时，形成死叉，便是卖出信号。

值得指出的是，由于 KDJ 指标属于较为强烈的短线指标，其 KD 的金叉与死叉往往不像股价与移动平均线那样简单，在使用上常常附加了若干补充条件，如位置原则、次数原则、右叉原则。

（1）位置原则是指对 KD 交叉发生的位置有一定要求，一般来说，K 线与 D 线的交叉突破，在 80 以上（死叉）或 20 以下（金叉）较为准确。对于死叉而言，其发生的位置越高，信号的可信度则越高；但是对于金叉来说，并不是位置越低越好，而是应当发生在超卖区附近的较低位置。因为金叉点过低，可能导致弱势钝化，距真正的起涨点尚有时日，并非最佳买入点。

（2）次数原则是指对 KD 交叉发生的次数有一定的要求，一般来说，K 线与 D 线的交叉突破，在 2 ~ 3 次以上较为准确。对于金叉而言，其发生的次数越多，信号的可信度则越高；但是对于死叉来说，并不是次数越多越好，而是在超买区只要发生一次死叉就应当引起警惕，以免错过卖出良机。因为股价的下跌往往要比上涨容易得多。

（3）右叉原则是指对 KD 交叉发生的相对位置（方向）有一定要求，一般来说，K 线与 D 线的交叉突破，发生在 D 线拐点右侧的位置较为准确。即 K 线在 D 线已经抬头向上时与 D 线发生相交，要比 D 线仍在下降时与其相交可靠得多；但对于死叉来说，并不要求右侧交叉，因为股价见顶回落的速度往往很快。如图 4-52 所示。

4. 背驰信号

KDJ 指标是众多具有反映背驰现象的技术指标之一，通过 KDJ 指标与股价背离的走势来判断顶底的形成，也是一种比较有效的方法。KDJ 指标的背驰分为顶背驰与底背驰两种。如图 4-53 所示。

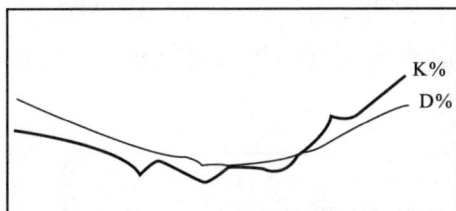

图4-52

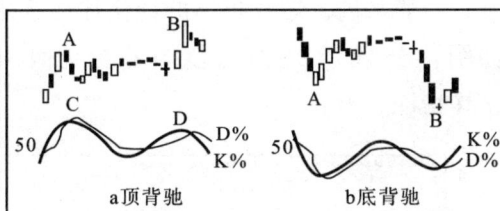

图4-53

背驰信号的研判法则：

（1）当股价创新高，而 K 值却没有随之创新高，为顶背驰，应该卖出。

（2）当股价没有创新低，而 K 值却创出了新低，为顶背驰，应该卖出。

（3）当股价创新低，而 K 值却没有随之创新低，为底背驰，应该买入。

（4）当股价没有创新高，而 K 值却创出了新高，为底背驰，应该买入。

上述四种情况中，第二种和第四种情况很少出现，一旦出现，其准确率极高，是非常有效的技术指标形态。

5. 钝化现象

当股价走势进入中期强势时，股价的短期状态可能出现一再超买的情况，即当投资者按照 KDJ 指标发出的信号进行卖出操作之后，股价非但没有下跌反而继续上涨且上涨的速度和幅度都较前期更大，此时的指标曲线始终处于高位横盘状态（图 4-54a），我们把这种股价进入超强走势，指标处于超买区域，不再随股价走势而变化，反复呈现横向运行，这种反应迟缓、信号失真的现象称为指标强势钝化。而把与其对应的另一种情况称为弱势钝化，即当股价走势进入中期弱势时，股价的短期状态可能出现一再超卖的情况。当投资者按照 KDJ 指标发出的买入信号操作之后，股价不但没有上涨反而继续下跌，而且下跌的速度和幅度较前期更大，此时的指标曲线始终处于低位横盘状态（图4-54b）。

图4-54

一般来说，短线指标的钝化往往意味着中期方向仍将延续原有趋势运行，如图4-55所示。此时，KDJ指标无效，应当选用其他指标进行研判，比如DMI指标。

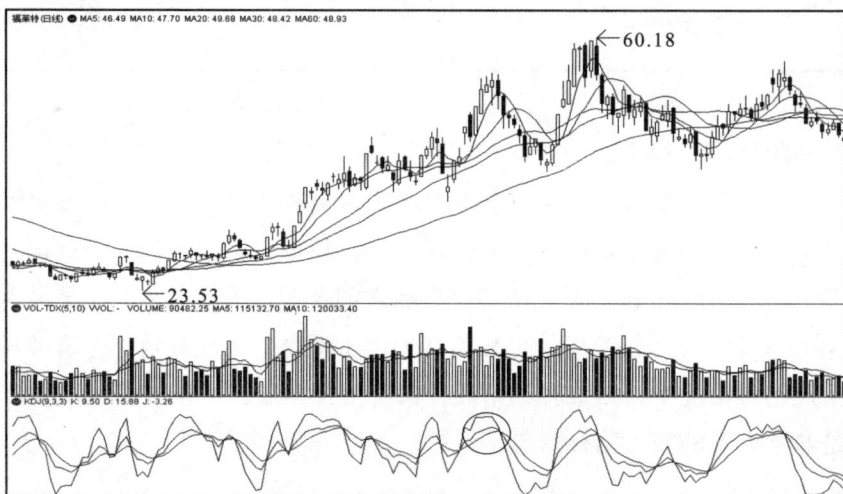

图4-55

（三）利用KDJ指标选股的方法

由于KDJ指标对价格的变动非常敏感，因此得到了很多技术分析人士和投资者的认同。但是，由于其具有短线性质，所以主力也很容易利用KDJ指标进行骗线，借助技术操作让KDJ指标走出金叉或死叉。

那么，如何识别主力的计谋，更好地运用KDJ指标来进行选股呢？以下介绍几个有效的方法。

1. 利用日月同辉买入

同时考虑 KDJ 指标的日线、周线与月线，当三条线在同一时间发出同一信号时，可以肯定转势即将到来，此时长期、中期、短期投资者开始在同一时点上进行相同方向的买进或卖出操作，股价的变动幅度也会相当大。根据这一原则，当 KDJ 的日线指标、周线指标以及月线指标同时在低位形成金叉时，投资者此时可以买入。图4-56～图4-58为金科股份（000656）的日 K 线、周 K 线、月 K 线图。

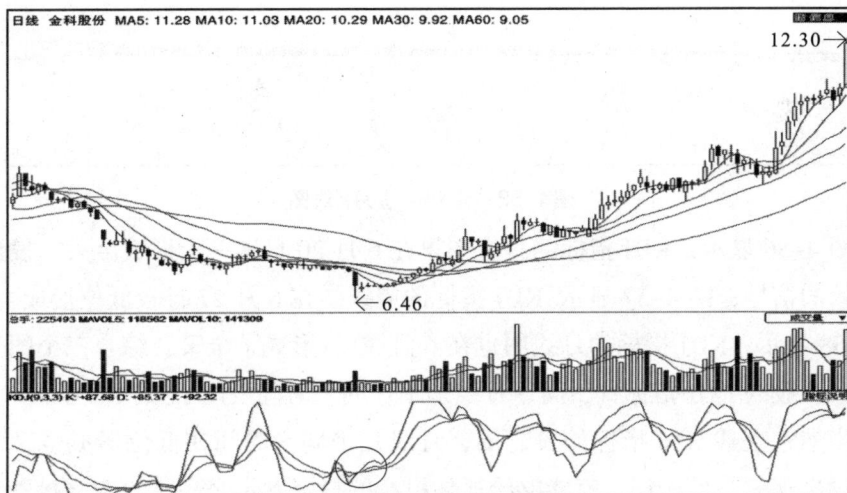

图4-56　金科股份日K线图

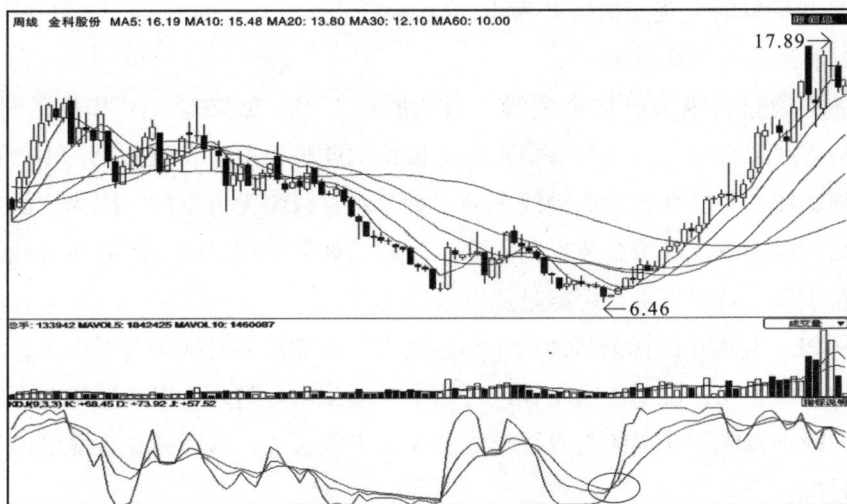

图4-57　金科股份周K线图

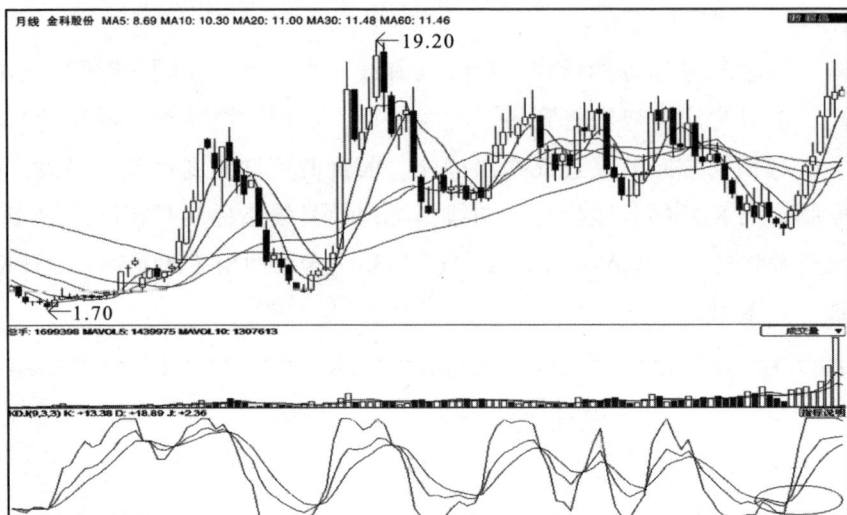

图4-58　金科股份月K线图

图4-56显示，KDJ指标的日线图早在6月20日这一天形成金叉，发出短期介入的信号；图4-57显示，KDJ指标的周线图在6月27日较低位形成金叉；图4-58显示，KDJ指标的月线图也在6月30日形成了金叉。综合三个图分析可知，该股的KDJ指标日、周、月线几乎在同一时间发出了买入信号。

当然，上述KDJ指标的日、周、月线几乎同一时间在低位形成金叉的现象很少出现，一旦出现，就能够给抓住机会的投资者带来高额收益。投资者可以随时监测KDJ指标的金叉情况，一旦发现，应坚决介入，直到这三种周期的KDJ指标同时出现卖出信号为止。

2. 利用日月同辉防骗

前面说过，主力机构会骗线，引诱散户上当。如果对KDJ指标的日线、周线与月线综合考虑，就能够揭示主力机构的欺骗手段。一般来说，主力机构如果想骗线，只能在日线或周线上动手脚，对月线则无可奈何。因为，故意操作月线的时间成本和资金成本都太高。因此，如果发现日线、周线与月线的走势互相矛盾，就要怀疑很可能是庄家在做手脚。

例如，当KDJ指标的日线向下形成死叉，而周线与月线却同时向上，或者在低位形成金叉，说明庄家是在进行短线洗盘或平台整理，股价随时有反转的可能。投资者应该在周线与月线形成金叉时果断买入，从而抓住大涨前的最佳买入时机。

图4-59～图4-61为中钨高新（000657）的日K线、周K线、月K线图。

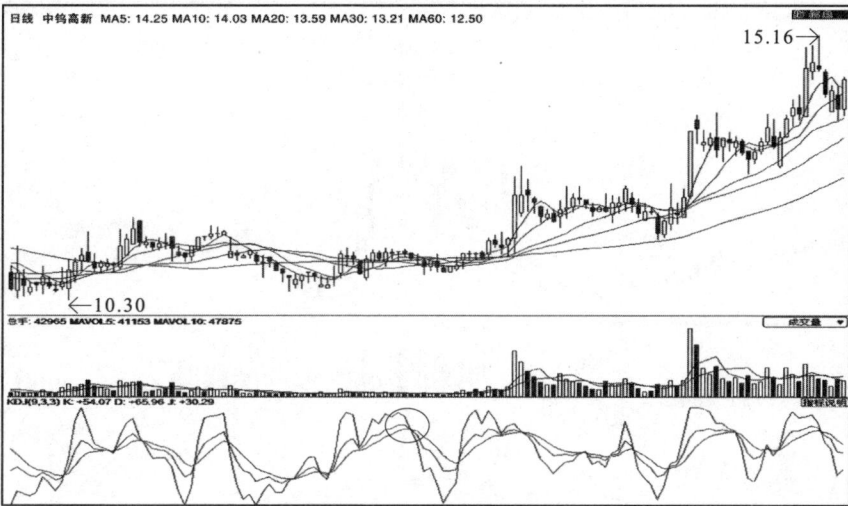

图4-59　中钨高新日K线图

从日线图看，KDJ 在 5 月 27 日走出高位死叉，看起来股价似乎即将下跌。但从周线图看出，在此周内，KDJ 指标形成了一个金叉，且金叉位置偏低。再看当月的月线图，KDJ 指标走出一个完美的金叉，暗示市场有可能即将出现持续时间较长的转势。综合三条线的走势可以判断，日线的高位死叉极可能是主力机构为了洗掉短线跟风盘，故意做出的图形。结合该股基本面的优势以及 KDJ 周线指标与月线指标的吻合程度，可以判断此股后市潜力无限。不管 KDJ 日线的走势如何，投资者都应该果断买入。

图4-60　中钨高新周K线图

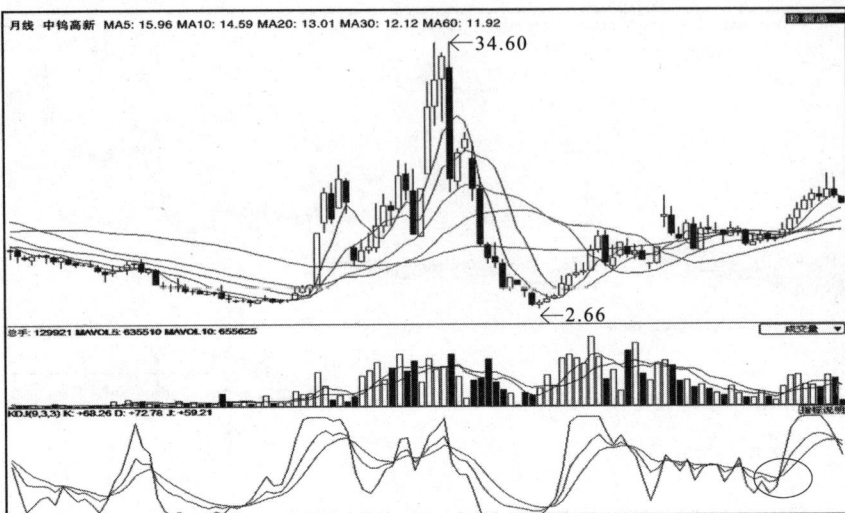

图4-61　中钨高新月K线图

3.利用日月同辉辨别反弹行情

当日线指标和周线指标同时金叉向上时，可以判断短期内该股将有一波不错的上升行情。假如此时的月线指标并不完美，在高位形成死叉准备掉头向下，则可判断此波行情为反弹行情。投资者可少量进入，赚取反弹利润，但一定要快进快出，以免在反弹的局部高点被套。

图4-62～图4-64为格力地产（600185）的日K线、周K线、月K线图。

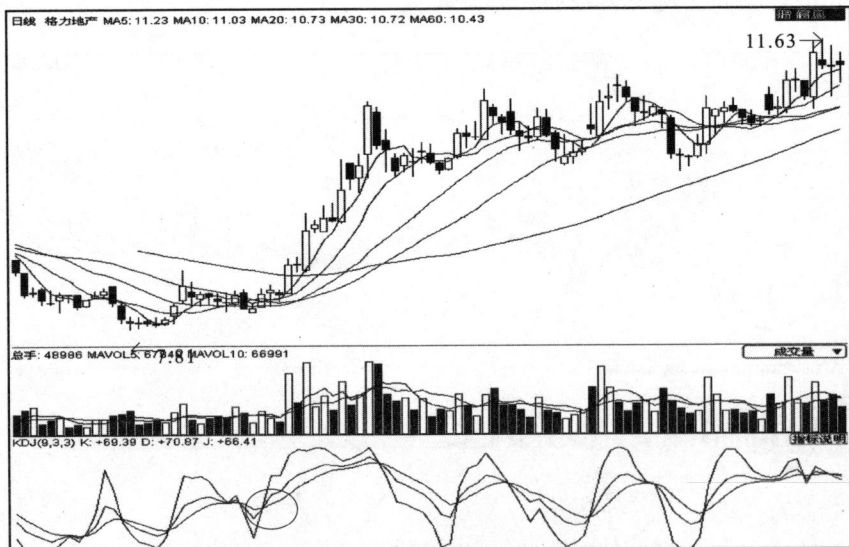

图4-62　格力地产日K线图

图4-63　格力地产周K线图

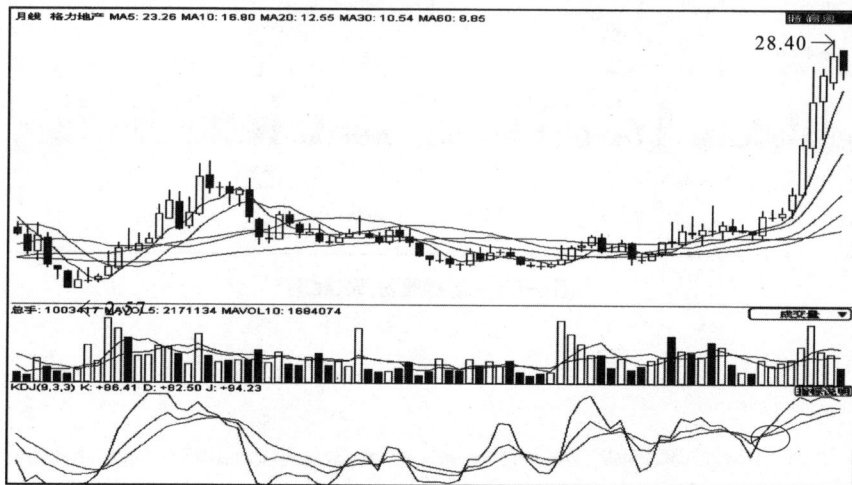

图4-64　格力地产月K线图

在日K线图中，该股的KDJ指标在低位形成金叉，暗示走势可能逆转。与此同时，周KDJ指标也在低位形成金叉，此时可以肯定，该股将有一波上涨行情，至于此轮上涨是超跌后的反弹还是形势的逆转，还需要进一步观察KDJ月线指标。从当月的月线图中可以看到，月线指标在日线图之后也在低位形成金叉，此后三条线呈多头排列并列向上。显然，股价已经脱离原来的下跌趋势，可以断定此轮上涨行情是形势的逆转，投资者可以大胆介入。

4.利用双剑出鞘买入

双剑出鞘是指KDJ指标连续两次形成金叉，这是一个比较可靠的买入信号，也表示一个收益较大的买入时机已经形成。

运用此方法时，周线分析要好于日线和月线。当 KDJ 周线指标在低位连续两次金叉时，往往能够产生一鸣惊人的效果，至少有一波上涨行情是可以肯定。如果第二个金叉的位置比第一个金叉的位置稍高，但是两者的位置相对来说越低，则股价上涨的可能性就越大，上涨的幅度也越大。如图 4-65 所示的新赛股份（600540）。

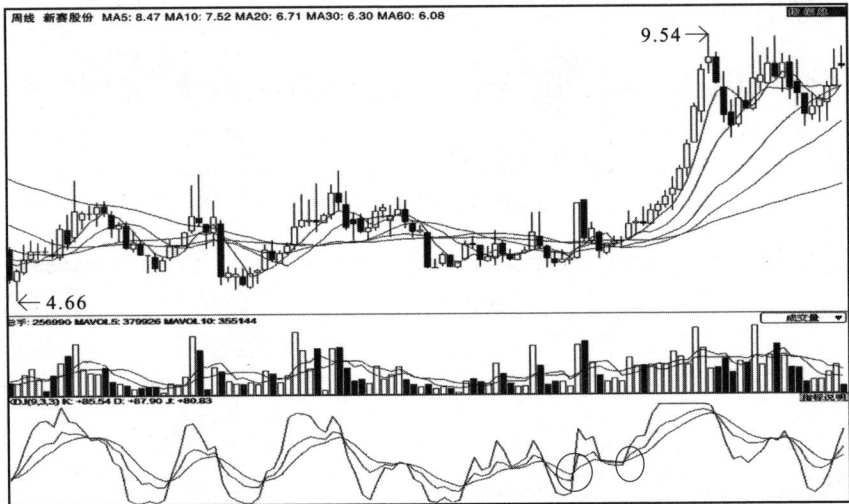

图4-65　新赛股份周K线图

第五章

看盘选股

　　从即时盘口来捕捉股价的动态，是短线、中线投资者必须掌握的技术。及时捕捉刚刚启动或正在上升通道中的目标品种，从而把握最好的买入时机，提前入场布局，与主力共舞。

　　下面我们将详细介绍几个重要的看盘时点以及在这些时点上选股的技巧。

一、开盘15分钟选股

早盘的交易在于气势。凶悍的主力往往在早盘15分钟内便决定了股价当天走势的强弱，反映在15分钟K线形态盘面中，则是放量大阳线的强力攻击型特征。还有一部分主力习惯于使股价在早盘15分钟先抑后扬，将大部分中小投资者的筹码诱空在15分钟K线的长下影线之中。

开盘15分钟，即9:30～9:45，是早盘的第一个15分钟时间段。通常情况下，当天强势主力会在这一时间段内迅速拉高股价，造成上涨声势。由于市场投资者多数还未反应过来，因此，股价的拉升不会遭遇较大的抛盘打压，而主力则可以迅速打开当天的上升空间。同理，如果主力在早盘迅速进行打压，则会给盘面造成恐慌性杀跌气氛。

当然，假如股价已经处于上升通道中，则是主力早盘借机震仓洗盘，是临盘低吸狙击的好机会。如果股价已经进入大涨之后的头部或下降通道之中，则可能是主力杀跌出货，不可轻视。

开盘15分钟K线技术走势的形成，通常受以下几个因素影响：

（1）昨日在盘中已经形成上涨的价格趋势，早盘借势继续攻击性上涨。

（2）前几日已经形成震荡盘升的价格趋势，早盘趋势展开加速上涨。

（3）股价在昨日于重要支撑位反复震荡止跌，早盘展开技术性反弹。

（4）上市公司突然公布利好消息，刺激早盘高开高走；或者上市公司公布利空消息，从而导致早盘低开低走持续下跌。

（一）五大买入时机

时机一：股价运行在日K线上升通道之中，攻击线、操盘线和生命线形成金叉向上的趋势，成交量持续放大，换手积极，说明主力已经在拉高操盘的计划之中。若当天早盘 15 分钟放量上涨收大阳线，则表示主力当天有加速推动股价的动作，当天日 K 线以大阳线或中阳线报收的可能性较大。此时，可以在次日开盘时买入。如图 5-1 所示。

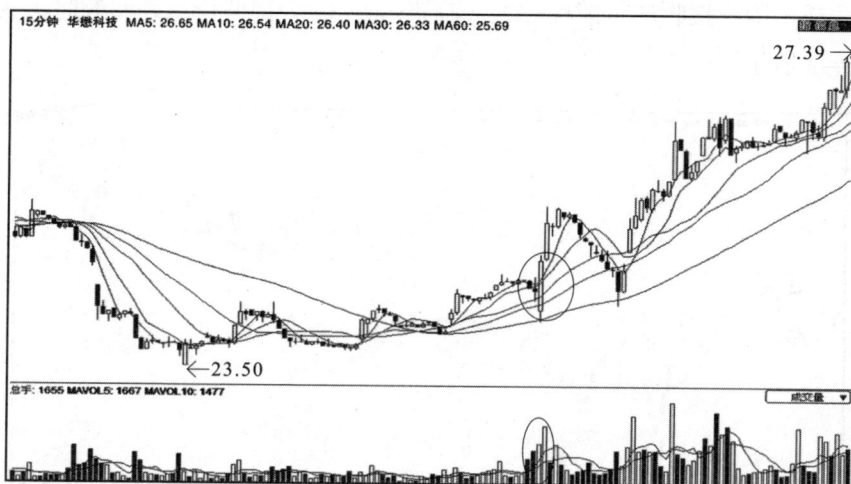

图5-1

时机二：股价刚刚向上突破重要阻力位，如生命线或决策线阻力，而短期均线如攻击线和操盘线金叉向上形成一条小的上升通道。若当天早盘 15 分钟放量上涨收带长上影线的小阳线或中阳线，则表示主力当天将以打压洗盘实施技术性回抽的操盘动作为主。此时，可在股价回调到生命线或决策线的支撑位时再买入。如图 5-2 所示。

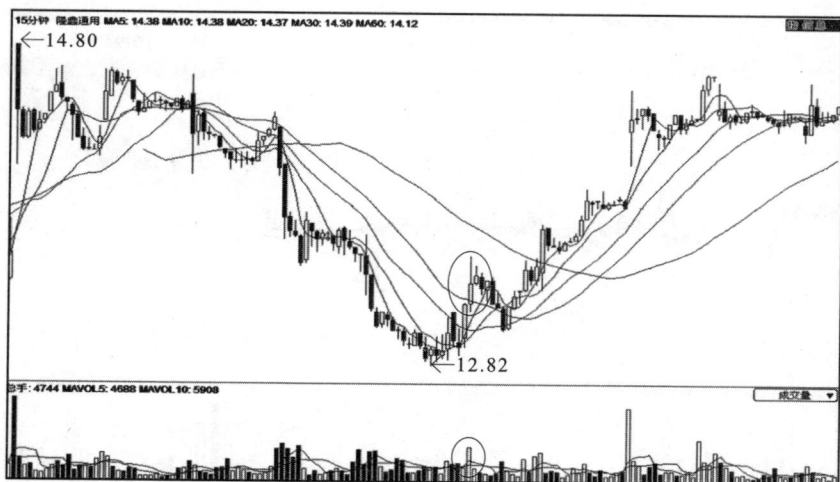

图5-2

时机三：股价从底部向上放量突破生命线或决策线阻力位后，若当天早盘15分钟缩量下跌，报收一根带上影线的小阳线或中阳线，则表示主力当天将以杀跌方式打压洗盘实施技术性回抽的操盘动作为主。因而，当天日K线以小阳线或中阳线报收的可能性较大。临盘可在15分钟股价出现回调时再买入。如图5-3所示。

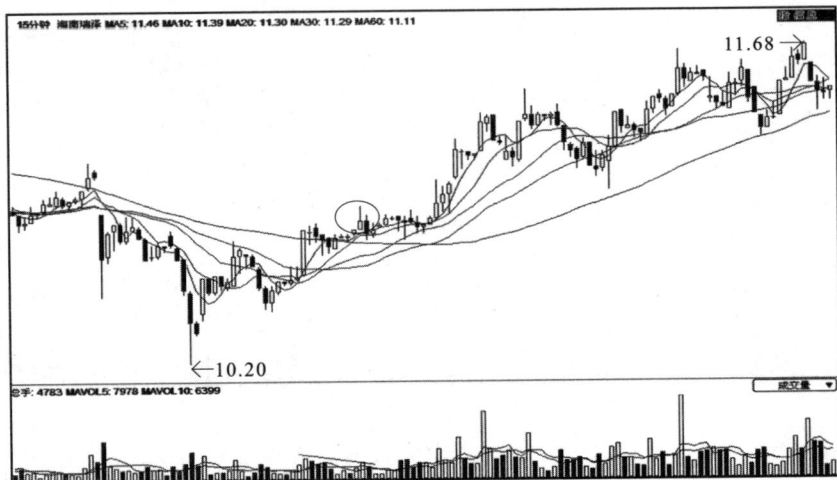

图5-3

时机四：假如股价在操盘线或生命线之上整理时间达到5个交易日以上，当日开盘15分钟出现放量的大阳线或中阳线，股价将随后启动一轮上涨行情。此时，投资者临盘可以介入。如图5-4所示。

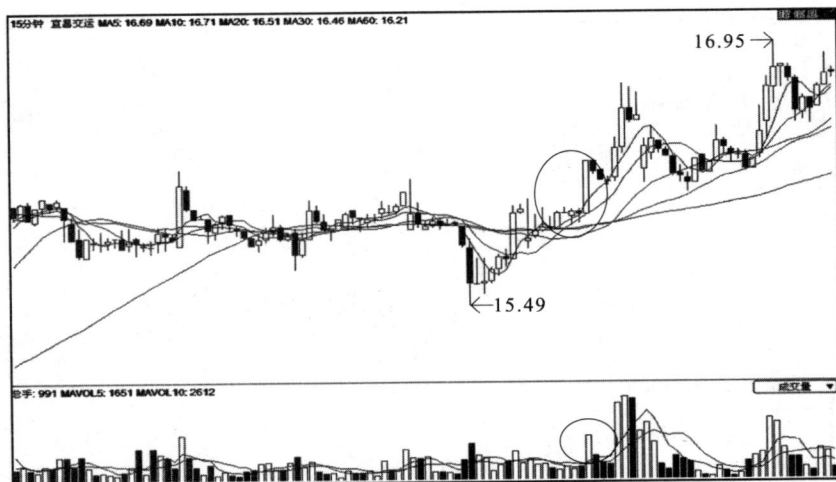

图5-4

时机五：股价经过一轮大跌之后，在底部区域反复震荡整理，生命线由最初的向下压制状态转变为走平，成交量在前几日也已经悄悄温和放大。若当天早盘 15 分钟放量上涨收大阳线，则表示主力当天有加速拉升向上突破的操盘动作。当天日 K 线以大阳线或中阳线报收的可能性较大。投资者临盘可在次日开盘 15 分钟时以开盘价买入。如图 5-5 所示。

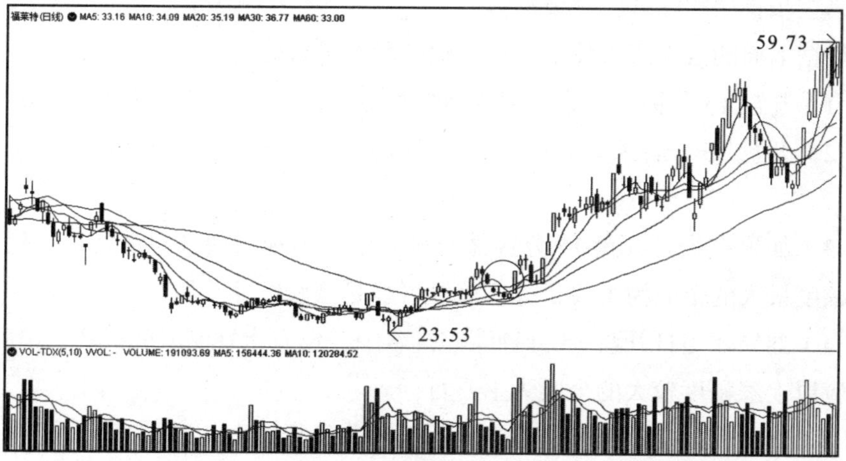

图5-5

需要特别提醒的是，当出现以下情况时，投资者临盘要格外谨慎：

（1）当日开盘 15 分钟出现大阳线时，如果波段涨幅达到 30% 以上，临盘则应谨慎。

（2）当日开盘 15 分钟出现带长上影线的 K 线时，如果波段涨幅达到 30% 以上，临盘则应回避。

（3）当日开盘 15 分钟出现带长上影的 K 线时，如果股价刚刚突破重要阻力位，临盘则应耐心等待低吸机会的出现。

（4）当日开盘 15 分钟出现大阴线或中阴线时，如果股价刚刚进入下跌阶段，则跌势将会加速，临盘则应坚决回避。

（二）实际选股的步骤

根据上面的选股时机，下面详细介绍如何选出开盘 15 分钟想要的股票。

第一步：找出当日涨幅和跌幅排名。

通常，早盘 9:40 时，深沪股市都已进入 15 分钟 K 线收盘时间段，在涨幅排行榜首页直接点击"涨幅"，即可出现"涨幅排名"，涨幅最大者排名靠前。

同样，在跌幅排行榜首页中直接点击"跌幅"，即可出现"跌幅排名"，跌幅最大者排名靠前。

第二步：筛选。

迅速将涨幅和跌幅达到5%以上的个股日K线图浏览一遍，从中筛选出符合五大买进技术特征的目标品种。

第三步：二次筛选，分级别管理。

根据上面的五大买进技术，将选中的股票进行分类：

（1）开盘15分钟放量收大阳线是强势上涨特征，属于一级优选对象。

（2）开盘15分钟缩量收中阴线或小阴线则是下跌或调整特征，属于备选对象。

（3）如果在当日开盘15分钟涨幅排名中，出现板块性行情特征，则应以上涨幅度最大的个股为主要目标，该股可能是领涨的龙头股。

（4）如果在当日开盘15分钟涨幅排名中，没有出现明显的板块行情特征，则也应以上涨幅度较大的个股为主要目标。

（5）在大盘反复震荡、趋势不太明朗的普通行情中，以流通盘最小的品种优先，流通盘大的品种作备选；以前几日温和放量的品种优先，以初次放量的品种备选。

二、开盘30分钟选股

开盘30分钟内（9:30～10:00），股价的强弱已经十分明了，若主力强势拉升，则30分钟内基本已经完成一波涨幅。若主力早盘诱空，则会在30分钟内完成既定的诱空动作；若主力早盘诱多，则30分钟内会出现诱多式的量价背离特征。因此，早盘30分钟是决定市场各方博弈胜负的关键时间段。

（一）开盘 30 分钟的技术走势成因

1. 技术成因

开盘 30 分钟 K 线技术走势的形成，通常有以下几个因素：

（1）昨日在盘中已经形成上涨价格趋势，早盘借势继续攻击性上涨。

（2）前几日已经形成震荡盘升的价格趋势，早盘趋势展开加速上涨。

（3）股价在昨日于重要支撑位反复震荡止跌，早盘展开技术性反弹。

（4）上市公司突然公布利好消息，刺激早盘高开高走展开上涨。或者上市公司公布利空消息，从而导致早盘低开低走持续下跌。

2. 主力操作的意图

在开盘 30 分钟内，当天主力通常会以两个以上的小波段展开攻击，迅速拉高股价，造成强势上涨的形态。此时如果成交量也配合放大，并出现标准的攻击型量峰结构，当天股价以大阳线或中阳线报收将成为定局。这种放量的主动性攻击特征，也反映了主力当天操盘将以推高股价为主要目的。

同理，如果主力在开盘 30 分钟内反复震荡向下打压，则会给盘面造成恐慌性杀跌气氛。

当然，如果股价已经处于上升通道之中，则是主力早盘借机震仓洗盘，是临盘低吸的机会。如果股价已经进入大涨之后的头部或下降通道之中，则是主力在出货。

（二）三大买入时机

时机一：股价刚刚向上突破生命线或决策线阻力，短期均线如攻击线和操盘线金叉向上形成小级别的上升通道。当天早盘 30 分钟放量上涨，报收一根带长上影线的小阳线或中阳线。此时，临盘可在股价回调到生命线或决策线支撑时买入。如图 5-6 所示。

时机二：股价形成明确的底部形态，生命线已经走平，前几日已悄悄温和放量。当天早盘 30 分钟放量上涨收大阳线。临盘可在次日开盘时以开盘价买入。如图 5-7 所示。

时机三：股价从底部向上放量突破生命线或决策线阻力位后，当天早盘 30 分钟缩量下跌收带上影线的小阴线或中阴线，临盘可以 30 分钟 KDJ 进入 20 值以下区域，股价出现明显止跌时再买入。如图 5-8 所示。

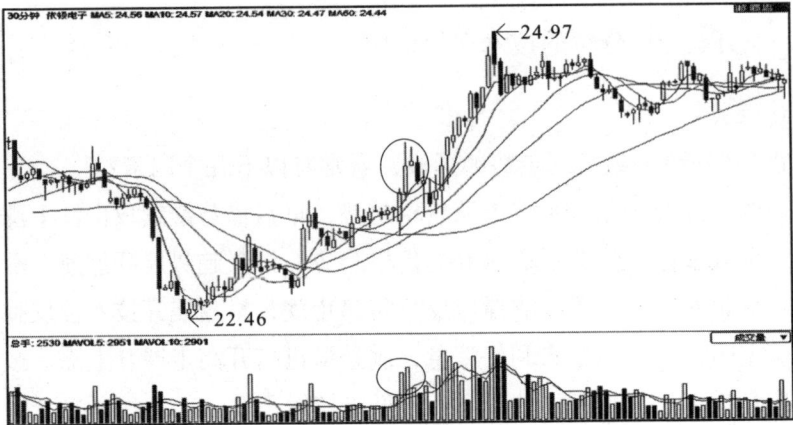

图5-6

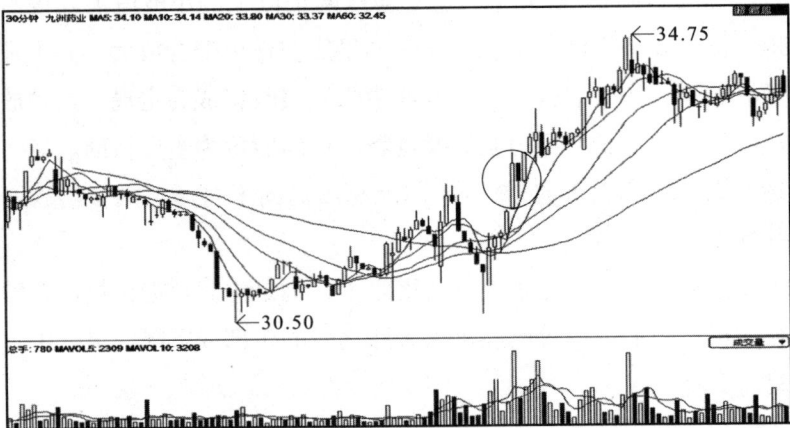

图5-7

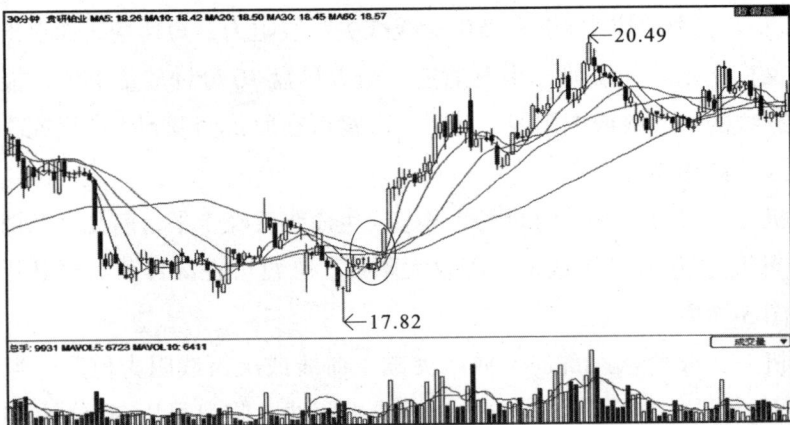

图5-8

特别提醒，当出现以下情况时，要谨慎操作：

（1）当日开盘 30 分钟出现大阳线时，如果波段涨幅达到 30% 以上，临盘应谨慎。

（2）当日开盘 30 分钟出现带长上影线的 K 线时，如果波段涨幅达到 30% 以上，临盘则应回避。

（3）当日开盘 30 分钟出现带长上影线的 K 线时，如果股价刚刚突破重要阻力位，临盘则应耐心等待低吸机会出现。

（4）当日开盘 30 分钟出现大阴线或中阴线时，如果股价刚刚进入波段下跌阶段，则跌势将会加速，临盘则应坚决回避。

（三）选股实际操作

第一步：查看涨幅、跌幅排名。

在 9:55 时，深沪股市进入 30 分钟 K 线收盘时间段，在涨幅排行榜首页直接点击"涨幅"，即可出现"涨幅排名"。同样，在涨幅排行榜首页中直接点击"跌幅"，即可出现"跌幅排名"。

第二步：初次筛选。

在 9:55 ～ 10:00 迅速将第一榜涨幅和跌幅达到 5% 以上的个股的日 K 线图浏览一遍，从中筛选出符合三大买进技术特征的目标品种。

第三步：鉴别股票，分级别管理。

（1）开盘 30 分钟放量收大阳线是强势上涨的特征，属于一级优选对象。

（2）开盘 30 分钟缩量收中阴线或小阴线，则是下跌或调整的特征，属于备选对象。

（3）如果在当日开盘 30 分钟涨幅排名中，出现板块性行情特征，则应以上涨幅度最大的个股为主要目标，因为该股极有可能是领涨的龙头股。

（4）如果在当日开盘 30 分钟涨幅排名中，没有出现明显的板块行情特征，则也应以上涨幅度较大的个股为主要目标。

（5）在大盘反复震荡、趋势不太明朗的行情中，以流通盘最小的品种优先，流通盘大的品种作备选；以前几日温和放量的品种优先，以初次放量的品种备选。

三、收盘前30分钟选股

在一天的交易过程中，收盘前 30 分钟（即 14:30 ～ 15:00）是很关键也是很微妙的时间段。这个敏感的时间段是主力实现当天操盘计划的最后一击。因此，收盘前 30 分钟内，股价可能会突然放量攻击，创出全天新高；或者掉头打压，创出当天新低。无论是向上还是向下，都无不显示出主力对当天股价最终收盘的态度，因而也会影响次日股价的走势。

由于做盘的需要，主力在尾盘通过打压或拉升手段做出当天日 K 线图形。因而，尾盘的股价走势最能反映主力操盘手的真实意图。

（一）收盘前 30 分钟技术走势成因

收盘前 30 分钟 K 线技术走势的形成，通常有以下几个因素：

（1）股价处在上升通道之中，收盘前借势继续攻击性放量上涨。

（2）股价处于小平台反复震荡整理格局，收盘前趁势攻击展开突破性上涨。

（3）股价在昨日重要支撑位反复震荡止跌，收盘前展开技术性反弹。

（4）股价在阶段性头部震荡整理无法继续拉升，收盘前展开反手向下打压杀跌。

（二）三大买入时机

时机一：股价刚刚向上突破生命线或决策线阻力，或者阶段性平台阻力，短期均线如攻击线和操盘线金叉向上形成小级别的上升通道。当天收盘前 30 分钟放量滞涨收带长上影线的小阳线或中阳线，投资者可以在股价回调到生命线或决策线支撑时再买入。如图 5-9 所示。

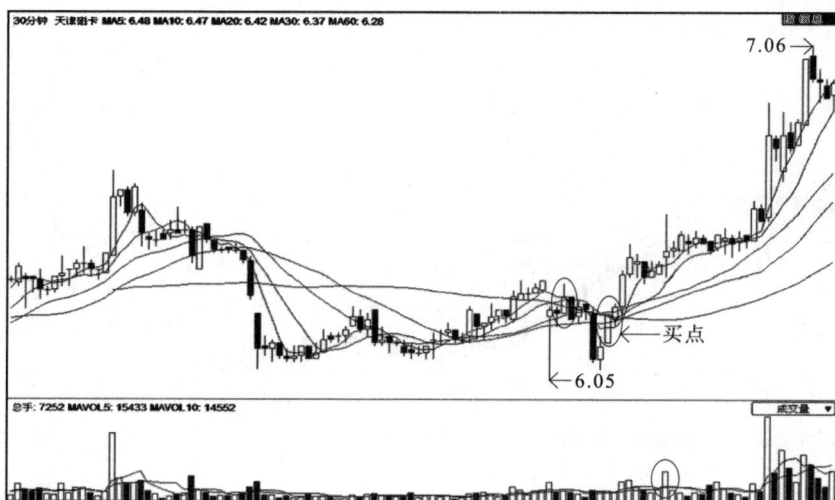

图5-9

时机二：股价在攻击线和操盘线构成的上升通道中运行，当天收盘前30分钟放量上涨以带长下影线的小阳线、中阳线或大阳线报收。这是股价加速上涨的特征，投资者可在收盘前5分钟或次日开盘时买入。如图5-10所示。

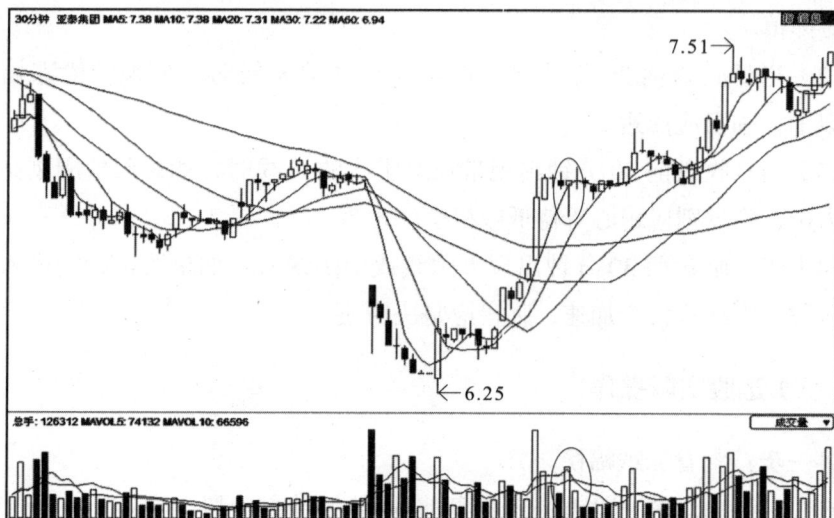

图5-10

时机三：股价形成明确的底部形态，生命线已经走平，前几日已经悄悄温和放量。当天收盘前30分钟放量上涨报收一根大阳线或中阳线，说明股价已经形成有效突破，投资者可以在收盘前5分钟买入或次日开盘时以开盘价买入。如图5-11所示。

图5-11

当出现以下情况时，投资者要谨慎应对：

（1）当日收盘前30分钟出现大阳线时，如果波段涨幅达到30%以上，临盘则应谨慎。

（2）当日收盘前30分钟出现带长上影线的K线时，如果波段涨幅达到30%以上，临盘应回避。

（3）当日收盘前30分钟出现带长上影线的K线时，如果股价刚刚突破重要阻力位，临盘则应耐心等待低吸机会的出现。

（4）当日临盘前30分钟出现大阴线或中阴线时，如果股价刚刚进入波段下跌阶段，则跌势将会加速，临盘应坚决回避。

（三）选股实际操作

第一步：查看涨跌幅榜。

在14:45时，深沪股市进入收盘前30分钟冲刺阶段，在首页中直接点击"5分钟涨速"，即可出现"5分钟涨速排名"；同样，在首页中直接点击"5分钟跌速"，即可出现"5分钟跌速排名"。

第二步：筛选。

临盘在14:45～15:00迅速将第一榜5分钟涨速和跌速达到1%以上的个股的日K线图浏览一遍，从中筛选出符合三大买进技术特征的目标品种。

第三步：鉴别股票，分级别管理。

（1）收盘前30分钟放量收大阳K线是强势上涨特征，属于一级优选对象。

（2）收盘前30分钟缩量收中阴线或小阴线则是下跌或调整特征，属于备选对象。

（3）如果在当日盘面涨幅排名中，出现板块性行情特征，则应以收盘前上涨幅度最大的个股为主要目标，该股极有可能是领涨龙头股。

（4）如果在当日盘面涨幅排名中，没有出现明显的板块行情特征，则也应以收盘前上涨幅度较大的个股为主要目标。

（5）在大盘反复震荡，趋势不太明朗的普通行情中，以流通盘最小的品种优先，流通盘大的品种作备选；以前几日温和放量的品种优先，以初次放量的品种备选。

四、盘口异常大单选股

盘口异常大单是指单笔成交达到1000手以上的突发性或偶发性交易单。表现在中盘股（流通盘在10亿以下）出现3000手以上的成交大单，小盘股出现1000手以上的成交大单，或者大盘股（流通盘在10亿以上）出现高达5000手以上的成交大单，投资者临盘必须引起高度的重视，这或许是操盘机会来临的重要标志。

盘口异常大单之所以是介入的好时机，是因为这种现象通常是由主力资金做出买卖行为的结果，而特大型成交大单则是由大主力机构在盘中做出积极的买卖行为的结果。在实际交易过程中，单笔大单成交可能是由某个中小投资者单独做出的买卖动作，但持续多笔大单成交，则可以肯定是由主力机构在盘中做出的积极性买卖行为。在盘面中，持续发生的特大单成交则说明是主力机构在进行积极性的买进或卖出的动作。

（一）盘口异常大单技术走势成因

盘口异常大单产生时所处的阶段位置非常重要，主要有以下几个因素：

（1）股价处在上升通道之中，攻击线与操盘线金叉向上，这是主力攻击性放量上涨。

（2）股价处于生命线上方展开震荡整理期间，盘口出现异常大单成交，预示股价即将上涨。

（3）股价处于下降通道中，攻击线与操盘线死叉向下，盘口持续大单成交，这是攻击性放量杀跌。

（4）股价在阶段性头部震荡整理无法继续拉升，盘口出现异常大单成交，放量滞涨是出货特征。

（二）三大买入时机

时机一：股价刚刚向上突破生命线或决策线阻力，短期均线如攻击线和操盘线金叉向上形成小级别的上升通道。当天盘中出现持续性的异常大单成交，临盘可以即时买入。如图5-12所示。

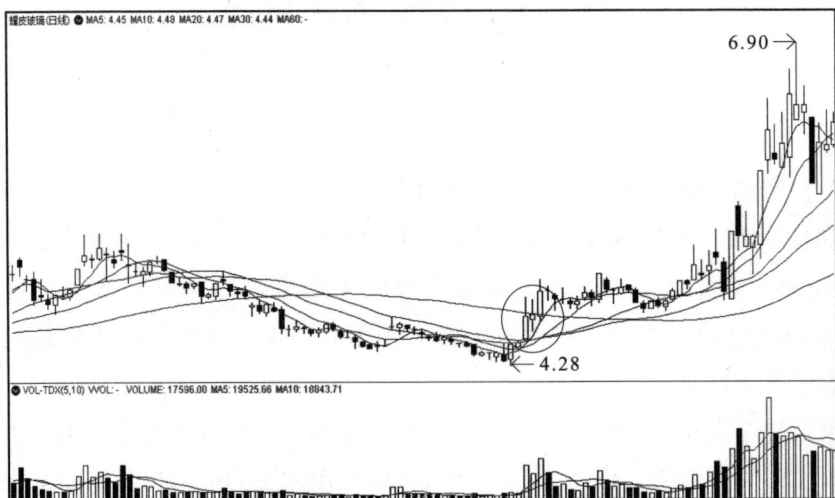

图5-12

时机二：股价在攻击线和操盘线构成的上升通道中运行，当天盘中持续出现异常大单成交向下打压，这是主力展开洗盘的特征，临盘次日可以在攻击线或操盘线附近抄底买入。如图5-13所示。

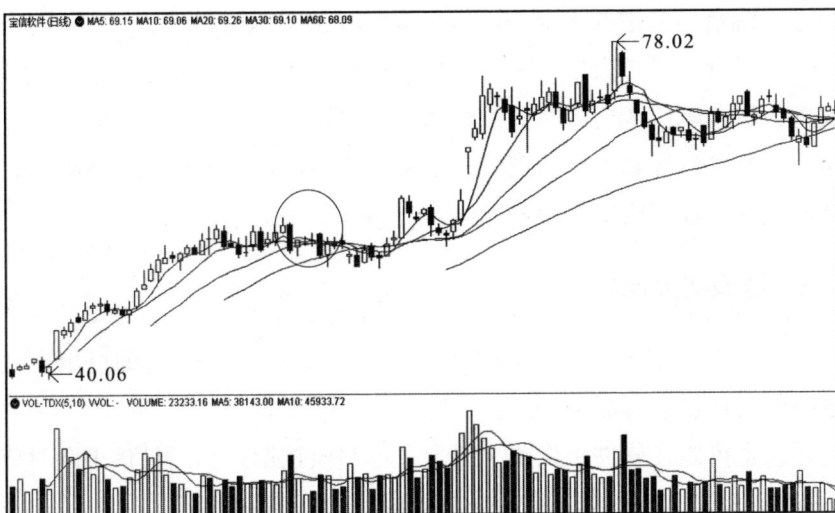

图5-13

时机三：股价形成明确的底部形态，生命线已经走平，前几日已经悄悄温和放量。当天盘中出现持续异常大单成交向上攻击性拉升，说明股价即将向上展开突破，临盘可即时买入或次日以开盘价买入。如图5-14所示。

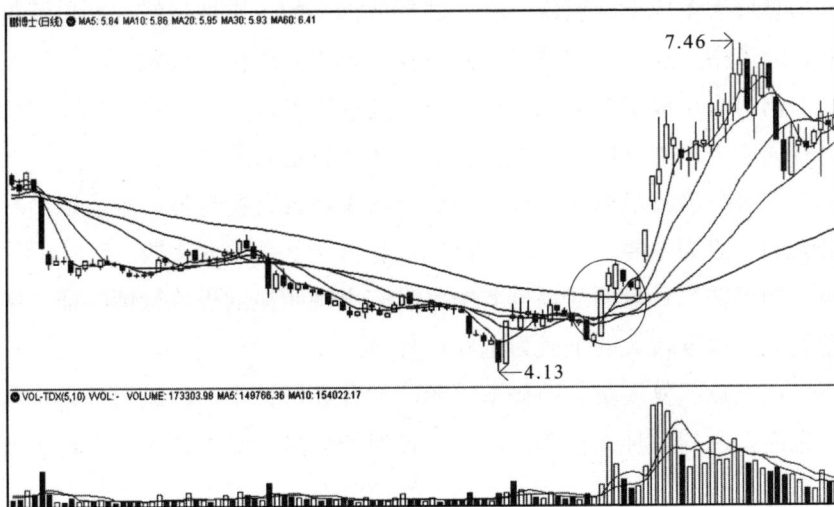

图5-14

特别提醒，当出现以下情况时投资者应谨慎操作：

（1）当日盘口异常大单出现时，股价持续上涨，如果波段涨幅达到30%以上，临盘则应谨慎。

（2）当日盘口异常大单出现时，持续向下打压股价，如果波段涨幅达到

30%以上，临盘应考虑在操盘线区域再度低吸进行短线抄底。

（3）当日盘口异常大单出现时，如果股价刚刚突破重要阻力位，说明股价再度发力，临盘则应考虑即时分批介入。

（4）当日盘口异常大单出现时，如果股价刚刚进入波段性下降通道，则跌势将会加速，临盘则应坚决回避。

（三）选股实际操作

第一步：在盘中的任意交易时间段，直接点击"现量"，即可出现现量排名，盘中即时现量大者靠前。

同样，也可以在软件中设置"主力大单"监控窗口，当日盘中即时成交出现高达1000手以上的大单，将会在监控窗口中迅速显示。

第二步：筛选。

临盘迅速查阅大单成交的个股，并将个股的日K线图浏览一遍，从中筛选出符合三大买进技术特征的目标品种。

第三步：鉴别股票，分级别管理。

（1）盘口大单成交时股价上涨，并形成标准的攻击性量峰，如果股价处于均线上升通道中，这是典型强势上涨特征，属于一级优选对象。

（2）盘口大单成交时股价下跌，也形成标准的攻击性量峰，如果股价处于均线上升通道中，这是典型的洗盘特征，属于备选对象。

（3）如果在当日盘面涨幅排名中，出现板块性行情特征，则应以当日上涨幅度最大的个股为主要目标，因为该股极有可能是领涨龙头股。

（4）如果在当日盘面涨幅排名中，没有出现明显的板块行情特征，则也应以收盘前上涨幅度较大的个股为主要目标。

（5）在大盘反复震荡，趋势不太明朗的普通行情中，以流通盘最小的品种优先，流通盘大的品种作备选；以前几日温和放量的品种优先，以初次放量的品种备选。

第六章

捕捉经典形态的黑马股

　　"黑马"起初是指在赛马场上本来不被看好的马匹，却在比赛中成为出乎意料的获胜者。顾名思义，所谓黑马股，是指价格可能脱离过去的价位而在短期内大幅上涨的股票。很多投资者以为黑马股就是股市中的明星，其实这个认识是错误的。黑马股不是万众瞩目的明星，也不是涨幅最大的个股，而是投资者本来不看好，却能够异军突起的个股。

　　与黑马股相对的是白马股。白马股是指业绩已经公布的绩优股，相应的，绩差股也有可能成为所谓的"黑马股"。黑马股是可遇而不可求的，选黑马股的技巧是要透过现象看本质，从大多数人都不看好的个股中选出强势股。

　　捕捉黑马股最直观的方法就是分析图形，本章重点介绍几种典型的黑马股图形，供股民们参考，而更多的技巧还需要股民们在实践中去积累。

一、黑马股的特点

准确挑选黑马股的核心技术是识别黑马股的特征，而黑马股最重要的特征就是前期不被大多数投资者看好。

（一）寻找黑马股的方向

具体来说，黑马股有以下几个共同特点：

（1）能成为黑马的个股在启动前总是会遇到各种各样的利空，主要表现为上市公司的经营恶化、有重大诉讼事项、被监管部门谴责和调查、在弱市中大比率扩容等方面。虽然利空的形式多种多样，但是，在一点上是共同的，就是利空消息会导致投资者对公司的前景产生悲观情绪，有的甚至引发投资者的绝望心理而不计成本地抛售股票。

（2）黑马形成前的走势非常难看，通常是长长的连续性阴线击穿各种技术支撑位，走势形态上也会显示出严重的破位状况，各种常用技术指标也呈现出弱势格局，使投资者感到后市的下跌空间巨大，心理趋于恐慌，从而动摇投资者的持股信心。

（3）能成为黑马的个股在筑底阶段会有不自然的放量现象，量能的有效放大显示出有增量资金在积极介入。因为，散户资金不会在基本面利空和技术面走坏的双重打击下建仓的，所以，这时的放量说明了有部分恐慌盘在不计成本地出逃，而放量时股价保持不跌常常说明有主力资金正在乘机建仓。投资者对这一特征应该重点加以关注。

除了上述三个共同的特点，寻找黑马股还有许多具体的技巧，上面介绍的是寻找黑马股的方向性问题，方向错了，一切都是白忙活，这也就是为什么绝大多数投资者在股市中一直与黑马股无缘的重要原因之一。

（二）黑马股的早期技术特征

黑马股的早期技术特征主要表现在以下几个方面：

1.K线形态

绝大多数的黑马股在启动之前都有一段较长的吸筹期，通常时间为1～4个月，甚至更长。表现在K线形态上，就是较长时间的横盘。黑马股在底部横盘时的K线形状往往具有鲜明的特色，不仅排列得十分紧密、整齐，而且呈现出碎粒状，也被称为小豆排列。

黑马股的小豆排列形态具有位置低和时间长的特征。与其他个股的中高位横盘不一样，黑马股的小豆排列往往贯穿整个底部的横盘时期，如果在启动时采用"小慢牛"的方式向上拉升，这种小豆排列的情况将会持续，甚至会伴随股价升至一定的高度。小豆排列时股价的振幅很小，表明主力不仅掌握了较多的筹码，而且有较强的控盘能力。因此，有经验的股民常说："不必慌不必忙，小豆拉起再跟上。"

如图6-1所示的山东章鼓（002598）在启动前形成典型的小豆排列。

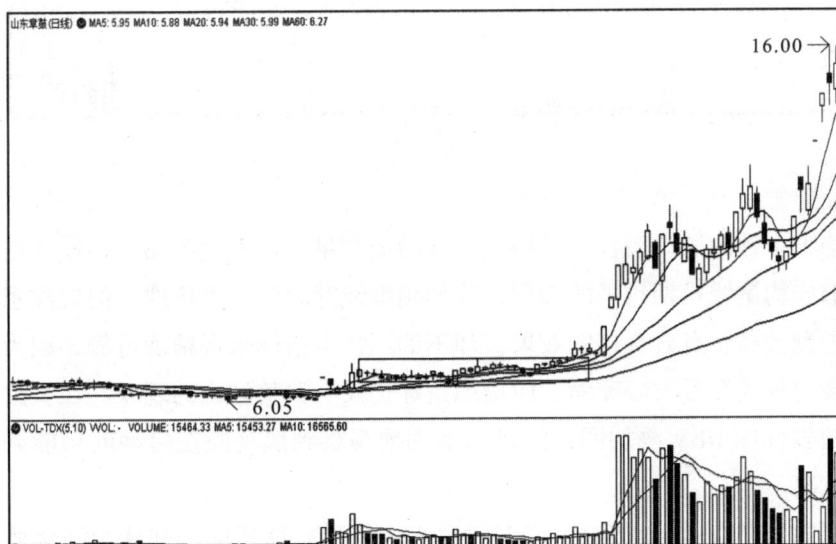

图6-1

2.筹码分布状况

低位的横盘并不代表庄家吸筹基本完成，若过早介入，资金将被锁定相当长的一段时间，这在资金的全盘调度上是极不划算的。一般来说，若低位的筹码呈现松散状态，表明整个局势处于横盘吸筹的初期，后面的路程还很漫长，投资者此时不必急于介入。到了横盘的后期，低位的筹码会在指标上形成极度萎缩的情况。凡是压缩得越扁越长的，甚至形成了细线状的，便是佳选，因为这种形态不仅表明了横盘吸筹的基本完成，更表明了主力超强的实力与决心。据统计，近年的大黑马股，其低位的筹码压缩程度都是相当紧密的。

如图 6-2 所示的盛通股份（002599）的筹码分布就是此种形态。

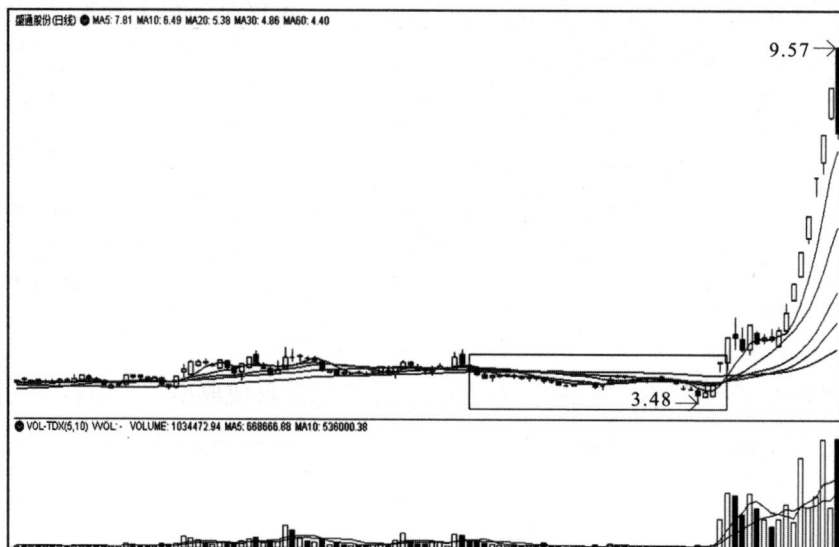

图6-2

3. 量能

绝大多数的黑马股在底部横盘时期的成交量均会大幅萎缩，在成交量指标上会形成均量线长期拉平的情形，犹如用细线穿起的一串珍珠。但应注意，直接目击测量虽然有着直接的效果，却不如用技术指标来得精确可靠，因为某些个股会出现成交量大幅萎缩，但量能指标仍没有调整到位的现象。在实战中采用行情软件的 OBV 叠加图，能较为准确地观察到黑马股在启动前量能调整到位的状况。

例如，在 2020 年初时，许多股评人士均看好绩优股，并认为绩优股已下跌较长一段时间，一定会在近期内有一波行情。但结果却相反，当时的绩优股毫无起色，反而是一批科技股揭竿而起，涨幅可观。究其原因就是当时的绩优股没有调整到位，而这批科技股不但成交量出现萎缩，而且 OBV 量能指标早已在底部横盘多日，正所谓"蓄之越久，发之必速"。其道理在于：任何主力想要抓住一匹"黑马"，就必须在底部持有相当的筹码。而OBV指标在底部横卧多时，恰恰是其吸筹的直接写照。细心者可以发现：在OBV叠加图中，OBV指标基本是形成一条横线的，而股价的波幅要大于OBV。一般来说，当股价第二次（有时是第三次）碰触到在下面横盘的OBV指标时，这匹黑马将在很短的时间内奋蹄而起。

如图6-3所示，英飞特（300582）在2021年的走势形态就是一个典型的例子。

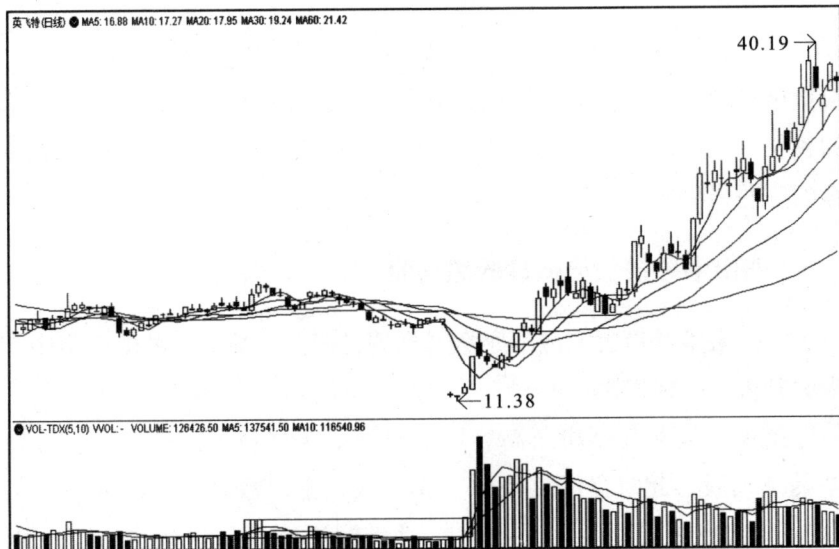

图6-3

从上面的分析可以看出，黑马股的启动不是一种偶然，在启动前必然有主力的大规模建仓过程或长时间的隐蔽建仓，或快速的放量拉高建仓，只有主力依靠资金实力收集了绝大多数流通筹码后，该股才具备了黑马股的前提条件。

黑马股的波动看似复杂多变，事实上其中自有规律。大道至简，只要投资者能够掌握其中的规律，就会获取更多的盈利机会。但这是一个漫长的理论与实践经验的积累过程，需要投资者有足够的耐心和意志去总结和实践。

二、抓住超强势横盘的黑马股

股票市场中最考验投资者持股耐心的走势，非盘整莫属。然而，底部盘整的时间越长，往往后市的突破潜能越大。下面分别介绍如何在牛市、熊市中寻找横盘的一些强势股。

（一）熊市中寻找强势横盘的黑马股

萧条的熊市虽然是大家都不愿意遇到的，但是，绵绵阴跌的股市中却孕育着未来的升机——捕捉黑马股。

一般来说，那些在创出新高后以数月横盘来代替下跌的个股，往往会成为未来的黑马股。此时盘面见小阴、小阳线，涨时放量，跌时缩量，但总的趋势是成交量趋于萎缩。这是因为浮筹受到清洗而日益减少，也正因为这样，股价重心也随之趋于上移，日 K 线的实体也越来越短，显示波动区间日益收窄。

图 6-4 为盛通股份（002599）的日 K 线图，该股处于长期横盘走势，随后该股强劲攀升，股价很快翻番，这说明主力强力控盘，以反复的横盘来抵抗大盘的调整。

操作策略：

在大盘低迷时，已创新高的长期横盘（一般在 3 个月以上）的强势股，在其浮出水面时，投资者可逐步加仓，坚持持有以迎接大行情的到来。横盘期间投资者应耐心持有该股，因为主力控盘是以时间换空间，等待最佳的拉升时机。

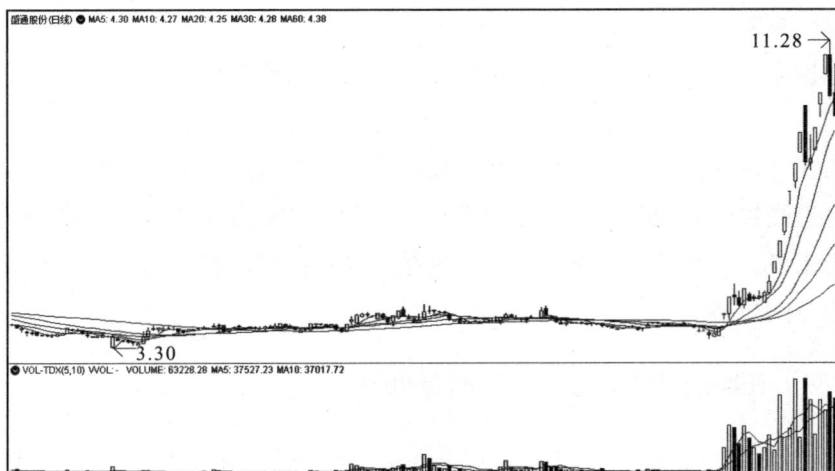

图6-4

（二）牛市中寻找强势横盘的黑马股

牛市中，各个板块此起彼伏，轮番表现。其中有一类个股创出新高后却原地做横盘整理，以消磨跟风者的耐心。这类股票值得投资者关注，因为它们往往会成为后市最具爆发力的黑马股。

如图 6-5 所示，扬杰科技（300373）属科技板块，该股在 2021 年 1 月 14 日创出新高后处于横盘整理，其间经历了接近半年时间的震荡考验，后市果然发力上攻。

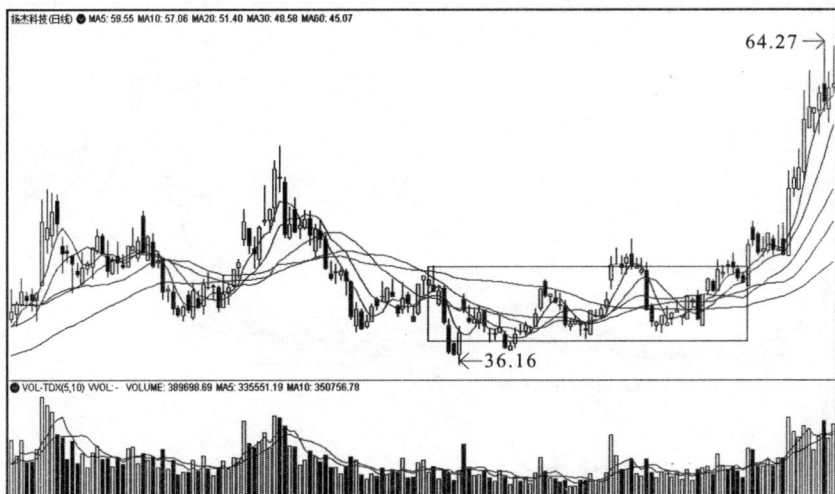

图6-5

操作策略:

在横盘后期,量能萎缩时可逐步介入,或在放量拉出阳线开始突破后短线跟进。

需要注意的是,随着大盘越涨越高,个股的介入点越来越不好把握,股民很容易追高被套。此时寻找长时间横盘的个股仍是非常安全有效的方法,因为对主力来说,箭在弦上,不得不发。只是要注意,对盈利预期值不可太高,并且持股时间要短。

(三)长期横盘的新股、次新股有机会

无论是熊市还是牛市,都会有一些新股、次新股,要么开始就低调横盘,要么上市拉升一两天便甘于沉寂,进行长期的横盘整理。这样的新股和次新股比老股更有投资机会。因为新股横盘时的成本相当于主力成本,主力还没有获利。如果此时买入这样的股票,相当于拥有与主力一样的成本,能够与主力共舞。

如图 6-6 所示,森麒麟(002984)于 2020 年 9 月 11 日上市,连续拉出几个涨停板后进行了震荡整理。此段时间,主力既吸足了货,又消磨了跟踪主力者的信心。该股整理了将近半年的时间,随后掀起了一波凌厉的升势。

操作策略:

对于有潜质的新股、次新股,市场期望值高,却遭主力冷落,则按"逆向思维",应多加关注,在横盘出现成交量萎缩时介入。

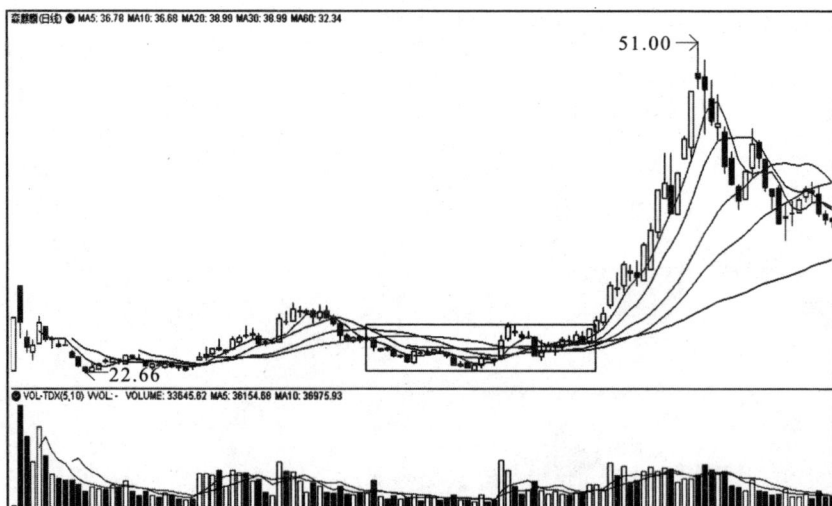

图6-6

三、几种典型的黑马股形态

（一）用 V 形底捕捉黑马股

V 形底也称尖底，是指在股价经过连续下跌后，某天行情突变，在底部伴随较大的成交量形成一个十分尖锐的转折点，随后股价从底部快速上升，致使整个行情的底部随着拉升形成一个犹如英文字母"V"的形态，投资者此时应及时跟进。如图 6-7 所示。

1. V 形反转的形成原因

V 形反转是一种较难把握的急剧反转走势，其通常发生在暴涨、暴跌行情中。这种走势多是由于受到消息面的影响，导致的非理性买卖或是市场情绪化操作的具体反应。所以，在它形成之前几乎没有预兆。因此，投资者如果能够把握这个机会，必然获益颇丰。

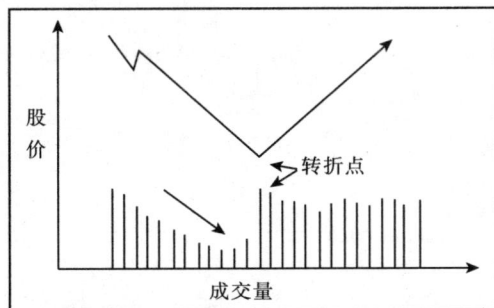

图6-7　V形反转

V 形反转的出现，是因为这种反转的本身，要么是主力打压吸筹，要么是深幅洗盘，主力一旦发现浮筹已不多，低位却有大手笔买单出现，必然不会让便宜筹码落入他人手中，快速拉抬也就在情理之中了。对于主力来说，强行推高耗费资金的代价是高昂的，与其这样，不如先大幅洗盘，待消磨大多数投资者的信心后，再行进攻。将欲"涨"之，必先"跌"之。

2. V形底的获利原理

形成V形底主要经历以下三个阶段：

（1）下挫阶段。股价经过一段短时间的持续下跌或急速下跌后，促成V形左方陡峭的走势，此时成交量逐渐减少。

（2）转折点。股价经此前急挫后，买盘突然涌现，出现了止跌企稳，此转折停留的时间仅为 1～2 日，而且成交量在转折点明显大增，显示买盘积极，形成十分尖锐的V形底部。

（3）急升阶段。继转折点后，股价迅速回升，速度几乎与此前下跌时的速度相当，并很快将所有失地收复，"跌多少，升多少"，而且成交量增加。

毫无疑问，投资者如果能买到这样的股票，收益必定是巨大的。

图 6-8 为朗科科技（300042）的日 K 线走势图，从图中可以看到，该股形成一波急促的下跌，在下跌过程中，意志不坚定的投资者纷纷割肉出局。随后，股价迅速回升，伴随成交量的剧增，形成了 V 形底，行情又步入上涨趋势之中。

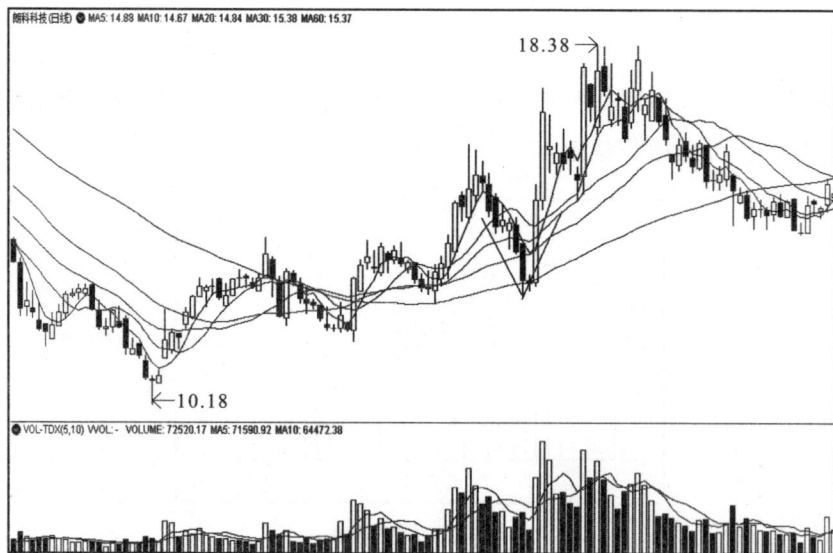

图6-8

3. 操作策略及注意事项

（1）由于 V 形反转的转势时间很短且速度很快，V 形底不易在图形完成前被确认，因此，在遇到疑似 V 形底时，激进的投资者可以少量试探买入，并随时留意股价的动向；保守型的投资者则可等到行情出现较大成交量，并确认了目前行情走势属于 V 形反转形态时再开始买入。

无论你是什么类型的投资者，当发现个股呈现明显的 V 形反转形态时，应结合个股基本面的研判，在出现转折点后毫不犹豫地买入。

（2）若要准确判断一个底部是不是 V 形底，在出现转折点时，必须要看是否有明显的、较大的成交量配合，如果没有，则形态不能确认，不宜过早介入。

（3）可以采用个股与大盘相比较的方法来确定其是否为强势股。如果个股能够与大盘同步启动，也符合标准强势股的特点，只不过其上涨的力量要小于那些明显强于大盘走势的领涨股。这样的个股形成的 V 形反转比较可信，投资者可以介入。

（4）由于没有办法预测 V 形底转向的升幅，因此，有经验的技术分析者会先以之前急跌多少，来推算此次转势可能将以同样的幅度回升。与此同时，还应观察股价升至以前的成交密集区时的反应，若股价未突破前期密集成交区，就要慎防升势出现放缓。

（5）事先要设立止盈位。设立止盈位的用意是慎防市势逆转，由盈利变亏损。假设止盈位为 8 元，当跌破此位就要沽货套利，若股价升至 10 元后，一度回吐近 9 元，接着又再急升至 13 元，此时，你又可将止盈位推高至 10 元，这样就可以达到利润滚动的目的。止盈位的设置视个人对风险的承受能力而定。

（二）W 底是可靠的稳赚形态

W 底也叫双重底。W 底无论对于大盘还是个股均是较为可靠的稳赚形态。V 形反转可遇不可求，而且如果多次触底，则底部就不太可靠。而 W 底，特别是第二低点高于第一低点时，则是非常确定的买入信号。

与 V 形反转一样，在 W 底的形成过程中，当股价持续下跌到某价位时，也会快速拉回。当拉高至某一价位后，股价再次回落，此次回落却不再创出新低，而是在前期低点附近重新形成上升趋势。K 线图的形态好似英文字母"W"，因此称 W 底，其颈线位置所在，是据第一次反抽形成的凸点所画的一条直线。如图 6-9 所示。

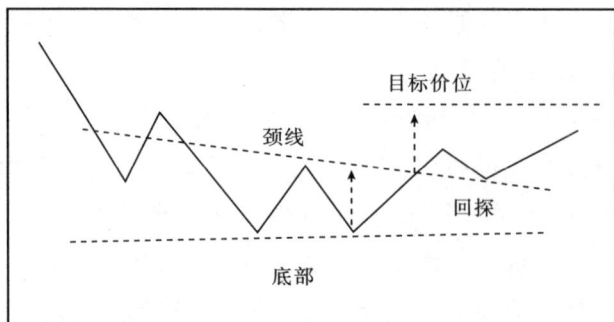

图6-9 双重底

1. W底形成的原因

W底是V形反转的进一步深化。其形成原因，从技术形态上讲，就是当股价下跌趋势结束前出现一波较大的反弹，然后由于上端压力太大，致使股价再度下跌，进行二次确认，此时如果股价跌势趋于缓和，并在前次低点处止跌，开始反转向上，又伴随着较大的成交量，突破前期高点（即颈线位）继续盘升，则W底就可以确认了。否则，就不能确认。

从主力的角度来看，之所以要进行二次回落，一方面，是因为有的股票在洗盘后上拉过程中不能一蹴而就，要么在某价位套牢者较多，为了让这些套牢者低位出局，需要利用二次探底引诱套牢者出动；另一方面，在打压过程中，一部分投资者已在低位吸纳了一些筹码，并且已经获利。为了让这些筹码趁早出局，需要再次进行打压，同时还可以试探前期低点的支撑力度。

如果从市场行为因素上来解释，W底走势的形成原因则与以上说法完全相反。股价持续下跌后，会令很多前期被套的持股者因股价太低而不愿卖出手中的股票，而另一些获利的投资者则受到最新低价的吸引开始尝试买入，于是做空力量极度衰弱，股价呈现见底回升的走势。当股价上升至某一水平时，前期较早买入的短线投资者已经开始获利，他们此时就会选择获利了结，于是行情出现获利回吐，那些在跌市中持股的投资者也开始趁行情在高位时抛出部分股票以降低损失，因此股价再一次下跌。但是，因为更多的投资者对后市充满信心，所以在这次股价回落到上次低点时买入，从而推动股价上扬，而且突破上次的高点（即颈线位），从而扭转了下跌的趋势，行情步入了新一轮的上升中，W底就此确立。

一般而言，W底的第二个低点要比第一个低点稍高一些。对股民来说，如果发现股价二次探底后，可在第二次回落中吸纳。

如图 6-10 所示的上汽集团（600104），从图中可以看到，在这段走势中，底部一步步抬高，震荡上行。对于投资者来说，在低点买入，在震荡高点卖出，是可以不断获利的。

图6-10

2. 利用 W 底的操作要点

使用 W 底选择黑马股时应注意以下几点：

（1）W 底不一定都是反转信号，有时也会是整理形态，如果两个低点出现时间非常近，在它们之间只有一个次级上升，大部分属于整理形态，股价将继续朝原方向进行波动。相反的，假如两个低点产生时间相距甚远，中间经过几次次级上升，则形成反转形态的可能性较大。

（2）W 底的第二个底部成交量十分低迷，但是在突破前期高点（颈线）时，必须得到成交量激增的配合方可确认。此时若 W 底的颈线位被行情带量有效冲破时，则是一个积极买入的信号。当然，有时候，行情在突破 W 底颈线位后，还会出现短暂的反方向移动，即回拉或回调，但此时只要 W 底的反方向回拉或回调不跌破颈线位，则 W 底的形态依然有效。

（3）形成 W 底的股票很难成为领涨股，原因是，其完成这个形态必须要经历很长的周期和较大的下跌幅度。所以，为了准确地把握 W 底的走势，在恰当的位置买入，就需要将个股与 MA 指标结合起来进行分析，用以确定买入时机。

（三）三重底更扎实

三重底与 W 底的道理相似，股价在某一价位上遇到重大阻力，股价也已进行了二次探底，假如出局者不多，就要进行第三次探底，于是筑底式洗盘的时间会更长一些，使底部构筑得更扎实，这样就形成了三重底。

1. 三重底的形成原因

三重底的形成原因是：主力在吸筹阶段需要大量买进股票，买盘的介入使成交量大增。一部分短线跟风者入场抢筹码，将股价推高。主力此时如果没有吸足筹码，便会在某一价位，通常是前期成交密集区或重要技术位处向下砸盘，迫使部分短线跟风盘离场，使股价下跌，主力则趁机再次吸货。待股价反抽至前期高点后，主力如法炮制，剩余短线客为了避免再次坐"电梯"而出局，随后形成第三次底部。待股价重新回到颈线处，如果发现浮筹已寥寥无几时，便一举突破，这样就形成了三重底；如还有较多浮筹，则再多做几个来回，日 K 线图上则形成两个以上的凸点、三个以上的底，也称为多重底。

三重底是 W 底的延伸形态，它比 W 底多一个低位，形成时间较长，而积压的阻力也较多。股价一旦突破颈线，即突破所有阻力，可以预见升幅会很惊人，属于利好的转向形态。形态特征如图 6-11 所示。

从图中可知，三重底形态基本与 W 底类似，且每个底之间相隔一段距离，成交量呈明显下降的趋势，反映抛压正逐渐减弱。三个谷底的低点相近，而由第一个和第二个谷底反弹的高位，分别为 a 点及 b 点，也相当接近。当股价升破由两个反弹高点 a 和 b 点所连成的颈线阻力位时，便是强烈的反转信号。至少量度升幅取三个谷底中股价最低位（图中 c 点）至颈线的垂直距离，再由突破点向上量度相同的垂直距离。

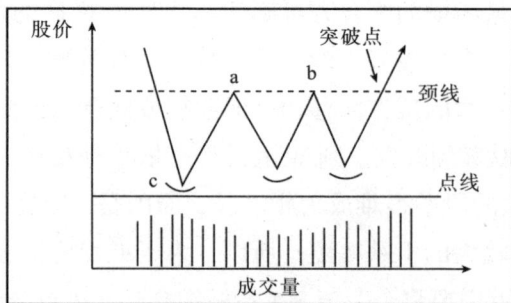

图6-11　三重底

2.使用三重底捕捉黑马股的注意事项

（1）三重底中的每个谷底与谷底的间隔距离不一定相等。三重底与下面要讲到的头肩底有些相似，都会出现三个明显的谷底，但头肩底中间的低点明显比左右两个低，而三重底的三个底部则接近相同的位置，然而，三重底的低点很少巧合地落在同一水平线上，始终有一些差异。此外，三个谷底间的距离也不一定相同。

（2）三重底各低点的出现时间并非一定要相同，而且三个底中，其中一个底在很多时候呈微向上弯的圆底形态，反映股价正缓慢地向上。此外，在三重底中，通常第一个谷底低位的成交量会比后面两个谷底的成交量大，而第三个谷底低位附近的成交量，应为三个谷底之中最小的，才合乎三重底的形态。

（3）三重底在第三个底部完成而股价上升时，成交量配合增加，即表示股价将会突破颈线而上升。突破颈线，要以收盘价为准，当日收盘价最好高于颈线达3%以上才算有效。有时候，股价在突破颈线时，会有短时间的回抽，只要下调贴近颈线，没有重新跌回颈线之下达3日（以收盘价为准）以上，后市仍然看好。

（4）三重底的买卖策略：在突破颈线时，应及时买入，先以量度升幅作为第一套利目标，因为三重底形成时间长，往往预期一旦突破颈线阻力位，上升动力会很惊人，故在第一次套利后先保留部分底部筹码再赚取整段升幅。如果股价只是假突破颈线，最后跌回颈线之下，则应当立即止损。

（四）经典黑马股的头肩底

头肩底是经典的底部形态之一，它包括左肩、底部、右肩以及颈线四个部分。图6-12是一个头肩底的实例图。

在头肩底形态中，三个连续的谷底以中谷底最深，第一及最后谷底分别为左肩和右肩，两边谷底较对称。一般来说，价格一旦上穿颈线位，后市往往会出现较大幅度的升势，所以头肩底在技术分析中是一种预示行情见底即将反转的信号。

头肩底颈线位的取法分三类：一为左肩顶较右肩顶高，颈线由左向右下斜；二为左肩顶较右肩顶低，颈线由左向右上倾；三为右肩顶与左肩顶等高，则颈线平直穿越左肩顶与右肩顶。

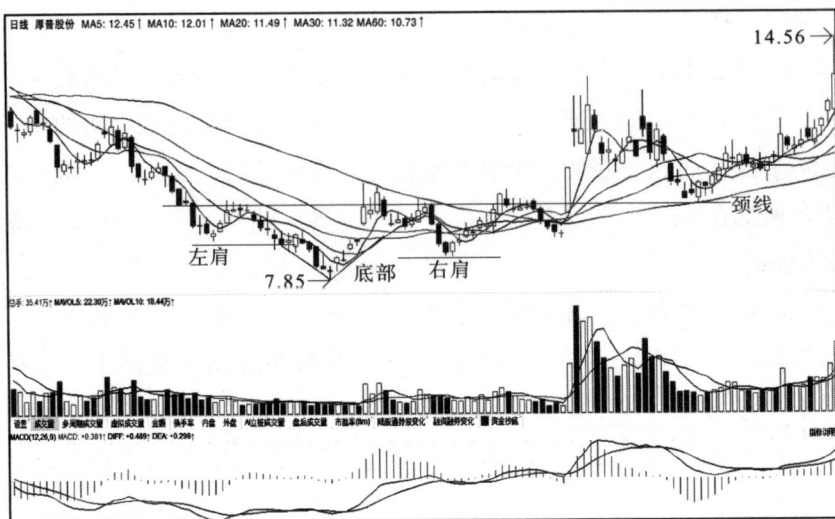

图6-12

1. 头肩底的形成原因

股价经过长期下跌后，成交量逐渐萎缩，表明抛盘逐渐减少，此时会有投资者抢反弹，缓慢推高股价，形成左肩；但跟风者并不踊跃，股价再度下跌。如果在左肩的反弹中进货，则大多是别有用心的主力，其会放量砸盘。因此，出现下跌时的成交量并未减少，反而有增多的趋势，直至将吃进的少量筹码砸完，形成头肩底的大底。

随着股价的不断下移，主力一旦发现低价盘旋时成交量已日渐萎缩，则会反手做多，一口气回升或越过左肩底价位，然后再度回落，形成右肩，且成交量大于左肩成交量。因为主力在此时是真正地吃进筹码，所以右肩的回落是为了震仓洗盘而已。

需要提醒的是，判断一段行情的走势是否为头肩底形态，主要的参考依据是成交量。当股价突破颈线阻力时，必须要有成交量激增的配合，否则就可能是一个假突破，据此得出的信号也是假信号。

此外，从形态上讲，头肩底的左右两肩的高度不一定相等，颈线也不一定是水平。左右肩的数目不只有一个或呈对称个数的头肩底可称为复合式头肩底。

2. 买入的三个时机

头肩底如果成立的话，代表最艰难的时刻已经过去，最低的价位已经出现，即使再跌也有一条底线。市场正在凝聚买意，一旦股价穿破颈线，就会是一个极佳的买入信号。一般来说，预估指数的最小涨幅为底部至颈线的垂直距离。具体来说，头肩底形态中有以下三个买入点。

时机一：股价在第一个底部开始止跌企稳，并迅速回升时，会出现巨大的成交量，在此情况下，股价强劲上升并向上突破颈线，发出第一个行情上涨的买入信号，预示股价正在这一水平线上发生反转。

时机二：当股价自底部向上突破颈线持续上升一段时间后，市场出现超买，行情在获利盘的抛压下出现回落，当股价回落至颈线位时，受颈线支撑，再次上涨，此时就是第二次上涨买入的信号。

时机三：价格向下回落到颈线位再次上涨，并突破前期右肩高点时，通常是行情步入主要升势阶段的信号，投资者应把握时机买入。

如图 6-13 所示的是三个买入点的示意图。

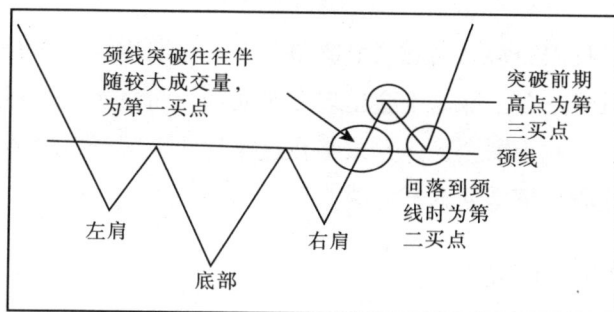

图6-13

3.具体操作策略

前文说过，理想的获利方式是，当一个头肩底形成时，我们需要在其突破颈线的时候建仓。但通常情况下，等投资者确认出头肩底形态的时候，股价往往已经上涨了很多。因此，对于短线投资者来说，头肩底会是一个胜算较高的买入信号，但对于中长线投资者来说，很有可能因此失去一些价格优势。

为了在交易时更具备价格优势，投资者可以采用破均线法。当发现一只股票的走势形成了左肩和底的形态时，如果其股价从底部开始回升，并伴以持续放大的成交量，且领先于大盘或与大盘同时成功上穿 120 日均线，就是第一个尝试性买入点。利用这个方法的优点是，虽然头肩底的形态还不能确定，但却可以明确建仓。当股价在 120 日均线以上回调后在其上方形成右肩时，就是第二个买入点。再加上前面所提到的三个买入点，这样，利用破均线法就会出现五个买入点，对于中长期投资者来说，更有利于资金的管理。即使实际行情中，头肩底形态并不完整，也依然可以找到买入点。从图 6-15 中可以看出，如果在确定了头肩底形态后再买入的话，只会有一个买入信号，错过了就再也没有了，而与均线信号同步考虑，机会则更多。

四、托底形态

在股市中，我们经常会遇到某只股票在上穿长期均线后开始上涨，但它的上涨并非一帆风顺，在上涨途中会出现多次回档，而每次回落到这条均线上时都会受到支撑，在此止跌企稳，并最终在这条均线上展开一轮飙升行情，这条线就可以称为这段行情周期的托底线。

（一）托底形态的原理

托底形态实际上符合了葛兰威尔八大法则中的第二条和第三条："价格虽然跌破日均线，但又立刻回升到日均线上，此时日均线仍然持续上升，仍为买进信号。""价格趋势走在日均线上，价格下跌并未跌破日均线且立刻反转上升，也是买入信号。"

从这个角度看，为了用好托底形态，投资者们应该多研究一下葛兰威尔八大法则，因为托底形态是现实交易中常见的现象，托底线可能会出现在 60 日均线上，也可能出现在 30 日均线上，但是，当托底线出现在长期日均线上时，通常都是大黑马的标志。所以，投资者在交易中，应该灵活运用葛兰威尔八大法则。

（二）利用托底的这根"最强音"

这条能多次支撑住股价并使它展开飙升行情的托底均线，可以称作股价的"最强音"。当确认了这条"最强音"后，每次股价在这条线上发生回档时，都是买入良机。

如图 6-14 所示的是东方铁塔（002545），从图中可以看出，该股拉出的这根大阳线成功地突破并切断了 30 日均线，此后股价便在 30 日均线之上逐渐上行，在上行途中出现了三次回档，这三次回档都在其 30 日均线处受到了支撑。这三次回档就是买入的良机，该股随后展开了一轮飙升行情。

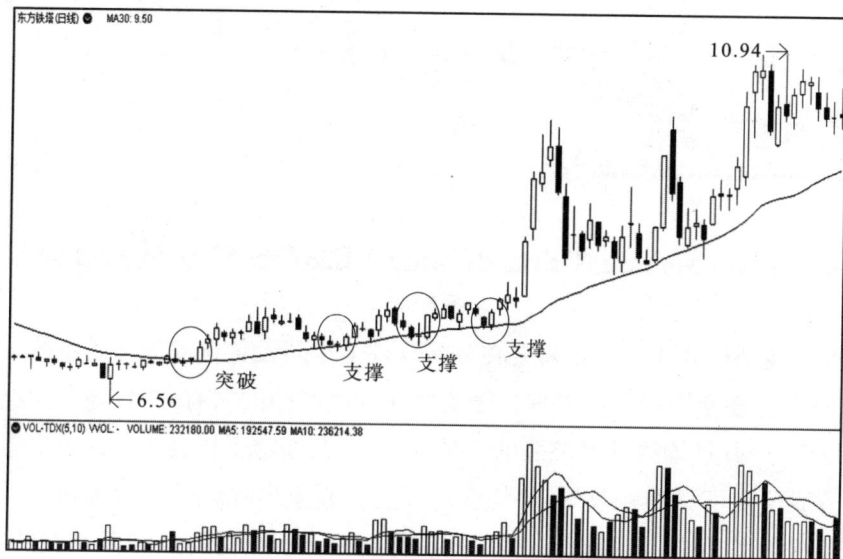

图6-14

在现实的行情中，当股价在底部形成一根带量大阳线时，不可能只切断并突破一条均线，很可能同时切断并突破多条均线。那么在这多条均线当中，哪一条才是我们所要找的"最强音"呢？判断的方法很简单，在股价放量拉出一根大阳线的同时切断并突破多条均线后，股价在上涨过程中首次出现回档时所跌穿的那些均线都不是股价的"最强音"，只有最后那条恰好能支撑住股价的均线才是我们所要找的"最强音"。

为了说明如何找到"最强音"，也就是托底线，我们以图 6-15 和图 6-16 来实际讲解。

这两幅图为洽洽食品（002557）的一段走势图。图 6-15 中有四条均线，它们分别是 5 日、10 日、20 日和 30 日均线，如图中左边标注的第一个圆圈所示的位置，该股收出的这根温和放量的大阳线切断并突破了这四条均线，此后其股价在这四条均线之上运行一段时间后便开始出现首次回档，回档时股价连续跌破了这四条均线，此时可以排除这四条均线都不是托底线。

图6-15

为了找到托底线，此时需要在分析软件上重新设置该股的均线系统。如图6-16 所示。改变均线后会发现，能支撑住这次回档的只有 60 日均线。这时我们可以确立 60 日均线就是该股的"最强音"。在确定了托底线后，投资者就可以等待股价在下一次触及 60 日均线时买进，直至出现飙升行情为止。其后该股又在 60 日均线之上运行了一段时间后，再次回落并受到了 60 日均线的支撑，直至开始放量展开飙升行情。

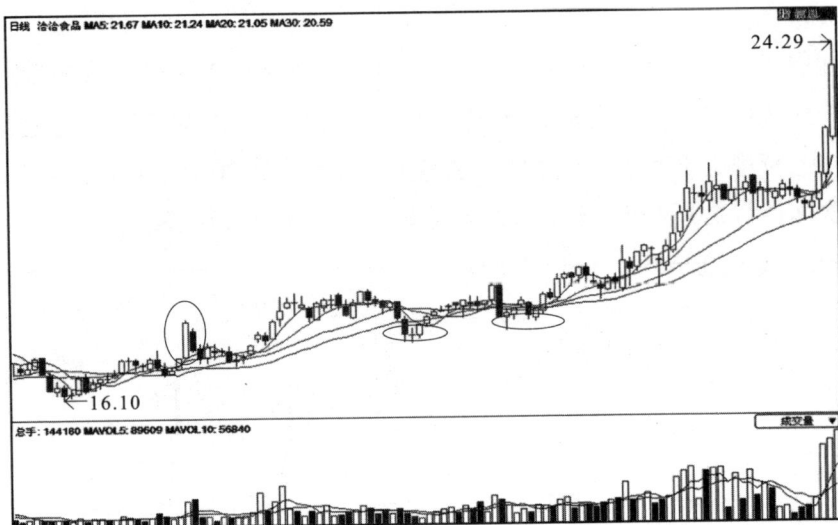

图6-16

（三）三线托底形态

在我国股市中，一只股票的上涨周期通常都比较短，尤其是一些黑马股，它们上涨周期大都在 10 天至 1 个月。因此，观察这些股票的中短期均线系统，也就是 5 日、10 日和 30 日均线非常重要，尤其是 30 日均线，因为它是中短期均线系统和中长期均线系统的结合点。一只股票无论是短期上涨还是长期上涨，观察这三条均线往往能得到重要的信息。

1. 三线托底形态的特点

在股票市场里我们经常可以看到这样的股票，它们的主力早已建仓完毕，但由于大市不好没有马上拉升。由于这种股票通常隐藏得很好，一般都在其中短期均线系统下缓慢下行，给人一种疲软的感觉，但时机一到它们便立即放量大涨，常有惊人的表现。

这种股票往往让人感到摸不着头脑，其实，如果仔细观察它们的中短期均线系统，就可以发现，这种股票有一个共同的均线特点——三线托底。

三线托底中的三线通常指的是 5 日、10 日和 30 日均线。当某只股票的股价长期缓慢下行时，它的股价走势和中短期均线系统会呈现空头排列，由上至下依次是：30 日、10 日、5 日均线和股价走势。如果这只股票要想展开一轮上涨行情，那它就必须在改变行情时改变它的均线系统，使其股价的 5 日、10 日均线分别上穿 30 日均线。

如果此时有强势主力隐藏其中，这种上穿必定非常迅猛、有力，而且伴有放量。由于上穿过于凶猛有力，股价在 5 日均线和 10 日均线上穿 30 日均线后势必会出现小幅回落，主力也要借此机会清洗浮筹。如果主力控盘良好，回落时通常都会明显缩量。而股价的 5 日、10 日均线在回落至 30 日均线附近处会受到支撑。这时在股价的走势图中就会出现 5 日、10 日、30 日均线基本上黏合在一起托住股价的势态，即三线托底形态。

由于三线托底大都发生在股价的底部区域，所以这时的 30 日均线基本上都保持在水平状态。未来的行情能否展开，关键就是看 30 日均线能否托住底部。在三线托底成功之后，股价会再度放巨量大幅上涨。

如图 6 –17 所示的新日恒力（600165）。从图中可以看出，该股放巨量收出大阳线后便出现震荡攀升走势。随后，股价又几次回落至 30 日均线处受到支撑，此时的三条均线形成三线托底形态。后该股又再度放量上涨，表明托底成功，投资者此时可大胆买入。此后，该股继续放巨量向上大幅飙升。

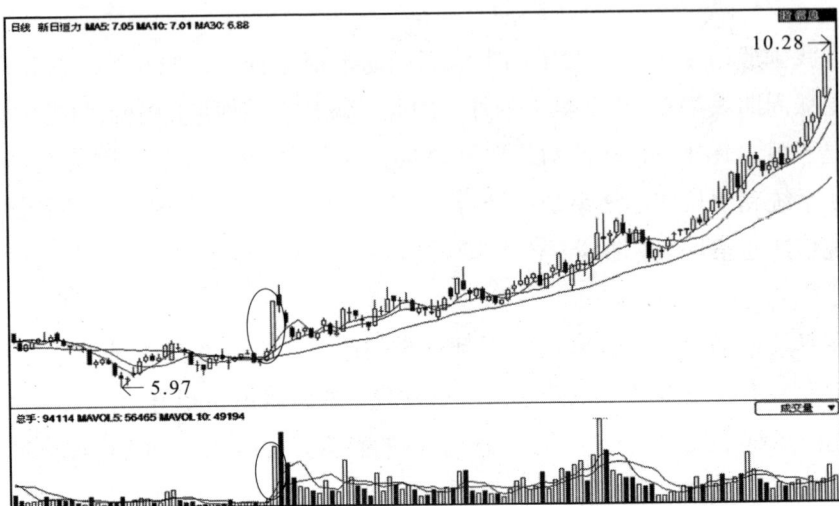

图6-17

2. 应用法则

在运用三线托底形态选股时，应该确定该股是由主力控盘的股票。在这个基础上，当发现该股票在底部长期缓慢地小幅下跌后，投资者可以在它放量扭转其中短期均线系统后出现缩量回调，且在多条均线黏合处受到支撑并再度放量上涨时买入。

五、均线交叉形态

利用均线的交叉来确认趋势，进而选择股票，是成熟的投资者最常用的技巧之一，也是新手最容易掌握且有效的确认趋势和选股的方法。

由于均线本身具有稳定的特性，在实际应用中也都是几条线相互参照使用，因此，均线交叉、穿越、迸发等形态就成为技术分析人士确认趋势和买卖股票的重要依据。

（一）金叉和死叉

均线交叉有两种不同的形态：一种是金叉，另一种是死叉。所谓均线金叉是指预示上涨的交叉，是两条或两条以上的不同周期的均线在行情的底部区域形成的向上交叉。如图 6-18 所示。

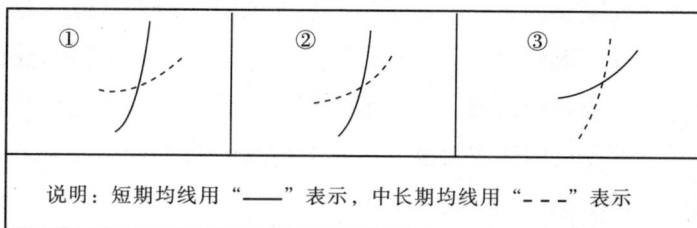

图6-18

从技术上来讲，均线出现金叉是个买进信号。需要说明的是，均线出现金叉的买进信号有强弱之分，可信度也有高低之别。一般来说，周期长的两根均线出现金叉要比周期短的两根均线出现金叉的买进信号强，反映的做多信号也相对比较可靠。

例如，当大盘或个股的 10 日均线与 30 日均线出现金叉，要比 5 日均线与10 日均线出现金叉时买进的安全性相对高一些。如图 6-19 所示。

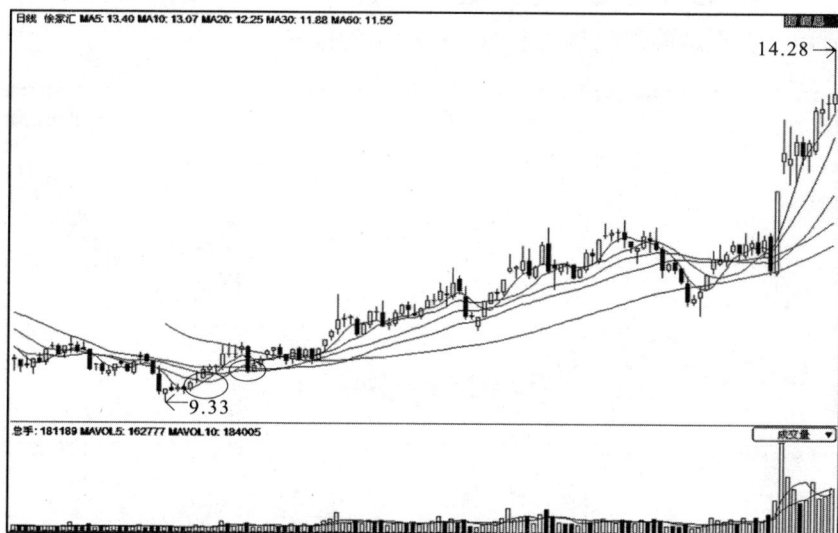

图6-19

与金叉相对的是死叉，它属于预示下跌的交叉，形态走势与金叉相反。由于本节的重点是介绍黑马股的均线形态，在此对死叉不再介绍，读者朋友可以参阅前文的相关内容。

（二）三线和四线上涨交叉形态

1.三线交叉形态

这是一种比较复杂的走势。在运用三线交叉时，投资者应注意大盘的走势以及个股的基本面情况。如果股票在形成上涨交叉后出现了时间较长的震荡整理形态，而此时大盘正值走强，则此股可以暂时持有，因为它很可能是一个后起之秀。但是，假如此时大盘走弱，或这只股票一直都处于弱势之中，基本面也不佳，则应谨慎对待。

图6-20为唐人神（002567）的日K线走势图。从图中可以看出，在股价上穿60日均线后，但接下来并没有立刻出现上涨行情，而是在60日均线上方出现了一波整理行情，随后才开始逐步企稳。当其走势第二次形成上涨交叉时，5日、10日、20日、30日均线也都先后上穿60日均线，形成上涨交叉。股价随即开始发力上涨。

2.四线交叉形态

四线上涨交叉形态是指以5日、10日、20日、30日均线为游动均线，以60日均线为牛熊标的的上涨交叉形态。这是一种比较实用的交叉形态，可以帮助投资者简单、直观地确认趋势的走向，把握买卖信号。

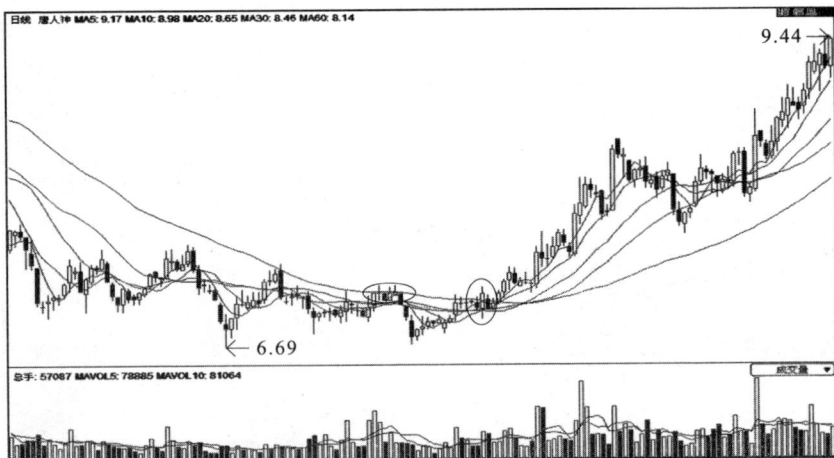

图6-20

如图 6-21 所示的海泰发展（600082），从图中可以看出，该股在上涨前出现过四线交叉走势，之后行情就展开了一轮大幅度的上涨。该图中的上涨交叉是交叉后直接上涨的，这是上涨交叉中最标准也是最完美的形态。事实上，这类完美的上涨交叉出现的频率较少，大多数情况下，出现此类上涨交叉后，行情或多或少都会经历一个调整周期，只是其调整周期的时间长短不同而已。

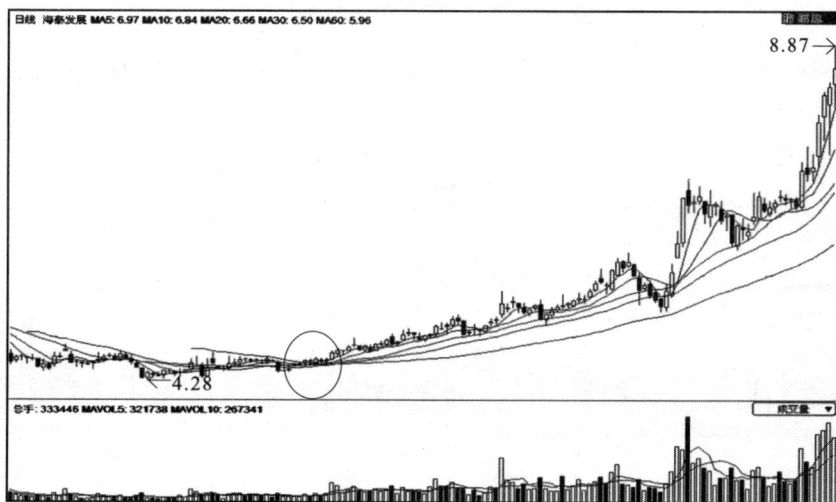

图6-21

六、长期强于大盘的模式

（一）长期强于大盘的单强模式

所谓单强模式，是指某只股票的走势长期（通常指 1 年以上）强于大盘，并且突破近期的下降通道。买入这种股票的风险会很小。这里所说的"1 年"没有那么严格的时间界限，有时候，10个月以上强于大盘也可以算作长期，但是强于大盘1年以上的优先考虑。

事实上，单强盈利模式的意义就在于，它可以确定一只股票由走熊开始走牛，也就是我们常说的发生反转。

如图6-22所示的长春高新（000661），该股在近两年的时间里走势一直强于大盘。从图中可以看到，该股每次突破下降趋势线，就有一波升势，一顶高于一顶，一浪高过一浪，是一只不可多得的大牛股。

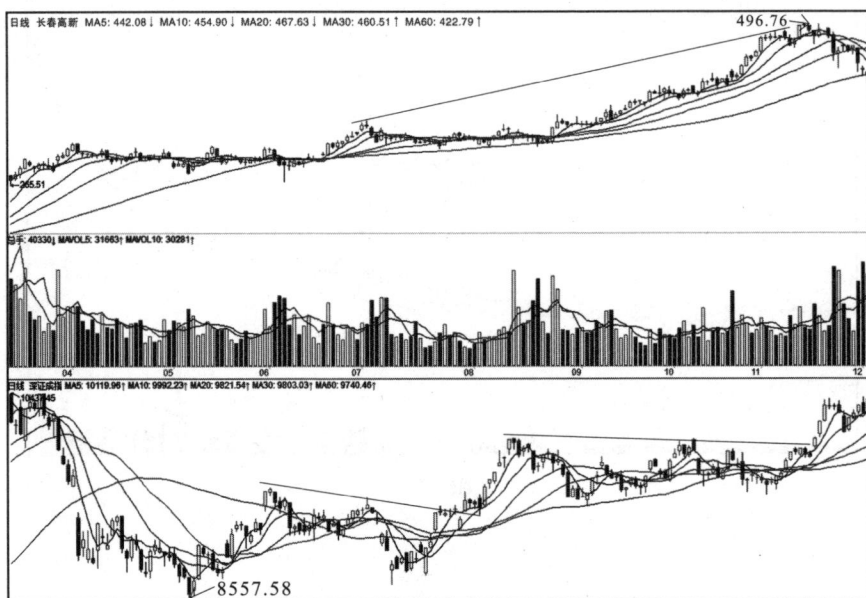

图6-22

（二）长短期同时强于大盘的双强模式

所谓双强模式，是指个股在历史上出现过长期与短期趋势都强于大盘趋势的K线走势。具体说，就是指个股的长期趋势强于大盘，而短期趋势在接近突破长期趋势的时候，再一次出现了强于大盘的走势。

双强模式是一种非常有效的盈利模式。一部分散户仅靠双强模式也能在股市中获利颇丰。

双强模式比单强模式更重视细节。单强模式只做一次强势比较，而双强模式做两次强势比较。双强模式的核心就是个股趋势长期强于大盘趋势以及个股趋势短期强于大盘趋势的情况同时出现。长期强于大盘是指历史走势，短期强于大盘是指近期走势。这其中，很关键的因素是短期强于大盘的走势。

根据短期强于大盘走势的不同，可以把双强模式归纳为三类：下跌突破型双强模式、颈线突破型双强模式和创新高型双强模式。

1. 下跌突破型双强模式

双强模式的个股在突破下降趋势线的时候，是最佳的买入时机。如图6-23所示的隆基股份（601012），该股的长期走势强于大盘，而且短期强势出现在即将突破长期下降趋势线附近，符合双强模式的基本条件。

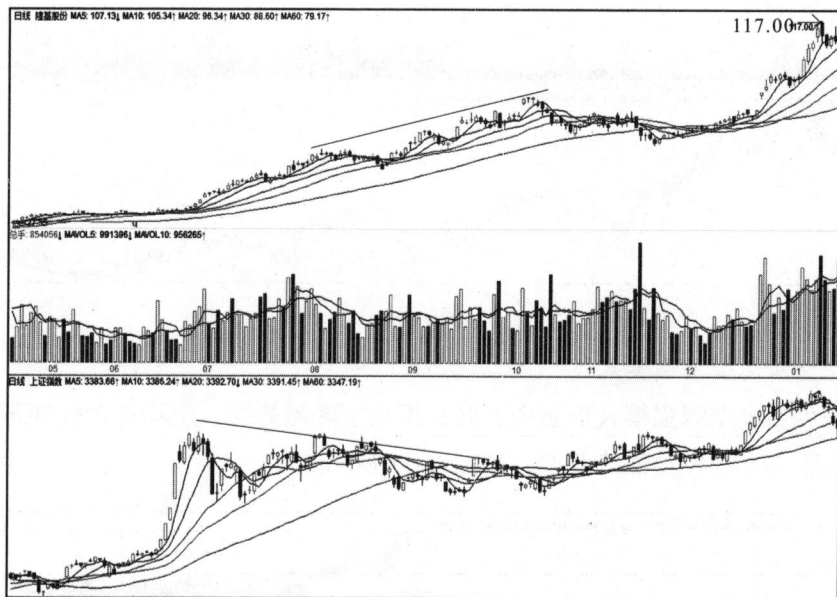

图6-23

2. 颈线突破型双强模式

颈线突破型双强模式的基本点是：长期走势强于大盘，短期走势也强于大盘。这其中，长期走势强于大盘与下跌突破型双强模式是一致的，而短期走势强于大盘则出现在底部形态即将突破颈线位的位置。

我们知道，一个底部形态形成后，只有突破颈线位才有可能展开一轮升势，而在这样的时间和位置上如果形成双强模式，那么盈利的可能就大了许多。

图6-24所示的是长安汽车（000625）的中短期走势强于大盘走势的局部图，从图中可以看到，该股短期走势强于大盘走势所出现的位置恰好在大型底部的颈线附近，符合颈线突破型双强模式的条件。该股在突破大型底部的颈线位后，两次回抽都得到了大型底部颈线位的支撑。同时，在大型底部颈线位上

方 10% 的空间里，该股出现了一个为时两个月的沉寂状态，此后该股开始大幅上涨。

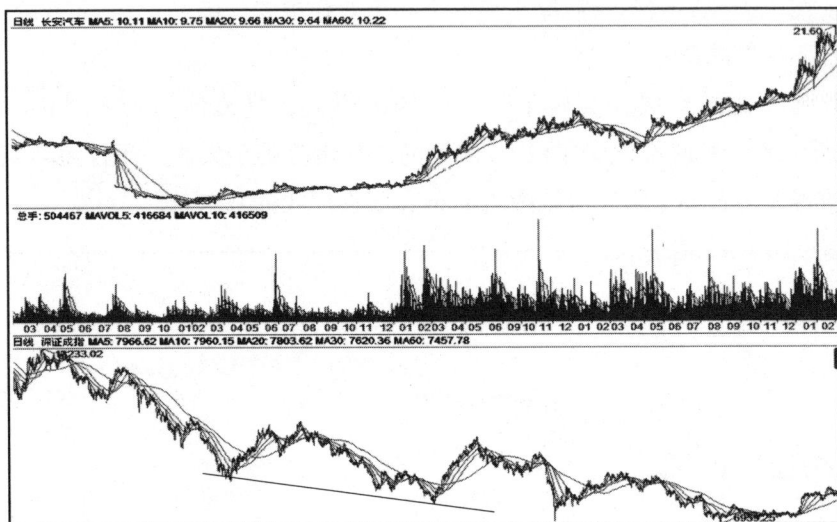

图6-24

3. 创新高型双强模式

在创新高型双强模式形态中，既画不出下降趋势线，也不符合底部颈线突破形态，但又确实是强势股票，如图 6-25 所示。

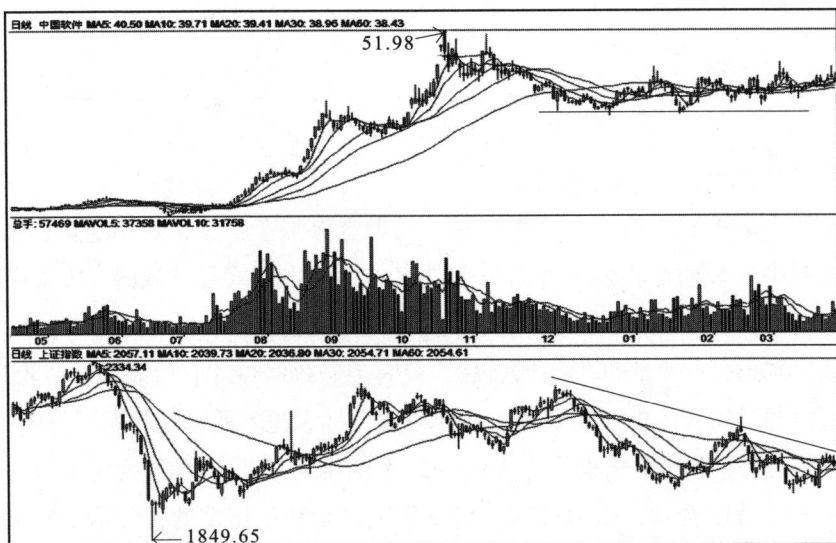

图6-25

从图中可以看出，该股处于横盘整理走势，而大盘一底比一底低，处于强于大盘的走势。总体来说，创新高型双强模式有两个特点：个股走势强于大盘走势 1 年以上；个股短期创新高而大盘未创新高。

创新高型双强模式的个股，其走势强于大盘时，不一定总是处于上升趋势。

以上介绍了三种典型的双强模式，这三种类型，一个比一个走势强，组成了股市中大牛股的三部曲。在运用双强模式时，要时刻掌握其特点，即个股走势要两次强于大盘走势，一次是长期强于大盘，另一次是短期强于大盘。长期强于大盘的时间最好在 1 年以上，而短期强于大盘则必须有一个强于大盘的波动。

总的来说，双强模式是一种稳定的获利模式，所以股民们一定要多加关注，并且随时准备套用。

（三）突破底部形态的模式

上面所提到的单强模式和双强模式更适用于熊市选股，突破底部形态则常常出现在牛市中。股市有一句流行说法是"牛市做突破"，也就是说，突破底部形态盈利模式的首要条件是大盘必须要走强，或者大盘处在牛市状态之中。

底部形态通常分为头肩底、W 底、圆弧底、平底等，这里所说的底部可能是其中的一种，也可能是复合式底部。投资者在实际操作中不必细究底部的形态，关键是要找到它们的颈线位，并关注股价对这个颈线位的突破。

突破底部形态盈利模式的要素有三个：一是个股构筑了一个明显的底部形态；二是形态完成后，股价突破了底部形态的颈线位；三是大盘处在上升趋势之中。具备了这三个要素，投资者就可以买入这只股票了。

大量的案例说明，底部突破形态盈利模式是大牛股的摇篮。在大盘开始由熊市转向牛市，当时利用这种形态所选到的股票大都是牛股。如图 6-26 所示的中鼎股份（000887），该股在年初构筑了一个大型的底部形态，显然主力机构意在做多，当该股创出新高时，而大盘当日却没有创出新高，此时大盘也开始走牛，从图中可以看到，大盘的底部在抬高，在大盘的配合下，该股一波三折，扶摇直上。

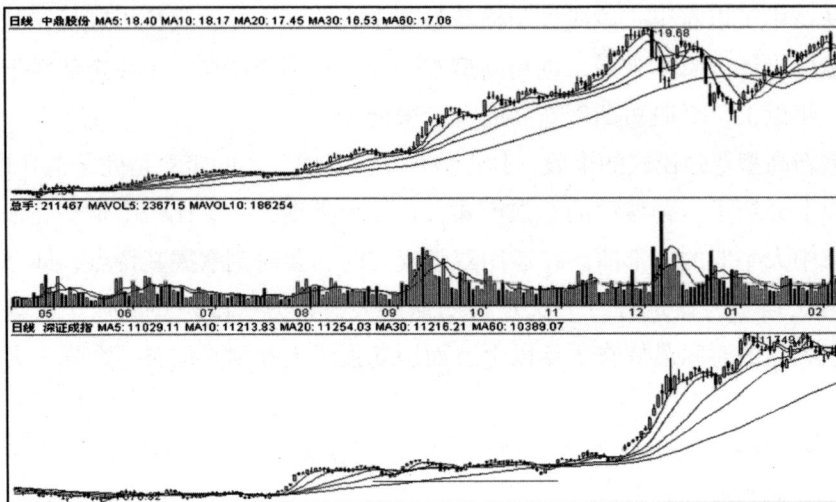

日线 中鼎股份 MA5: 18.40 MA10: 18.17 MA20: 17.45 MA30: 16.53 MA60: 17.06

19.68

总手: 211467 MAVOL5: 236715 MAVOL10: 186254

05　06　07　08　09　10　11　12　01　02

日线 深证成指 MA5: 11029.11 MA10: 11213.83 MA20: 11254.03 MA30: 11216.21 MA60: 10389.07

图6-26

第七章

选股的实战技巧

　　本书前面详细地介绍了中长线和短线的操作理论及技法。在实际操作中，对于经验不足或者时间不充裕的投资者来说，可以采用一些更简便可行的选股方法，比如本章所讲的跟主力、打新等，利用这些方法可以有效地提高选股的效率。

　　当然,在运用本章所介绍的方法时,不可盲从,而是需要用前面提到的基本面分析和一些技术面分析的方法来进行验证。

一、打新法

打新法是指在新股刚刚发行时申购，以期获取利润的一种操作方法。这里所说的新股，如无特别说明，专指公司刚刚上市时在一级市场首次公开发行的股票，不包括已上市的公司在二级市场上增发的股票。

（一）为什么选择新股

新股相对于已经在二级市场上市流通的股票来说，具有以下三个特点：

1.高收益性

新股上市的首个交易日不设涨跌幅限制，为其高收益性创造了条件。正因为新股上市首日的高收益率，为新股申购吸引了大量资金。反过来，在巨额资金的推动下，新股上市首日的收益率又不断升高。这样循环往复，新股上市首日的涨幅就会不断创新高。

如表7-1所示，表中的8只新股中，首日涨幅最高的复旦微电达到了834.19%，最低的安联锐视也在80%以上，如果不考虑发行量，新股的首日平均涨幅达356.2%。

表7-1　新股上市发行明细表

序号	股票名称	发行价	上市日期	中签率（%）	发行量（万股）	上市首日涨幅（按照上市首日中间价计算）（%）
1	深水规院	6.68	20210804	0.02	3300	322.16
2	金迪克	55.18	20210802	0.03	756.80	81.23
3	倍杰特	4.57	20210804	0.02	4087.63	366.74
4	中环海陆	13.70	20210803	0.01	2500	267.80

续表

序号	股票名称	发行价	上市日期	中签率（%）	发行量（万股）	上市首日涨幅（按照上市首日中间价计算）（%）
5	复旦微电	6.23	20210804	0.03	12000	834.19
6	安联锐视	41.91	20210805	0.01	1720	87.31
7	本川智能	32.12	20210805	0.01	1932.46	133.50
8	芳源股份	4.58	20210806	0.03	8000	762.01

2. 低风险性

新股上市首日，通常都有比较大的上涨幅度，因此其风险性比较小。虽然以前曾出现过上市首日跌破发行价的股票，比如中石油、中国国航等，但总体上寥寥无几。

申购新股的低风险性还表现在其费用征收的规定上。根据沪深两个交易所的规定，如果申购新股失败，不收取手续费、印花税和过户费等费用。开户的证券公司可以酌情收取委托手续费，但多数券商出于竞争考虑，均不收取这项费用。如果申购成功，则按规定计征手续费和其他费用。相对于申购成功后的高额收益，收取的手续费不过是九牛一毛。

3. 低中签率

由于新股所具有的高收益性与低风险性，因而吸引了大量申购新股的资金，导致新股的中签率往往很低。这一特性决定了只有将大量的资金用于新股申购，才可能有所收获，所以市场上成立了专门以新股为投资标的的基金，俗称打新基金。

（二）打新法实战策略

不管是投资已经在二级市场上交易的股票，还是投资即将发行上市的新股，都应该从了解公司开始。

1. 阅读招股说明书

打新股看重的主要是上市首日的高收益率，因此不需要仔细阅读成堆的报表和数字，不需要认真分析公司的每一次改革以及每一步战略，所要做的仅仅是阅读一纸简单的招股说明书或者招股说明书摘要。

招股说明书是指供社会公众了解发起人和将要设立公司的情况，说明公司股份发行的有关事宜，指导公众购买公司股份的规范性文件。招股说明书摘要是对招股说明书内容的概括，是指由发行人编制，随招股说明书一起报送批准后，在承销期开始前 2～5 个工作日内，刊登在证监会指定的全国性报刊上，供公众投资者参考的有关发行事项的信息披露法律文件。通过招股说明书和招股说明书摘要，投资者能够大致了解公司的业务状况，以决定是否购买该公司所发行的股票。

对于招股说明书和招股说明书摘要的编制，证监会有严格的规定。投资者可以从中完整地了解公司的全貌，包括资金运用以及资本运作。公司的产业运营是投资者研究公司的重要依据。

2. 成功申购新股的技巧

申购新股，成功的概率有多大，关键看三个因素：资金、运气和技巧。最终是否申购成功，需要通过摇号解决，其本质跟买彩票相似，资金量越大，被摇中的可能性就越高。运气也很重要，有的人可能配了一个号就中签了，有些人配了几十个号，却一个未中。

资金和运气是投资者比较难以控制的，而技巧却是可以积累和提高的。事实证明，经验丰富的投资者中新股的概率要比新手高很多。打新的技巧并不复杂，关键在于灵活地组合运用。

（1）选择最佳时机。有一种流行的说法是申购时间与中签率存在着某种联系。经验表明，上午 10:30～11:30 与下午 13:00～14:00 这两个时间段下单委托，中签的可能性会比其他时间段更高一些，因为大机构均倾向于在这两个时间段下单，所以此时申购新股所配的号码更容易中签。虽然摇号抽签具有随机性，但从概率上讲，处于中间区域的号码，中签的机会更大一些。要想使申购配号处于中间区域，则必须夹在大机构当中行动。

银行间拆借利率能够为判断大机构的行动提供一些依据。机构投资者为了使资金使用率最大化，经常会从银行间市场拆借资金进行新股申购，一旦拆借利率上升，说明大机构已经开始采取行动。例如，2020 年 9 月 4 日的大叶股份（300879），该股开始在网上发行时，银行间拆借市场 7 天期品种的利率在下午 13:00～14:00 时间段内上冲到最高值，暗示着这个时间段是机构投资者下单的高峰期。

（2）选择最佳标的。新股上市首日的涨幅，往往同中签率呈反比。对于散户而言，哪怕中签的股票上市首日涨幅并没有达到同期上市新股中的最高，也能获得巨额利润。因此，申购新股时应尽量避开那些小盘股和热门股，因为这两种股票总是受到大量资金的追捧，导致最后的中签率很低。从招股说明书中"本次发行概况"中，可以得知公司发行盘的大小。一般来说，发行上市超过1亿股的，可认为是大盘股，低于1亿股的，则可认为是小盘股。"发行人基本情况"能够告知投资者，此公司发行的股票是否会成为热门股。一般来说，如果是行业龙头或者垄断型企业，通常都会受到机构投资者的青睐。"风险因素"能够向投资者提示公司未来可能面临的风险，同样可以成为判断公司股价受追捧程度的一个参考因素。综上所述，四种类型的新股，按其是否值得投资者申购排名为：大盘冷门股、大盘热门股、小盘冷门股、小盘热门股。

选择要申购的新股时，还应该考虑所有新股发行的先后顺序。假如两只新股相继发行，且时间间隔短于4个自然日，也就是说申购第一只新股的资金来不及解冻，以用于申购第二只新股，这个时候可以考虑避开先发行的新股，申购后发行的那一只股票，中签率会有所提高。如果3只新股接连发行，最先发行和最后发行的都是大盘股，中间发行的却是一只小盘股，此时应该考虑集中资金申购小盘股。这是由于此种环境下，申购资金受到大盘股的强烈分流，小盘股最后很可能获得比较高的中签率。

不同的流通盘，不同的发行顺序，都会对中签率造成一定的影响，投资者可以进行总结分析，不断积累经验。

（3）集中资金。集中的资金越多，所能申购的新股也越多，获得的配号也越多，中签的可能性就会越高。所以建议散户把亲朋好友的资金集中到一个账户中，在利益分享标准事先约定好的情况下，通过一个账户和一次操作进行新股申购，这样可以提高中签率。此外，一部分拥有小资金的散户也可以投资购买以打新为目的的理财产品和基金。

（4）贵在坚持。打新的最后一个技巧，也是最重要的技巧就是持之以恒。如果能够抓住每次打新的机会，好好利用前面介绍的几种打新的技巧，相信总会有中签的时候。

二、从次新股中淘金

次新股是相对于新股而言的。一只股票在发行上市之后的一定期限内，如果还没有分红送股，并且还没有被主力明显炒作的新股就可以称为次新股，包括首日上市的新股。这里所说的"一定期限"，通常是指 1 年的时间。事实上，对于次新股的认定，应该根据大盘走势来确定。如果是熊市，对于次新股的判定时间应该长一些，1 年甚至两年都是合理的。如果市场处于牛市中，这个期限标准则可以缩短一些，可以将 7 个月作为最佳的判断标准。

次新股淘金法选股的重点是关注上市发行不久的新股，并从中选择出资产优良、题材丰富，并且还未被资金爆炒的股票进行投资。

（一）次新股的优势

次新股与已经上市的老股相比，具有很多不同点，其中最重要的就是一个"新"字。这些不同点让次新股成为一种概念和题材，受到越来越多的资金和主力机构的追捧。具体来说，次新股有以下优势：

1. 资产质量有所保证

在中国证监会的审批下，能够上市的公司，本身不会存在重大问题。而且，次新股刚上市不久，公司的资产质量很难在短时间内严重恶化，所以排除了公司基本面方面存在的风险，不会给投资者带来巨大的损失。

2. 不存在套牢盘

次新股由于是新股，不存在套牢盘的后顾之忧，所以更容易成为庄家的"新宠"。

3. 人气高

次新股从上市第一天起就容易成为众人追捧的对象，因为第一天的收益率已经足以让他们感到满足，而这也提高了主力机构介入的积极性。

4. 容易成长

由于次新股具有很高的分红扩股预期，具有成长性，所以次新股成为很多投资者的首选。此外，通过新发股票直接融资，能扩大公司的规模，让企业有资金投入最需要资金支持的项目中，从而获得比原来更高的收益。

（二）中长线投资策略

利用次新股进行中长线投资时，需要从公司的基本面出发，然后结合二级市场上的技术形态进行操作。其中包括技术分析和一部分投机的成分，因此需要随时根据技术形态的走势调整操作策略。具体做法如下。

1. 从招股说明书中找出主承销商

主承销商对于新股上市后的表现具有重大的影响力。在我国股市中，一般由证券公司担任主承销商的角色。由于证券公司本身的实力和社会地位各不相同，因此，必然会对其所承销的股票上市后的走势造成影响。

同时，股票上市后，承销商还承担着托市的作用，因此，一些承销商在股票上市后，会继续对其进行一波炒作。不同的承销商具有不同炒作的力度和手法。例如，有些承销商手法凶悍，逢新必炒，这些股票上市初期都有一波猛烈的上升走势。对于这些逢新必炒的承销商，投资者应该重点关注。有些承销商对新股则是选择性炒作，所选的股票一般具有众多的题材和概念，或者在行业中占据龙头地位，对于这样的承销商，投资者要事先进行仔细的了解。还有一些承销商，主要是一些地方性的小型证券公司，由于实力不足，在进行新股承销时，只希望赚取承销费用和申购新股所得的利润，对于股票在二级市场的利润诱惑则显得谨小慎微，这样的承销商则不值得追捧。

2. 了解承销商对股票的估价

新股上市以前，包括券商在内的各家投资机构，都会对发行股票的公司进行估值，既为投资者提供投资建议，同时也为机构自营业务提供投资参考。虽说机构对公司的估值会存在一定的误差，且经常与新股上市首日的表现相差很远，但是从长远角度来看，股价最终都会向机构认同的估价范围靠拢。因此，机构估值给投资者一个提示：如果新股上市首日涨幅远超出机构的预测，则应该回避；如果新股上市首日股价走势在机构预测范围之内，则可以大胆介入，因为中规中矩的股票才容易得到后续资金的青睐。如果新股上市首日，价格并没有达到机构认同和期望的目标价位，此时就要认真分析原因，其中既可能隐藏着较大的风险，也可能蕴含着较大的机会。

如图 7-1 所示的建工修复（300958）。

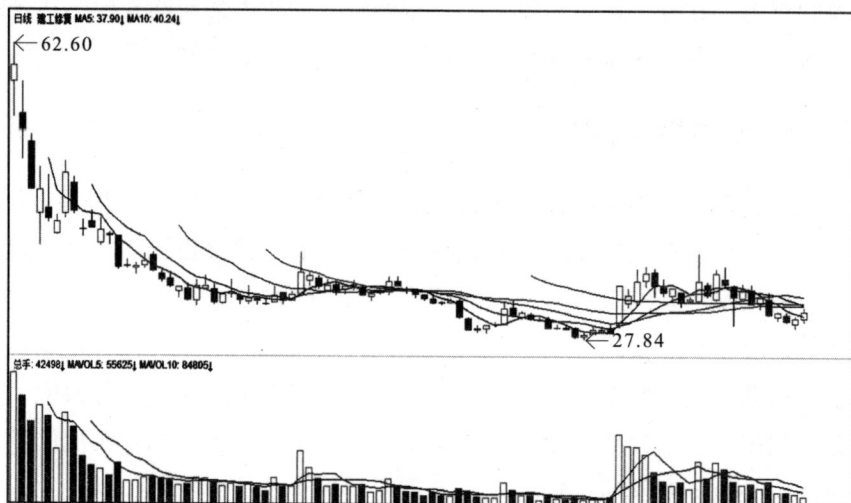

图7-1

该股在上市前，各家券商对其上市价格的定位普遍在 15～30 元，少数人给出了最高 35 元的定价。该股票上市首日的开盘价为 58 元，盘中最高上涨到 62.6 元，最低在 53.9 元处获得强力支撑，报收于 60 元。可见，该股票首日的走势已经超出了券商的预期。根据前面提到的原理，其后的价值应该是回归走势。果然，虽然在接下来的几天内，该股的价格尽管有小幅上涨，但没有突破上市首日的最高价。随后股价开始连续下跌，最终在 27.84 元处才获得支撑后出现反弹。

3. 了解公司在行业内的地位和发展潜力

次新股在行业中的地位，会对其上市后的走势具有非常大的影响。一般来说，如果上市的公司在行业中占据着最大的市场份额，具有最大的资产规模，或者说属于行业龙头，其股票上市以后，一般会在很短的时间内就被主力看中。

此外，行业内第一家上市公司，不管其上市之前是否具有龙头地位，上市之后同样会普遍看好。如图 7-2 所示的金龙鱼（300999），该股在 2020 年 10 月 15 日上市前，沪深两市中均没有出现过粮油方面的上市企业，因此，该股票上市不久就发展成此板块的龙头，上市首日的价位在 56 元左右，随后几日连续出现上涨，被拉升到 145.62 元的最高价位。

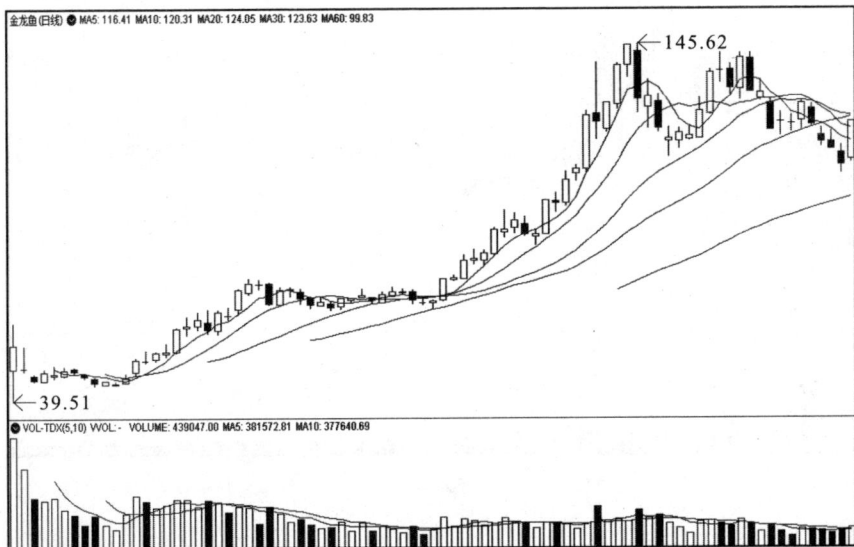

图7-2

4. 关注盈余公积金和未分配利润

公司是否具有较强的分红扩股能力，是判断次新股是否值得投资的一个重要因素，这可以根据财务报表中盈余公积和未分配利润的情况来判断。一般来说，盈余公积金越多的企业，其扩股分红的能力就越强；而未分配利润积累越多，则说明企业短时间内分红能力越强。

5. 参考同期上市的新股走势

历史数据表明，同一时期上市的次新股，其走势存在很大的相关性。因此，在投资次新股时，为了控制风险，最好把前期发行的所有次新股的走势结合起来，从中选择具有代表性的次新股作为参考依据。如果代表性次新股走势较好，则有可能带动其他次新股走强；反之，如果代表性次新股跌势凶猛，同样会连累其他次新股紧随其后，步入下跌的行情。

如图 7-3 所示的火星人（300894）就属于次新股的典型。该股在 2020 年 12 月 31 日上市时的涨幅就达到了 248.26%，然后一路维持强势，最终收于 49 元，是这一轮上市的所有新股中首日涨幅最大的股票。它第一天表现出的强势上涨，为后期上市的次新股带来了强大的暗示和带头效应。其后的大部分新股在上市首日都能够保持一个较高的涨幅，部分股票还能把第一天的强势延续 2～3 个交易日。

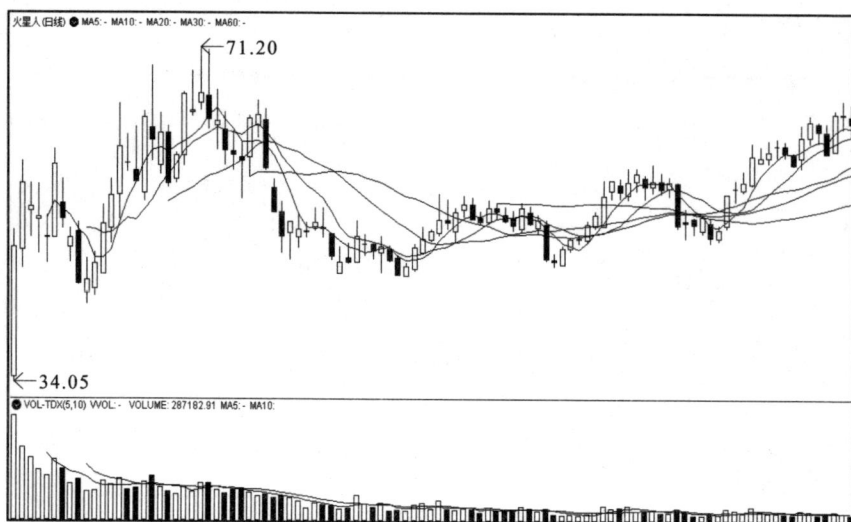

图7-3

6. 把握投资时机

投资次新股的最好时机，是大盘处于牛市行情之中，或者已经过一轮较深幅度的调整之后。如果同时有大批次新基金发行，更是锦上添花，在这个时候投资次新股，收益绝对不会差。

7. 关注上市首日跌破发行价的补涨效应

新股上市首日如果跌破发行价（包括盘中最低价跌破发行价以及收盘价跌破发行价），投资者可以重点关注。补涨效应的存在，会让这些股票在其后不久有一波拉升，如果介入及时，能够给投资者带来可观的收益。

虽然在我国打新股比较保险，绝大部分新股在上市首日会有精彩的表现，但也不排除个别股票会在上市首日跌破发行价。

如图7-4所示的中自科技（688737），该股在2021年10月22日上市首日跌破发行价70.90元，以66.03元报收，随后一路走低。

8. 关注平台底部，谨防突破

投资者应该重点关注次新股构筑的平台底部，因为其中很可能蕴藏着极大的机会。新股上市后，在一级市场上通过配售获得筹码的主力机构，可能会选择在上市首日卖出股票，也可能会趁筹码在握的机会，对上市的新股进行一番炒作后再获利离场。但是对主承销商来说，由于存在托市的责任，因此不大可能在上市首日有太大的动作，以防股价跌破发行价，否则，不但资金遭受损失，商誉还会受损。所以主承销商一般会与几家主要的配售机构达成协议，上

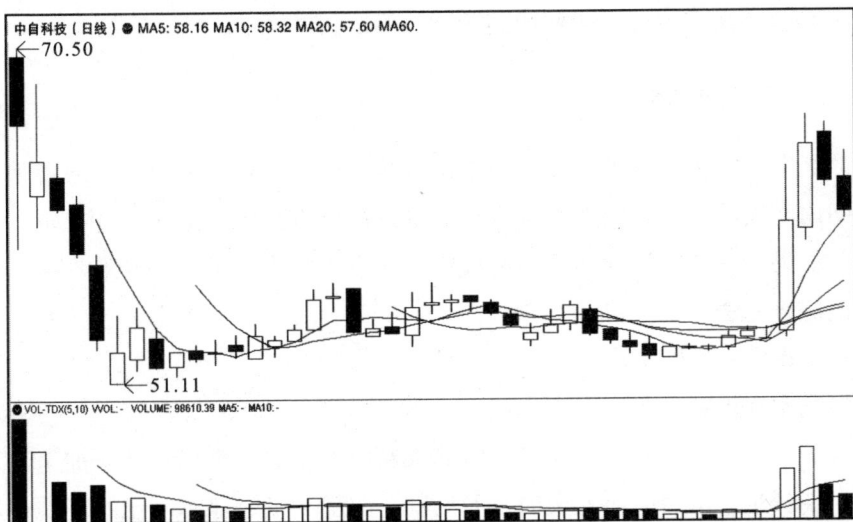

图7-4

市首日同时发力，既不让股价涨得太离谱，又不让股价跌破发行价，在上市之后，再采取下一步行动。至于一下步行动，可能是慢慢出货，也可能是整理筹码，以待拉升。

如何判断新股上市变成次新股后，主力是出货还是调整呢？从其走势形态上可以分辨出来。新股上市后，一般会出现三种走势：连续下跌、上下波动、平台整理，一上市即展开强劲拉升的个股很少见。

（1）连续下跌往往是因为上市首日涨幅过高，通常都超过了200%。在这种情况下，必然会吸引大量的投机性资金跟进，很少会有股价跌破发行价的风险。因此，主力机构不再需要为托市责任担忧，而且面对如此高的利润，一般会选择在上市第一天就开始大批出货。

（2）股价出现上下波动的情况时，主力出货的可能性要高于洗盘，这种情况一般出现在上市首日涨幅不是太大的个股上。因为，上下波动会存在较多的机会，投机者可利用波动所形成的差价进行短线波段操作，主力如果洗盘会引入更多的短线资金，吸引更多的跟风盘。

（3）假如出现平台整理，则极有可能是主力机构想要进行一番调整，以待进一步拉升。

平台整理的特点是，股价在一个平台上运行，重心既不上升，也不下移，同时每天的波动幅度一般在1%左右，这就让那些想利用波段操作获利的投资者没有了获利的空间，同时让一部分原来持有股票的投资者慢慢失去信心，从而卖出股票，这样主力机构就达到清理浮筹的目的。

（三）短线实战技巧

此处所说的短线，是指在新股上市首日买进，在第二个交易日或者稍晚一点时间内卖出的一种超短线投资方法。这种操作方法实质上是一种投机，风险极大，如果没有丰富的炒新经验和敏锐的市场观察力，很可能导致亏损，建议新股民避开此法。

1. 短线实战规则

短线实战规则主要有以下几点：

（1）分析市场行情。一般来说，如果新股上市时，市场正处于加速上升的阶段，则新股上市后的前几天内，股价都会跟随大盘走势有不错的表现；如果市场正处于下跌、调整或者上升减速阶段，上市首日介入的风险就会比较大。

（2）比较前期上市的新股。新股上市之后与其他同期上市的新股，在走势上会保持很高的相关性。如果该阶段上市的新股，大都能够在上市首日后的几个交易日内保持上升趋势，则该股也很有可能复制这一走势，首日介入的安全性和收益性都比较高。

（3）关注同行业同板块的股票，进行横向比较。如果次新股上市前几日，与同板块或者同行业的股票出现板块联动现象，则该股上市之后，也会受益（制）于板块联动效应。

（4）注意开盘成交量。新股开盘成交量的大小，是观察二级市场是否有主力介入的最早信号。经验表明，在开盘集合竞价阶段，如果成交量达到新股上市流通股本的 5% 以上，并且开盘价偏高时，可以初步认定有主力进入，接下来的几天会有不错的表现。

如果开盘成交量比较小，没有达到上市流通总股本的 5% 以上，并且开盘价处于一个比较高的位置，说明原有投资者出现惜售现象。中签者的惜售会导致主力无法及时收集筹码，从而会把主力资金拒于门外，缺少主力资金的接盘，上市首日后的走势就不会太好。

（5）留心开盘走势。新股上市首日及其后几天的走势，也可以从上市首日开盘的走势上判断。开盘之后，如果股价连续上涨，说明二级市场接盘资金实力雄厚，可以介入；如果开盘之后股价即开始下跌，一般是主力机构介入的热情不高，应小心为妙；如果平开平走的情形出现，还需要进一步等待明确的信号出现。

（6）查看主承销商的情况。如果主承销商公司成立时间比较长，实力比较雄厚，则由其承销的新股，上市首日及其后几天的走势会有利于投资者。

（7）实时监测换手率。新股上市首日，换手率越高，说明主力介入的积极性越高，短期走强的可能性越大；换手率越低，说明要么是中签者惜售，要么是主力介入不积极，短期走势堪忧。

有研究报告指出，上市后短期走强的新股，大都符合如下特点：前 5 分钟的换手率不低于 10%，前 30 分钟的换手率不低于 18%，上半个交易日的换手率不低于 45%，上市首日全天的换手率高于 68%，并且全天股价在均价线之上运行。

2. 买入技巧

短线买入的技巧有以下两点：

（1）新股上市时，大盘正加速上扬，同期先行几天上市的次新股均有不俗的表现，同时同行业内和同板块中的个股正在上演板块联动，此时可以参考集合竞价时的情况，开盘之后坚决买入。

（2）前述条件未全部满足时，可以参考换手率操作。

开盘前集合竞价阶段如果换手率在 7% 以上，同时该股符合市场当期热点题材，则可以先行建立 1/3 的多头仓位。

如果前 5 分钟换手率达到 15% 或者更高，并且 K 线收出阳线时，可以加仓买入。

如果前 15 分钟换手率达到 20% 以上，且股价一直在均价线以上平稳运行，则可以逢低加仓以摊薄成本。

如果新股是大盘股，上市首日全天换手率低于 40%，并且以大阴线收盘时，可以在收盘前建立一部分仓位，但是仓位不能太高，以 1/4 为宜。如果次日没有低开，特别是出现跳空高开的情形时，则可以立即重仓介入。

3. 卖出技巧

绝大部分新股会在 3～5 天内出现短期高点，此时应该卖出大部分仓位，以锁定利润。

如果上市首日收出一根大阳线（牛市一般为 100%，熊市一般为 30%），且阳线上端带有一根比较长的上影线，上市次日股价低开，则应该在开盘第一时间卖出。

如果上市首日换手率较高，一般在 70% 以上，但是最终却收出一根大阴线，同时次日跳空低开，则可以先减仓止损 1/2，在股价回补跳空缺口时，再清掉余下的仓位。

4. 短线操作的注意事项

短线操作应注意以下一些事项：

（1）对于短线投资者来说，事先设立止损位或者止盈位非常重要。因为短线操作的利润目标并不高，如果不能严格执行计划，操作带有很大的随意性，最后往往经受不住市场的诱惑，或者对市场抱有太大的幻想，从而损失惨重。一般来说，合适的止盈位为 20%，止损位为 10%。这个标准投资者可以根据自己的风险承受能力做相应的调整。止损位、止盈位一旦设立，就一定要严格执行。

（2）操作要迅速。进场时要果断，特别是上市首日进场时，更不容迟疑。因为新股上市首日波动极为迅速，盈利机会可能稍纵即逝；离场时同样要果断。对于次新股的短线操作，一般持股时间以 3 ～ 5 天为佳，因为大部分次新股会在上市之后的 3 ～ 5 天内短期见顶。最迅速的操作为事先在止盈位下好止盈单，这样可以防止随意更改止盈目标，从而错过最佳的卖出机会。

（3）要有耐心。如果目前市场上暂时没有出现符合上述条件的新股，应该耐心等待时机，切忌盲目介入。对于次新股的短线炒作，虽然收益很大，但是风险也很大，因此一定要耐心等待最佳机会的到来。

三、跟踪首日涨停板选股

涨停板制度，是指为了防止交易价格出现暴涨暴跌，抑制一些过度投机的现象，对每只股票当天价格的涨跌幅度予以适当限制的一种交易制度。涨停板制度事实上是政府和监管机构人为干涉股市的一种做法，是证券市场不成熟的表现。目前发达国家很少有涨停板规定，但发展中国家以及成立时间较短的证券市场还存在涨停板规定。我国就在此列。

跟踪首日涨停板选股，就是通过对涨停股的研究，总结出容易涨停的股票特点，紧密跟踪市场上涨停的股票，在其涨停的第一天买入，利用涨停积聚的买方人气和惯性高开的特点获利。

（一）我国涨停板制度

我国从 1999 年 12 月 16 日起开始实行涨停板制度。制度规定，无论买入或卖出股票（包括 A 股和 B 股）、基金等证券类商品，在一个交易日内的交易价格，相对于上一个交易日收盘价格的涨跌幅度不得超过 10%，其中 ST 类股票和 *ST 类股票，价格涨跌幅度不得超过 5%。2019 年首批科创板企业挂牌上市，科创板新股上市 5 个交易日后，其涨跌停板幅度为 ±20%。 2020 年创业板实施注册制改革，后续创业板交易涨跌停板幅度也将实行 ±20%。属于下面情形之一的，首个交易日可以不执行涨跌幅限制的规定：

（1）首次公开发行上市的股票，上交所还包括封闭式基金。

（2）增发上市的股票。

（3）暂停上市后恢复上市的股票。

（4）证券交易所或中国证监会认定的其他情形。

在我国，涨停板制度在实行过程中，对于短线投资者来说，甚至还有以下一些投资帮助：

（1）助涨作用。当一只股票的股价上涨到涨停板以后，会因为涨停制度不能继续往上冲。如果直到收盘，涨停板都未被卖单打开，那么原本打算卖出的投资者会惜售，而原本没能买进的投资者会在下一个交易日再次提高价格买入。这样，前一日涨停的股票，会在惯性和心理预期的双重作用下，继续冲高。

（2）主力利用助涨作用操纵股价，影响散户的心理和行为。一方面，主力可以通过拉涨停之后的打压，实现建仓加洗盘的一体化操作，既提高了效率，又吸引了人气；另一方面，主力可以通过连续拉涨停，把股价迅速拉高到远离自己成本价位的区域，为日后出货奠定获利基础。另外，主力还可以利用涨停的强势假象，吸引追涨盘资金的介入，从而拉高出货。

（3）获利机会。主力能够利用涨停板完成自己的操作计划，散户同样可以利用涨停板获取高于市场平均收益的利润。从上一段内容可以看出，主力拉出的三种涨停板，如果投资者能够在前两种涨停板中介入，均能获取一定的收益。因此，投资者可以选择在股价低位的第一个涨停板处买入，只要操作得当，能够快进快出，就能够通过涨停板获利。

（二）为什么会出现涨停板

某只股票在一段时间内，并且是在相对较低的价位首次出现涨停时，一般有以下三种原因：

1. 该股突然有利好消息公布

利好消息有很多种，常见的无外乎利润提升，具有成长潜力的新产品问世，巨额销售合同的签订，战略合作者的加盟，外延式的规模扩张，优质资产的注入，国家相应扶持政策的出台，等等。这些利好消息，是刺激股价涨停的直接原因。如果投资者买入这样股票，则短时间内还将有继续获利的空间。

2. 长期潜伏的主力拉抬股价的前奏

如果股价长期在低价位徘徊，成交量却在温和放大，说明主力已经逐步完成了建仓步骤。为了让市场的平均成本高于自己的建仓成本，主力往往会通过涨停板的形式，迅速拉升股价。散户如果敢于在此处介入，后市收益将极为可观。

3. "涨停敢死队"的惊险之举

"涨停敢死队"就是那些专挑有短期爆发力的个股进行短线操作，快进快出，手法凶悍的主力。对于他们来说，持股时间超过一周就算是中长线了。他们的操作手法一般是先选出具有短线爆发力的股票，然后在第一个交易日强势拉升股价，直至涨停。在拉涨停的过程中既建了仓又能获利，然后在第二天利用涨停惯性和高涨的人气迅速出货。

（三）适宜涨停介入的股票

大部分涨停的股票，在涨停次日的最高价都能冲过涨停价。只要投资者能够在最高价卖出，都能够获利。但是为了提高获利的概率和幅度，需要对股票本身的特性进行分析。根据统计数字分析，首日涨停的股票，次日是否能够继续强势上扬，与以下一些因素存在着密切的相关性。

1. 流通盘的大小

流通盘越小的股票，主力拉升股价至涨停越容易，因为主力只需要少量资金就可以调动市场气氛，这样能够保存足够的实力，以应付各种突发事件。一般来说，流通盘在 1 亿股以下的小盘股出现涨停板的次数，远多于流通盘超过 1 亿股的大中盘股。同时，小盘股涨停次日的走势要强于大盘股。

2. 股价的高低

市值越小的股票，主力操作起来越得心应手，掌控力度也越大；反之，市值越大的股票，由于受市场关注度较高，其中往往同时驻扎着为数不少的主力机构，坐庄的主力很容易遭到其他主力的共同打击，因此谁也不敢轻举妄动。一般来说，流通市值在 10 亿元之下的小市值股，在首次涨停后，其股价比较容易保持继续上升的趋势。

3. 远离主要套牢的区域

主要套牢区域是指股价历史最高点、阶段顶部以及在下降趋势中伴随着成交量显著放大的整理区域。在这三个位置，均存在着大量的套牢盘。在离这些区域较近的地方拉涨停，容易引发解套的抛盘，会对股价的继续上涨产生巨大阻力。这些股票即使涨停，次日也很难有所表现。最佳拉涨停的位置应该是远低于这些主要套牢区域的地方，此时即使出现一两个涨停板，由于股价仍离套牢盘较远，不会给套牢者有解套的机会。

市场上还有一种说法，即涨停之日刚好让股价越过套牢区域的股票，后市潜力无限。这是由于主力机构既然敢于让套牢者全部解套，说明志存高远，实力雄厚，否则不敢有此惊人之举。这种解释虽然成立，但是由于这里介绍的涨停板选股法重在快进快出，而此种情况下涨停的股票面临着沉重的解套盘，从中长期的角度看，后市确实值得期待，但是短期内难免被解套的抛压所伤。

4. 主要技术指标走势

如果所有技术指标都显示该股已经处于超卖的区域，技术上随时有反弹回升的可能，那么一旦主力拉出涨停，就会使技术指标实现突破，更多的投资者会加入对股价的抬轿行为中来，使得股价次日继续冲高的可能性更大。

5. 个股走势

根据个股走势选股的两个主要思路：一是选择处于上升趋势中加速阶段的股票，这样即使一两个涨停板出现之后，股价仍然能保持充分的上冲动能和惯性；二是选择处于长期下跌趋势后低位盘整阶段的极弱股票，盘整的时间越长，涨停突破所带来的人气也就越高，买盘也会越持久、旺盛。

6. 大盘走势

与个股走势相呼应的是大盘走势。只有当大盘指数处于上升趋势或者低位盘整趋势时，涨停才能够带来人气。假如大盘连续处于阴跌状态，指数处于下降通道中平衡下行的时候，个股的偶尔涨停也很难积聚人气。

7. 个股题材

一般来说，具有市场公认的热点题材的股票，更容易在涨停次日再有所突破。

（四）首日涨停的买卖策略

首先要强调的是，想通过首日涨停板买入法获利，投资者就必须要有丰富的操作经验，处事冷静果断、严守纪律。因为如果不能严格遵守事先制定的标准，很可能一招不慎，满盘皆输。

具体来说，首日涨停板买卖法有如下策略。

1. 捕捉涨停板股票

选择要追涨停的股票，通常有三条途径：

（1）未雨绸缪，建立涨停股票池。根据前文介绍的适宜在首日涨停介入的股票特性，投资者可以对沪深所有的 A 股进行筛选，建立自己的股票池。这些特性包括对股票的股价高低、流通盘规模、流通市值排名、技术指标、公司基本面分析、大盘和个股走势等。

（2）借助软件，在盘中密切监测。目前绝大多数行情分析软件，都能够提供市场雷达和条件预警的功能。通过这些功能，能够迅速地捕捉到强势涨停的股票。

（3）随时排名，捕捉即将涨停的个股。各种软件都会提供涨幅排行榜，股民只需频繁刷新涨幅排行榜，就能够找到最先冲到涨停的股票。一般来说，冲涨停的时间越早，后市走势越强。

2. 选择介入时点

并不是所有捕捉到的即将涨停的个股都可以介入。对于通过上述第一种途径捕获的股票，也就是在自有股票池中产生的涨停个股，由于之前已经做足了功课，选出来的股票都有持续上涨的潜力，基本上都可以介入。介入时点为当涨幅达到 8% 以上，且有冲涨停的趋势之时。

对于通过上述第二种、第三种途径捕获的股票，由于事出突然，没有足够的时间对其进行仔细研究。此时要看该股股价上涨的力度和速度，并辅以大盘的走势分析，来判断是否可以介入。如果大盘向好，且该股在开盘很短的时间内，如15分钟内（此时间可以根据具体情况调整）即宣告涨停，则投资者可以选择介入。此时，介入时点要相当严格，当股价还差最后1分钱就要封于涨停板，且此时买盘力量巨大，大手笔的买单随处可见时，投资者应该果断介入。如果介入太早，就容易遇见最后不能封涨停板的情况，则次日的走势也不容乐观，如果介入太晚，又容易失去买入机会，不能成功地在涨停板封死前买入。

3. 交易成功后的盘中监测

一旦交易成功，并不表示就可以高枕无忧了，投资者应对盘中进行实时跟踪监测，这是必须要坚持的一步，因为监测结果将直接影响到次日的交易策略。投资者需要密切监测的有以下三个数据：

（1）封涨停之后的成交量。一般来说，股价封于涨停之后的成交量越小，说明卖压越轻，主力出货的概率越低，次日继续维持强势的可能性越大。一般来说，次日继续上涨的股票，当日封涨停之后的成交量与涨停前的成交量之比小于1/3。

（2）涨停价上堆积的买单量。一是收盘时买单积累量越大，次日继续上涨的可能性越大，此时投资者可以继续持有；二是如果买单量急剧减少，如从几万手很快变成几千手，同时成交量不断增大，即使未能打开涨停，次日的走势也不会太好。一旦出现这种情况，投资者次日应该逢高卖出。

（3）盘中涨停被打开的次数。最理想的情况是个股一旦涨停后，涨停态势一直维持到当天交易结束。但是，有时候主力为了吸货，会在盘中打开涨停板，并迅速向下打压股价，然后重新拉起，再次封于涨停。若盘中打开涨停板的次数越少，或者打开后的成交量越小，则次日的走势就会越强。

4. 把握卖出的时机

卖出时机的选择，直接关系到此次操作的盈利水平，因此非常重要。传统的操作策略是于涨停次日择高价卖出，但是随着涨停板买入法的实践者越来越多，总结的经验越来越丰富，对于股价的预测能力也越来越高，所以可以根据具体的情况来制定卖出策略。

对于次日卖出时机策略的选择，影响最大的因素是开盘之后个股的走势。

投资者可以根据如下原则进行操作：

（1）开盘就涨停的个股不需要急于抛售，但仍然要对盘中的情况进行实时监测。一旦发现主力有出货的迹象，就要抢在主力之前获利了结。

（2）当出现高开高走、平开高走、低开高走的情形时，投资者应该紧盯股价。一旦发现上涨走势出现疲软，应立刻挂单卖出。

（3）如果股价出现高开低走的情形，则需严密跟踪后续走势。一旦股价跌至前一天的涨停价，应马上挂单卖出，锁定手续费的损失；如果未触及昨日收盘价即止跌回升，则可以继续持有，直到上升趋势出现疲软现象时，再立刻挂单卖出。

（4）当出现平开低走、低开低走的情形时，投资者应该在第一时间内卖出股票，以避免更大的损失。

四、追踪热点

热点，是指股市中被众多投资者关注的题材和概念。热点股，是指具有热点题材和概念的股票。一般来说，当其他股票表现平平甚至走下坡路时，热点股却可能在最短的时间里给投资者带来不菲的收益。

不管市场是处于牛市还是熊市，总会不断产生热点，只是在牛市中热点铺天盖地，而熊市中的热点则零零散散。这是因为，如果一个市场不能为投资者提供任何盈利的机会，那这个市场也就不可能存在了。此外，当市场由牛转熊时，散户可以弃之而去，主力机构却不能，为了吸引人气，主力就必须不断地制造热点，虽然时间很短暂，却能够获取一定的利润。

（一）热点的演化规律

熊市中的热点，说到底就是股价下跌过程中的反弹。抢反弹的方法和策略将在下一节介绍，本节重点介绍牛市中热点演化的规律。

1. 熊市末期，热点突起

每一次牛市行情，都源自盘中一个毫不起眼的热点。虽然并非熊市中所有的热点都能够使指数发生反转，但是指数发生反转，肯定是由于一个热点的突起。这就是我们熟知的"蝴蝶效应"，而热点往往就是那只扭转趋势的"蝴蝶"。

2. 牛市初期，热点崛起

并不是熊市中产生的每一个热点，都能够使市场发生转势，但是，一旦其中一个热点在市场中崛起，往往就意味着熊市的结束，牛市的开始。

能够崛起和被公众普遍关注的热点存在一个共性，那就是具有一定的市场凝聚力和资金号召力，受益于这个热点的股票数不多，但是却能够容纳大资金的介入，因为大资金才是推动股市转势的根本动力。

判断一个热点是否已崛起，只需要观察这个热点被公众关注的程度即可。当久未报道股市的媒体重新将窗口向股市开放，并对准同一个热点时，说明市场的转势已经明确到来了。

3. 牛市中期，热点分化

当前期崛起的热点吸引大量资金入驻，并产生赚钱效应以后，就会吸引越来越多的媒体关注，也会吸引越来越多的资金介入。但是，如果资金太多，会把股价炒到太高的位置，于是最先介入的主力就会转换热点，寻找其他的投资机会，使得原来单一的热点开始分化，这也意味着牛市中期的到来。

热点虽然产生分化，但是却表现得很有规律。最典型的表现就是板块轮动，这些板块包括行业板块、地域板块、题材板块等。不同的板块承担着不同的使命，相辅相成，轮番展开攻势，起到吸引场外资金的作用。

4. 牛市后期，热点分散

热点分散表现为各个板块各自为战、组织混乱的一种情况，这表明牛市行情已经进入后期，如果没有外力改变这种因素，股市的下跌将不可避免。

此时，热点的转换速度也越来越快，令投资者难以把握，此时进入的投资者，被套的人要比赚钱的多，于是原来的牛市财富逐渐失去号召力，无法继续吸引新资金的加入。各种绩差股以及 ST 板块的股票也开始在这个阶段粉墨登场，成为市场上新的热点，以迅速膨胀的股价为投资者上演暴富的神话。一部分参与市场的普通投资者会缺乏理性，在利益的诱惑下，很快失去心中的价值评判标准，于是，原本已经被高估的一部分股票，在牛市的后期如同泡沫般绽放，给投资者带来暴利的同时，也在急剧积累着泡沫破灭的风险。

基本上每次牛市行情，都是毁灭在垃圾股手中。因为炒作垃圾股的投资者，基本上都是一些短线投资者和一些毫无经验、只会追涨的非理性投资者。一旦垃圾股泡沫破灭，他们就会疯狂地甚至不计后果地抛售手中的股票，使得股价急剧下跌，从而引起其他板块的股票下跌，最终导致整个市场的恐慌性抛售。如果垃圾股成为投资热点的现象不能得到及时抑制，那么牛市的终点线也就临近了。

（二）热点股票的投资策略

1. 长期投资策略

在牛市行情中，值得长期投资的热点称为主流热点，指贯穿整轮行情始末的市场热点。

主流热点，也就是长期投资的亮点，并不难找，因为它们经常跟宏观经济的发展状况挂钩。一只股票或者一个板块要想成为主流热点，就必须要有长期的业绩增长作为支撑点。所以，投资者必须对宏观经济有一定的判断力。

对于主流热点的长期投资策略，概括起来有以下几点：

（1）只选龙头股和有望成为龙头股的股票。

（2）逢低点坚决买入。

（3）逢突破坚决追涨。

（4）逢调整坚决持有。

（5）宏观经济背景没有改变，坚决不卖。

（6）牛市没有结束，坚决不卖。

投资主流热点时，与其他长期投资一样，需要毅力，需要拿住股票。长期投资者永远只关注一点，那就是宏观经济条件是否已经恶化（包括股市的大行情是否已经转势），而不会在乎股市涨跌的波段趋势。数据证明，长期投资才是股市投资的王道，其收益率往往高于一般的短线投资者。

2. 中期投资策略

中期投资选择的投资对象也是贯穿整个牛市行情的主流热点，只是在操作策略上与长期投资不同而已。

虽然主流投资热点在整个行情中都会有不俗的表现，但是毕竟也会随着大盘的调整而调整，也会有持续的低迷阶段。中期投资策略就是避开大盘调整，远离低迷阶段，投资加速上涨时期。

如何捕捉到主流热点的加速上涨期，经验丰富的投资者可以从个股的盘中表现察觉出来。用来捕捉进入加速上涨阶段的个股，这些股票会有一些技术特征，比如均线系统长期黏合之后的多头排列、K线对上升通道上边线的突破、股价向布林指标上通道线运行且通道口开始扩张等。

如果想获取阶段性的最大收益，就必须在主流热点变成阶段热点之前建仓。投资者通过媒体，如电视、网络等获得热点信息。如果某段时间大部分的股评家，大部分的市场评论文章都告诉你应该关注哪一个热点，就说明这个热点已经真正开始崛起了。

需要注意的是，所选取的热点必须是主流热点，并且当你能关注到这些热点时，它们往往已经经历了一段涨幅，但还不是很高。假如当你发现这些热点时，它们的股价已经翻番或涨得很高了，为了保险起见，还是不要介入。此时，投资者需要关注的是补涨股。

热点板块启动时，总是龙头股最先领涨，而业绩并不太好的股票，就会存在一定的滞后期。虽然这些股票的涨幅最终赶不上领涨股，但是比起热点之外的股票来说，还是具有一定的投资价值。当你发现自己已经错过领涨股时，不妨把目光转投到具有相同热点，但是启动时间和涨幅相对滞后的股票，因为最终它们也会有一定幅度的补涨。

有以下几种情况的股票通常会产生补涨效应：

（1）源于产业政策的同行业股票。当国家颁布一项对某个产业存在推动发展作用的政策时，这个行业内的股票总会与政策相呼应，行业龙头率先启动，一路领涨，然后才是同行业内其他股票的补涨。

（2）源于地域经济发展政策的同地区板块股票。如西部大开发、珠三角转型、振兴东北老工业基地、天津滨海新区建设、成渝地区合作等政策，对股市都会产生较大的影响。

（3）源于某一题材的同概念板块股票。如奥运经济概念、5G概念、资产重组概念等。

（4）源于整体上市消息的同一集团公司旗下的关联个股。比如一汽集团旗下的一汽四环、一汽轿车、海马股份等，这些股票大致上能够保持同步涨跌的步伐，但是总会有个别股票存在滞后现象，这就为投资者提供了投资机会。

3.短期投资战略

短期投资策略与中期投资策略的区别不在于投资时间，而在于投资品种的选择上。短期投资是根据牛市行情各个阶段热点的演化规律进行的投资。

（1）牛市初期。牛市初级阶段的热点比较好把握，那就是引起此轮牛市行情的热点。

（2）牛市中期。此时热点最典型的表现就是板块轮动，只要抓住板块轮动的步骤和节拍，就能获取可观的利润。

找出轮动的几个主要板块之后，最重要的就是如何踩准轮动的节拍，即如何抓住轮动板块的启动时间。很简单，密切关注以前每次板块轮动中各板块的领涨股，一旦领涨股启动，说明轮动的转盘指向了该领涨股所属的板块。

（3）牛市末期。此时热点变化速度加快，变换顺序杂乱无章，让投资者很难把握。每个热点崛起的时间往往少于1周，等投资者发觉的时候，热点股的股价已经到了局部高点，买入就有被套的可能，此时要想利用热点追踪选股法获利，就显得比较困难。

但是，风险承受能力强的投资者，仍然能够在这一阶段挖掘出投资亮点。此时的投资可以说是投机，因为在这个阶段，引领股市风潮的大多是一些垃圾股、绩差股和ST股等。一旦投资者发现涨停板上这些绩差股居多时，不妨大胆地投机一把，收获往往也会出人意料。

投机于牛市末期的垃圾股时，一定要注意见好就收。因为垃圾股崛起之后，只有两个结果，或者是股市崩盘，或者是政府调整。无论哪个结果，投资者都会损失惨重。因此，一旦风向不对，投资者就要赶快清仓出局。

五、跟踪主力选股

所谓跟踪主力选股，就是指找出有主力入驻的股票，摸清主力建仓、洗盘、拉升、震仓、出货的每一个步骤和特征，在主力拉升股价之前进场，在主力出货之前获利出场。

（一）跟踪主力的优势和劣势

多数人认为，跟着主力走，就永远有钱赚。然而，实际情况是，真正能够赚到钱的，却没有几个人。原因是，跟主力虽然便利但并非一本万利，有利也有弊。

1. 优势

一般来说，被主力选中的股票，要么有题材，要么属于某种概念股，要么是主力掌握了内幕消息，即使没有任何投资价值，被主力的大资金一炒作，也能够走出一波行情。因此，如果主力跟得好，就能够获取可观的收益。

散户跟主力的另一个优势是，由于投资规模小，买进卖出都非常方便。而主力的资金规模大，建仓速度慢，出货时间长，只要散户能够果断操作，就有不错的收益。

另外，在跟主力过程中，投资者可以全面了解主力的操作手法，提高技术分析和基本分析的能力。股市上典型的技术形态，无一例外都出自主力之手。一个成功的主力，不但要善于做出各种股价走势图形，还要有能力在各大报刊、媒体上发表对自己有利的消息。通过研究主力，投资者可以学会各种技术分析知识和技巧，并懂得怎样辨别漫天飞舞的各类信息。

2. 劣势

世上不存在一本万利的事，跟主力也一样。这种方法的劣势在于风险太大，散户稍有不慎就会步入主力事先设计好的圈套。从建仓到出货的整个过程中，会挖空心思针对散户布下陷阱。虽然散户资金量小，理论上讲没有完全被套牢的风险，但是一旦散户失去理性，或者是过于贪婪，就有可能血本无归。

此外，主力要想成功控盘，就要操纵股价。我国法律规定，凡是利用不正当手段操纵股价、欺骗投资者的行为都是违法的。虽然大多数主力会利用其他身份证进行分散开户，以逃避法律制裁，但是一旦被查出，将会受到法律严惩，而这对于主力操纵的股票，也会带来很大的冲击。

（二）如何跟踪主力选股

果断的行动是成功跟主力的保障。一旦自己做出了对主力意图的判断，就应该果断地采取行动，而不是一味地只观望后市发展，要知道，股市上很多机会都是稍纵即逝的。事实上，拥有成熟的技术分析技巧和丰富的经验，只能算是一个合格的跟主力者，而优秀的跟主力者还必须具有冷静、果断的心理素质。

具体说来，跟主力有如下技巧。

1. 选择主力感兴趣的股票

不是每只股票都有一个主力，主力能否选到合适的入驻股票，直接影响到入驻能否成功、获利多少。那么，哪些股票容易受到主力的青睐呢？

（1）流通盘的大小，是主力考虑该股是否值得买入的第一要素。流通盘越小，主力建仓的成本就越小，所花的时间也越短。时间成本是一种机会成本，这是主力需要重点考虑的要素之一。另外，流通盘小，适合主力高度控盘，当主力持有绝大部分筹码时，拉升股价与打压股价就变得更加容易。

（2）长期低位横盘、无人关注的股票，很可能成为主力建仓的首选。这种股票表现出来的特点是地量与地价配合，换手率极低；上下波动幅度有限，短线操作者没有做波段的机会；随着股价的消沉，消息面既不会有重大利空，也不会有利多的信息频繁出现。当投资者对这种股票感到绝望时，高明的主力就会在股票处于低价位时悄然建仓，等到时机成熟，便开始大展身手。

（3）题材新、概念好的股票，更能赢得主力的青睐。有概念、题材的股票，往往成为市场各路资金追逐的焦点，主力也不例外，并且往往能够比其他资金捷足先登。有些股票可能没有值得投资的题材，但是主力建仓完毕后，为了以后的拉升和出货，会通过报刊媒体的宣传作用，制造出几个热点题材来，对于主力来说，这是轻而易举的事情。牛市中，主力几乎不费吹灰之力，就可以让具有题材和概念的个股股价翻番。

（4）垃圾股也经常成为主力光顾的对象。在我国股市中，常会出现 ST 板块的股票涨势如虹，气势远超蓝筹股的现象。ST 是英文"Special Treatment"的缩写，即"特别处理"的意思。当一家上市公司连续两年出现亏损，或者财务状况出现严重问题时，其股票名称前就会被冠以"ST"字样，以向投资者提示投资风险。这种看似危险的股票为什么会成为主力的宠儿呢？我国法律规定，ST 板块的股票如果在第三年还无法通过正常的运营扭亏为盈，将会面临被强制退市的风险。一旦退市，不但投资者损失惨重，上市公司本身的商业形象也会受到极大的破坏。为了避免股票退市，上市公司的控股股东会选择注入优质资产，并通过股改来扭转上市公司的危局。这个时候，该垃圾股就会摇身一变，成为市场瞩目的焦点。

2. 熟悉主力的操作手法

主力一次完整的操盘，一般应该包括六个步骤：前期准备、建仓、洗盘、拉升、震仓、出货，主力有时会综合运用这六个步骤来进行操作。主力这样做的目的，有时是为了便于操作，有时是为了欺骗跟主力的散户。但是，不管主力如何狡猾，建仓、拉升、出货这三个步骤是缺一不可的。

只要投资者能够把握住主力的步骤，了解主力在这些步骤中的惯用手法，就可以大胆跟主力，让主力为你抬轿子。下面分别介绍主力操盘的六个步骤和惯用的操作手法。

第一步：前期准备。

主力在决定进入某一只股票以前，需要考虑很多因素，有些因素需要具体量化。主力在进行前期准备的时候，投资者无法窥测主力采取了哪些措施，但是在后面的几个步骤中，还是能够找到一些线索的。一个成功的跟主力者，能够通过这些线索，对主力的实力、技术风格、目标价位有一个大致的了解。只有摸清了主力的资金实力、技术水平和目标价位，才能看透主力的每个步骤。

主力会选择适合入驻的股票。主力选择股票所考虑的因素主要是流通盘的大小，如何判断一只股票流通盘的大小呢？有专门的机构推算出中盘股的规模为 3000 万～ 5000 万股。流通股本低于 3000 万的，可以算作小盘股，高于 1 亿股的，则可以看作是大盘股。此外，股价也是主力必须要考虑的因素。综合考虑流通盘和股价，就可以得知该股票流通市值的大小。

主力会根据股票流通市值的大小，来决定投入资金的额度。主力操盘，通常需要准备三部分资金：第一部分是建仓资金，它主要是用来获利的。这部分资金从建仓开始，始终持有最低成本价买入的股票，直到出货阶段才获利出场。对于小盘股，要求主力控盘一般在50%以上，因此，其资金额度大约为按建仓成本价计算的流通市值的50%。第二部分资金是控盘资金，这部分资金主要用以完成股价拉升和震荡洗盘等控盘动作。随着主力进入股价拉升阶段，股价会不断上涨，因此股票的流通市值也会不断变大。要想成功控盘，控盘资金储备要非常充足。按建仓成本价计算的流通市值的20%，是一个比较合适的控盘资金额度。第三部分资金是急救资金，顾名思义，是用来解决突发事件引发的危机问题的资金。如股市崩盘，主力要利用这部分资金来托盘，增强控股力度。正常情况下，这部分资金是冻结不用的。

当确定投入资金额度后，主力便开始筹集资本。与此同时，聪明的主力还要进行另一个重要步骤，那就是与其他机构结盟，但由自己担任主力，持有大部分筹码。能够被主力看中的合伙人，肯定是对主力有利的机构，如该股票的上市公司、商业银行、证券公司等。这其中，虽然银行资金在国内禁止直接进入股市，但是可以通过借贷主力，间接购买股票。此外，主力还会收买一些股评家，通过媒体向股市和散户散布各种消息。因此，找出主力的合伙人，也是跟主力中非常重要的环节。

在该阶段的最后一步，主力会制定操盘的方案。由于国内股票投资者开户必须要提供身份证，因此，主力一般会尽量分散开立账户，少则十几个，多则上百个。对于主力的身份，我们不必深究，但要清楚主力是在哪些证券营业部开设的账户。

上海证券交易所和深圳证券交易所在每日收市后会对所有涨跌幅、振幅以及换手率达到一定比例的股票进行信息统计。主力操作的股票，很容易多次出现在这个榜单上，并且买卖金额最大的几个证券营业部应该是相同的。这几个营业部，就是主力的大本营。通过这个榜单，投资者就可以知道主力进出的时间、换手的频率及换手股数，也可以知道券商、基金的筹码数量及运作方向。

第二步：建仓。

建仓就是主力吸收散户的筹码。主力建仓的手法，总的说来有三种：打压建仓、横盘建仓、拉高建仓。三种建仓手法分别对应三种不同的走势。

（1）打压建仓。打压建仓是大盘处于熊市或该股出现大的利空时主力的建仓手法。当大盘熊市趋势已定，或某只股票因为遇到重大利空而开始下跌时，主力会用以前积累的一些筹码，不惜一切代价砸盘。股价跌得越凶，就越容易让散户割肉平仓，止损出局。

具体的打压手法，会因实际情况不同而有所变化。常见的有如下几种：

①趁前任主力出局、股价下跌之际，在股价已经下跌的基础上，进一步打压价格。这时主力可能会提前在媒体上发布消息，宣称该股主力已逃离，提醒投资者注意风险，引诱散户出货。

②当主力让一只股票连续超跌以后，一部分被套牢的散户无奈之下会改作长线投资。主力为了吸取这部分人的筹码，会在股价超跌后，做出一个股价反弹的走势。因为股民已经形成了反弹出货的惯性思维，在股价反弹后，可能会选择卖出手中的筹码。主力的这种操作手法有一定的风险，因为这种反弹会让一些短线投机者短线套利，同时会失去一部分筹码。

③主力做出一个调整形态，然后突然发布利空消息，甚至把股价打压到重要支撑位以下，形成向下突破的假象，引出散户手中的筹码。

④直接把股价打压到跌停板位置上，当卖方积累了大量抛单时，开始偷偷吃进。采取这种跌停板建仓的主力，手法一般比较诡异，跟主力者尤其需要警惕。

（2）横盘建仓。猴市是指发展趋势不明朗、价格震荡剧烈的股市。由于大盘发展趋势不明，此时最佳的建仓手法是根据大盘的走势慢慢建仓，既不刻意去打压股价，也不刻意去拉升股价，任凭股价在一定区域内自由运行。只有当股价超过某个价位时，才主动去打压一下，或者当股价跌破某个价位时平托一下。横盘建仓，主力要想吸收到足够多的筹码，实现高度控盘，必须经过一段较长的时期，少则一个月，多则半年。由于此法不会引起股市太大的波动，换手率也相对较低，因此不会引起跟主力者的注意。

（3）拉高建仓。拉高建仓用于当大盘即将变成牛市，或者被建仓的股票即将有重大利好消息公布时，主力以空间换时间的一种快速建仓的方法。此时，主力惯用的手法是迅速拉高股价，一般是通过连续两三个跳空高开的涨停板，把该股票推到媒体的聚光灯下，使该股票聚集大量的人气，然后再做出一根放量的阴线，同时换手率达到20%以上，给人以主力出货的假象。此时，大部分投资者会因为获利出场，另一部分不想出场的投资者，也会因为主力出货的假象而被迫清仓。可见，拉高建仓的欺骗性很大。

拉高建仓与主力出货确实很难分辨，但是也有一些区别。拉高建仓的股票一般具有以下特点：

①该股票是冷门股。如果是热门股，股价突然连续涨停并出现较高的换手率，基本上可确定是主力出货。

②该股刚从底部突破，这样基本上表明以前没有主力埋伏在里面。

③该股不久将出现重大的题材或概念。如果大盘此时正处于牛市初期，那么，该股极可能将成为一匹黑马。

第三步：洗盘。

在洗盘过程中主力会千方百计地进行打压股价，打击投资者的信心，使其看空并卖出持有的股票，主力则在低位接盘。此后，主力会不断拉抬股价，使以前被震出局的散户追高杀入。一旦散户杀入，主力接着打压股价，使散户立即被套，看空并卖出持有的股票。通过连续几次这样的操作，可以震出持股不坚定的一部分短线投资者，降低主力自身持股成本的同时，也抬高了市场平均持股成本，同时还赚取一定的差价，可谓一箭四雕。

主力洗盘一般有以下几个特点：

（1）股价跌势凶猛。主力要想震出散户，必须让股价跌势凶猛，几日之间连破几个重要关口位，向下连续穿透几根重要均线。

（2）股价回升的时候走势非常缓慢，拉出一根阳线以后，再连续拉出几根阴线，但这时股价重心并没有下移。

（3）连续几次剧烈震荡中，60日均线和20日均线都缓慢上行，这样才能提高散户的持股成本。

（4）打压洗盘的时候，虽然跌势凶猛，但是一般不会跌破60日均线，在60日均线上一般能得到有力的支撑。

主力在洗盘之后，就要进入拉升阶段，所以投资者跟主力的最佳时机，就是在洗盘即将结束时，迅速进场抢筹。当洗盘接近尾声时，主要有以下几个明显的特征：

（1）主力拉出一根长阳线，甚至把股价牢牢封死在涨停板时，成交量只是稍微有点放大。这说明股价在上涨的过程中，很少有获利回吐的抛盘，也间接说明主力已高度控盘。

（2）股价走势杂乱无章，甚至跟大盘南辕北辙时，说明洗盘已告成功。这是因为只有主力高度控盘时，某只股票的股价才能不随大盘波动，甚至跟大盘走势恰好相反。这也说明了为什么熊市里更容易选出黑马股的道理，因为熊市里能够逆势走强的股票，百分之百是有主力资金在托盘，只要这只股票近期尚未经历过一波大的行情，绝对是一只黑马股。

（3）股价阴跌时，成交量急剧萎缩，且成交笔数严重不足，有时甚至出现几分钟才出现一笔交易的情况。由于成交价格经常呈现断层现象，表现在分时线上，就是分时走势图上下波动剧烈，毫无规律可言。

第四步：拉升。

拉升是主力最看重的一步，因为这一步对主力来说意义重大。其一，拉升阶段是主力赚钱的重要阶段，主力能否赚钱，主要看主力出货前，能把股价拉到什么位置；其二，主力的最终目的是出货，为了顺利出货，就必须吸引市场人气，而拉升是引诱跟风买进者最好的手法。

一般来说，主力拉升分三个阶段：

第一阶段，主力踩稳节奏，一波一波慢慢拉升股价。这时的 K 线图表现得非常有规律，每一波的顶部都比前一波的顶部高一点，而每一波的底部，都比前一波的底部要高一点。拉升过程中，成交量逐步放大，但股价回调时，成交量却有所萎缩。这是一种典型的即将向上突破的形态，因此会吸引大量的技术分析派人士跟进。这一阶段要持续到股价接近前期高点为止。

第二阶段，在前期高点附近，股价会有一定时期的盘旋，目的是消化前期被套牢的散户，为后面疯狂拉升巩固基础。

第三阶段，迅速拉升股价。一旦股价冲过了前期高点，主力将以迅雷不及掩耳之势迅速拉升股价，一般是以连续几根大阳线再加几个涨停板结束。第三阶段拉升速度一般会很快，这样可以迅速吃掉上方的抛单，而新的抛单还来不及打出，因此可以最大限度地节省控盘资金。另外，原本打算卖出股票的散户看到所持股票气势如虹，会追高买进，这样就继续提高了散户的持股成本。另外，股价拉升得越快，吸引的市场人气自然也就越高，便于主力以后顺利出货。

第五步：震仓。

震仓就是拉升阶段中的洗盘，其目的、特征及主力的操作手法跟洗盘极为相似。震仓的区域一般发生在高于成交密集区，即高于散户持股成本区 50% 左右的地方。震仓的目的是使一部分散户获利出场，同时引诱另外一部分散户买进，通过变换持股散户，继续提高散户的持股成本，为下一波的拉升作铺垫。同时，每一次震仓，也能使主力的持股成本下降 3% ～ 5%。

震仓完成后，主力会继续拉升股价，而且会不断循环进行震仓和拉升这两个步骤，直到持股达到主力预定的目标价位为止。

第六步：出货。

主力在出货阶段往往会做出完美的 K 线图，并配合利好消息，在散户不知不觉中，出清手中全部筹码，在股价处于高位上获利出场。

出货是整个操盘过程中主力最想隐瞒，同时也是散户最容易上当的一个阶段。为了防止套牢，在主力出货前卖出手中的股票，要求跟主力者有一双火眼金睛。

主力出货一般有以下几种手法：

（1）边拉边出。主力在拉升的过程中，有步骤、有计划地出货。股价拉升过程中，人气旺盛，跟风买进者也比较多，因此出货比较容易。为了不让散户发觉，主力在悄悄出货的同时，会大张旗鼓地买进，以吸引散户跟进。常见手法就是预先在比较高的整数价位埋下大的抛单，在非整数价位则准备好连续的小量卖单，然后一路拉升股价。当股价到达整数关口时，主力一般会用两三笔超大的买单，迅速吃掉自己预先埋下的抛单。当散户看见整数关口出现巨额买单时，会选择跟进。那么，在非整数价位上，被跟风者吃掉的单子就是主力出掉的货。这种出货要求有很高的技巧，同时还需要重大利好消息的配合。

（2）诱多出货。这种方法的特点是，主力在开盘以后迅速拉高股价，然后在高位维持盘整，但是一波比一波高，做出随时准备上攻的假象。这样做的结果，不但能轻松地吸引散户跟入，还能拉低自己的成本。另外，在整个交易时间内，主力还可以维持在高位出货。有些主力会选择在快收盘时，连续主动抛出大的卖单。此时，由于经过一天的调整，股价下方积累了大量的买单，当主力迅速压低股价时，那些原来埋单的人，可能还来不及撤单，就已经成了主力的盘中餐。

（3）反弹出货。"急跌之后必有反弹"，这句被众多投资者奉为金科玉律的名言，在为投资者提供获利之途的同时，也为主力开启了救急之门。主力如果不能用前两种手法成功出货，就会孤注一掷，把所有筹码全部压在这种方法上。先刻意打压股价，然后做出反弹的技术形态，诱使短线抢反弹的散户杀入，自己则全身而退。

出货与洗盘的股价走势图非常相似，跟主力者很容易混淆。如果把洗盘当出货，仓皇平仓杀出，会错失赚钱良机；假如把出货当作洗盘，则会被套。通常，出货与洗盘有以下几个方面的区别：

（1）涨跌走势不一样。洗盘时，股价会连续而迅速地跌破重要的支撑线，给散户造成该股票将崩盘的错觉。待洗盘成功后，为了避免再次引起散户的注意，主力往往会让股价缓慢回升；出货时，股价走势则相反，下跌时非常平缓，让投资者以为该股即将起势，缓慢下跌一段时期以后，往往会用一根大阳线迅速拉起股价，以获得市场关注，吸引更多的跟单。概括来说，二者的区别是洗盘时股价急跌缓升，出货时股价缓跌急升。

（2）成交量有明显区别。洗盘时，主力并未真正卖出股票，因此成交量是逐步萎缩的；出货时，成交量必然显著放大，且换手率也会变成平时的2～3倍，股价下跌或横盘时，成交量也不会萎缩。

（3）时间的长短也是判断洗盘和出货的重要依据。通常洗盘时间最长不超过2～3周，最短不超过2～3天；出货则有可能维持2～3个月。

（4）通过K线图判断。如果股价近期还没有发生过拉升，则主力必定在进行洗盘；如果已经发生过几次拉升，只要成交量没有显著放大，也可以判断为主力正在洗盘。一旦成交量显著放大，则表明主力正在出货，跟主力者应该立刻平仓出局。

跟踪主力的战略思想很简单，即在主力拉升之前买进，在主力出货之前卖出。如果投资者有足够的耐心，甚至可以在主力建仓时跟着建仓，只要能够在主力出完货之前平仓，都会获得很好的收益。

切记一点，一旦买入，只要主力没有出货的迹象，就继续持股不动。一定不可抱有短线炒作、低买高卖以扩大利润空间的想法，否则极有可能卖飞股票。

六、抢反弹

反弹是指股价在连续下跌过程中产生的一段行情短暂回升现象。当股价从原有的高度连续下跌时，会在下跌过程中遭遇到种种阻力，多空双方会发生碰撞。由于下跌惯性所引发的市场恐慌情绪，大部分情况下，多方会显得不堪一击，所以股价能够持续下跌。偶然情况下，多方会找到反击的武器，在短时间内占据上风，使得行情回升。但是由于投资者心理预期的影响，反弹行情很难回到原有的高度。一旦反弹结束，股价就会加速下跌，回到原来的下跌通道中。这是因为，下跌行情中，几乎所有的投资者都会普遍看空，即使偶尔出现反弹行情，也很难改变这种普遍的悲观情绪，从而使得股价在反弹之后继续保持原来的下跌趋势。

从以上的分析可以看出，抢反弹极具风险性，对于股市新手要谨慎尝试。

（一）反弹的性质

反弹行情是一种比较普遍的行情走势，在指数和个股 K 线图中，都能够轻易找到。反弹行情一般具有以下几个主要特性。

1. 弹性性质

股价下跌如弹性物体下落，跌得越猛，反弹得越快；跌得越深，反弹得越高。正因为如此，在缓慢的阴跌行情中，反弹行情往往有气无力，缺乏参与价值；而暴跌行情中产生的反弹，往往走势彪悍，不仅回升速度快，而且回升空间比较大，既容易操作，又能获得较高的收益。

反弹行情的弹性系数不仅与反弹前的下跌深度和速度相关，还受其他一些因素影响。比如反弹行情中成交量放大得越迅速，弹性系数越大，反弹高度也就越高。如果个股反弹的同时，伴随着大盘指数的反弹，两者相互呼应，反弹的高度也会相应提高。

2. 衰竭性质

前面说过，由于投资者普遍存在的悲观心理预期，所以股价反弹时不可能再回到下跌前的价位，这就是衰竭现象。正因为股市的这种性质，所以需要参与反弹行情的投资者能够准确把握反弹的高度，一定要在股价还未反弹到下跌前的高度时抢先出货。

3. 转化性质

反弹虽然具有衰竭性，但是一旦反弹转化成反转之后，股价不但能够回到前期高点，还能够再创新高。所有的反弹和反转都是在下跌后产生的，反弹不一定能够转化成反转，但反转一定是从反弹中产生的。容易转化成反转的反弹行情，一般具有以下几个特点：反弹产生的原因是政策层面有重大利好消息出台；行情的初始阶段，成交量是逐步放大的（真正的反弹行情，成交量一般呈跳跃性的台阶式放大）；大盘指数同步反弹；盘中存在大量的反弹个股，且多为领涨的龙头股，这样才能够重新聚集市场人气。

即使反弹有可能转化成反转行情，在最初的阶段，投资者也要将其视为反弹行情进行操作，除非有十足的把握能够确认市场确实已经反转，否则绝不能抱有持股待涨的心理。

（二）反弹行情的判断与选择

股价在连续下跌的过程中容易反弹，但是并非所有的反弹都值得投资者介入。在参与反弹行情前，必须对此次行情进行全面的分析和评估，选出值得参与的反弹，果断介入。介入前，投资者需要对以下三个方面进行判断和选择。

1. 选择合适的大盘形势介入

大盘走势直接影响反弹的强度。一般来说，大盘熊市行情初期产生的反弹一般不要参与。这是由于，此时指数离前期牛市顶部并不远，指数稍微反弹即可能引发套牢盘的杀跌性解套，使得反弹行情难以展开。最佳的参与时机是大盘已经连续阴跌一段较大的幅度时，越跌近前期牛市的起涨点，越容易产生较大规模的反弹，因为前期低点往往对指数存在巨大的支撑作用。此外，如果个股反弹的同时，伴随着大盘的反弹，投资者可以大胆参与。因为大盘的反弹，能够为个股带来人气和资金，使得个股的反弹幅度更大。

2. 选择合适的时机介入

由于一般的反弹行情经常是转瞬即逝，持续时间不长，上涨幅度不高，因此对买入时机的选择，就显得非常重要。如果买入太晚，则反弹行情可能已临近结束，买入就意味着被套；如果买入太早，则最初据以买入的反弹，可能只是昙花一现的假象，并不能演化成真正的反弹。最佳的买入时机应该是股价突破原有的趋势或者形态的那一刻，因为股价能够突破，出现反弹的可能性就会比较大，同时又不至于错过主要的上涨幅度。

对于是否产生反弹行情的判断，需要长久的看盘和实战经验做后盾，因此抢反弹法只适合经验丰富、抉择果断的投资者。对于初入股市，遇事犹豫不决的投资者来说，最好避免这种操作方法。

3. 选择合适的个股介入

合适的大盘形势以及合适的参与时机，只是抢反弹的一个辅助步骤，抢反弹最关键的还是对反弹个股的研究。一般来说，具有如下特征的个股更容易形成强有力的反弹行情：

（1）股性活跃。如果某只股票的换手率一直比较高，属于市场上的热门股票，一旦产生反弹，将能够在短时间内吸引大量的抄底资金，反弹的幅度往往也较高。

（2）流通市值小。流通市值小的股票，容易成为主力入驻的对象。前期连续下跌，说明主力已经基本出货完毕。而流通市值小的特点，又容易成为下一个主力选择的对象。由于主力往往选择在下跌过程中低位建仓，因此容易引发反弹。即使没有主力的介入，由于市值较小，股票也容易被投资者炒出一波反弹行情。

（3）前期超跌。由于反弹行情具有弹性性质，跌得越猛，反弹越快；跌得越深，反弹越高。因此，前期超跌的个股，更容易走出强劲的反弹行情。

（4）无量下跌。无量下跌说明投资者普遍看好该股，惜售现象严重，前期持续下跌的过程，往往是受大盘持续走弱的影响，此时只需一股东风，就能将股价重新送上青云。

（5）领先反弹。由于反弹行情转瞬即逝，谁最先介入，谁获取的利润就最大。因此，市场上率先产生反弹的个股，容易在第一时间受到众多投资者的关注。

（三）抢反弹的操作策略

根据反弹的性质，可以将反弹分成不同的种类。不同种类的反弹，对应着不同的获利机会和不同的操作策略，需要投资者仔细辨别。常见的反弹有以下几种。

1. 脉冲式反弹

脉冲式反弹是指频率稳定、反弹幅度小的有规律反弹。这种反弹在 K 线图上的特征，就是每几根阴线之间夹杂着一两根阳线；阳线出现的频率比较稳定，但是一般都比较短，上涨幅度一般在 2% 以下，偶尔甚至是下跌的。虽然阳线出现的次数比较频繁，但是，股价重心仍然是不断下移的。

这种反弹一般产生在下跌行情初期，产生的原因是主力为了保证顺利出货，不断在分时图中制造反弹的假象。由于股价刚刚经历了一轮牛市行情，因此分时图中的反弹现象给人以股价触底回升的假象，诱惑一部分投资者抄底盘。但是，由于主力出货坚决，即使买盘较多，也不会拉出较高的反弹涨幅。

脉冲式反弹是最不宜介入的一种反弹。首先，脉冲式反弹一般在下跌行情的初期出现，意味着后市下跌的空间仍然巨大，买进之后很容易被深度套牢；其次，脉冲式反弹的涨幅并不高，投资者扣除手续费以后，很难再有盈利的空间。如图 7-5 所示的圈定的区域。

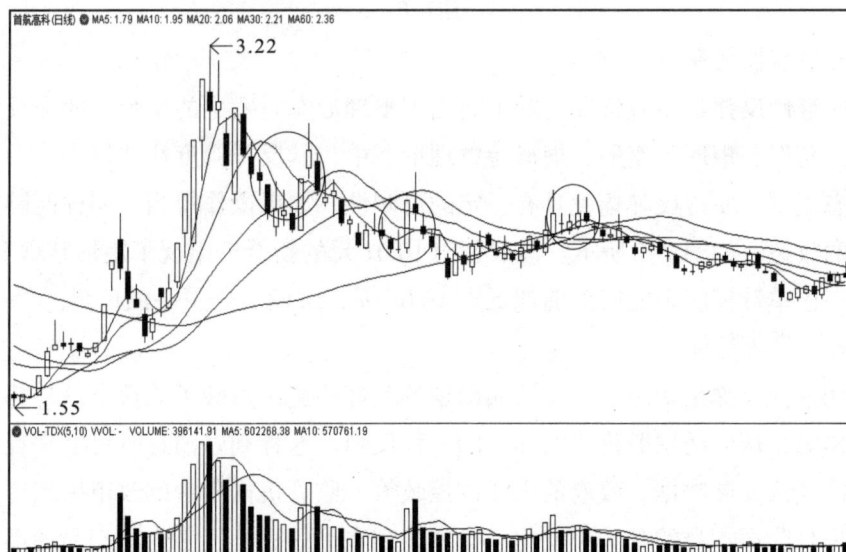

图7-5

2. 技术性反弹

技术性反弹是指由技术指标发出超卖信号而引发的股价自然反弹。技术性反弹具有较强的规律性，比较容易把握，其反弹上涨的幅度视技术指标的可靠性而定。一般来说，应用者越多、研判效果好的技术指标，当发出超卖信号时，引发技术性反弹的可能性越高，反弹的幅度也越大。常用来预测技术性反弹的技术指标有均线指标、KDJ 指标、MACD 指标等。如图 7-6 所示。该股创出了 13.80 元的新低，而 MACD 指标却未创新低，出现底背离。

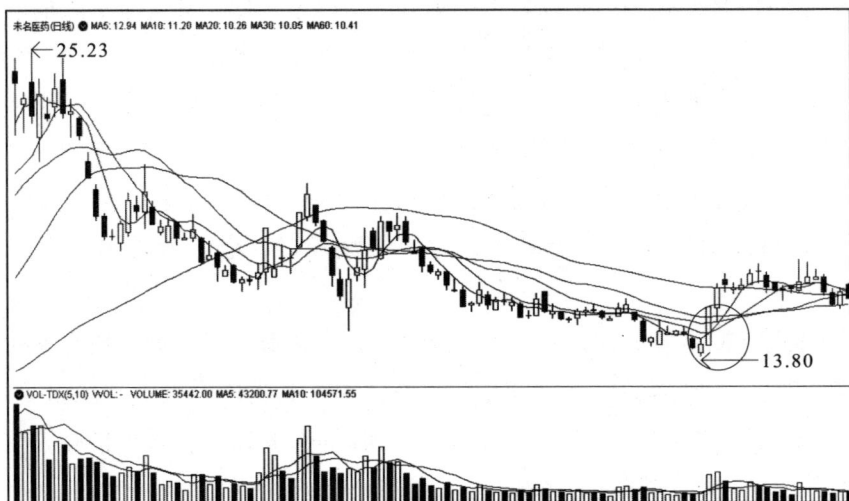

图7-6

3. 中继性反弹

中继性反弹是指股价在下跌中途出现整理形态时发生的反弹，此类反弹依托在三角形、矩形、旗形、楔形等整理形态中，其反弹幅度往往较小，但是由于形态规则，使得反弹幅度具有一定的可测性。如果操作得当，同样能够获取可靠的收益。如图 7-7 所示。该股创出 10.01 元的新低后出现了矩形整理形态，随后一根单针探底未能突破前期低点 10.01 元，继而展开了一波反弹。

4. 诱发性反弹

诱发性反弹是指由于消息层面出现的利好消息，打破了股价下跌趋势中的均衡格局，从而诱发股价止跌回升的一种反弹。这种利好消息既可以来自宏观层面的经济发展数据、政府的产业调控政策、监管机构出台的改革措施等，也可以来自公司本身的基本面变化，比如盈利水平的提升、潜力新产品的市场投放、大额合同的签订、股票分红等。

图7-7

　　两种利好消息各有优劣势，很难做出孰优孰劣的判断。宏观层面的消息往往能够引发大盘指数的反弹，指数的反弹又能够带动一大批个股展开反弹，为抢反弹的投资者提供了较多的机会。但是宏观层面的利好消息并不一定对每只股票都有影响，虽然总的机会较多，但是很难捕捉。微观层面的消息是针对具体个股而言的，能够起到有的放矢的作用，便于投资者判断和抉择，不足之处在于个股的反弹没有指数反弹的呼应，比较难成气候。

　　诱发性反弹的反弹幅度需要根据消息的利好程度判定。但是消息对于个股而言，影响程度到底有多大，很难客观公正地做出判断。同时，由于我国证券市场是一个弱有效市场，股价不能把消息的影响全部消化，加大了判断反弹幅度的困难。此外，信息不对称的存在，使得利好消息很可能是主力用来出货的工具，从而使得介入的风险大幅增加。

　　宏观层面利好消息引发的诱发性反弹，如图7-8所示。该股走出了双底形态，随着贵金属提价的利好消息展开了一波强势反弹。

　　5.报复性反弹

　　报复性反弹是指股价连续暴跌之后产生的报复性上攻，其反弹速度之快，反弹幅度之大，在所有的反弹中居于首位。如果介入时机准确，短期内的收益将会相当可观。但是，由于报复性反弹的爆发具有突发性，经验不足的投资者较难把握其走势，等认清反弹的种类时，此轮反弹已经上涨了一段较高的涨幅，使得投资者不敢再追高买入，从而错过投资机会。

报复性反弹可以通过 K 线形态来判别，且判别的准确性较高。反弹产生前，股价一般会连拉几根大阴线，出现大幅跳水，然后毫无征兆地跳空高开，并以一根光头大阳线收盘，形成典型的底部反转形态，同时成交量显著放大，基本上可以确认报复性反弹已经拉开了序幕，投资者此时可以积极介入。报复性反弹不仅出现在熊市中，在牛市中也常常出现，甚至牛市中出现的总次数要远多于熊市。牛市中的报复性反弹，一般出现在大盘指数和个股普遍暴跌之后。

图 7-9 所示的是报复性反弹的例子。

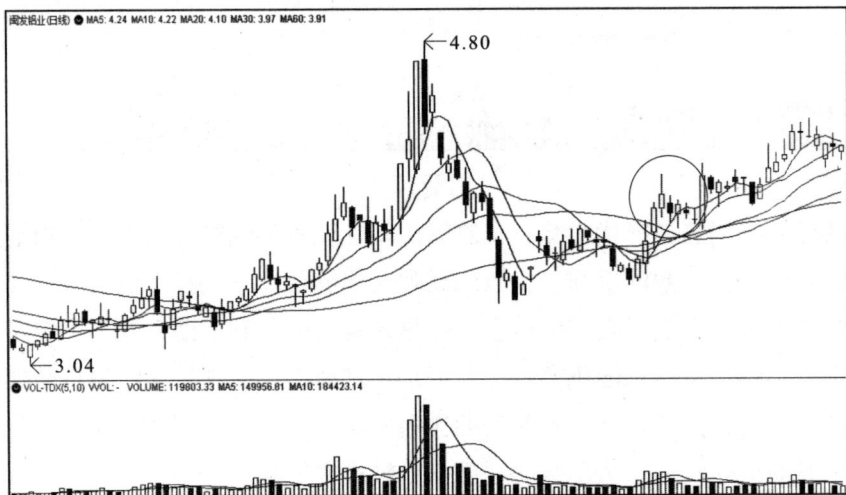

图7-8

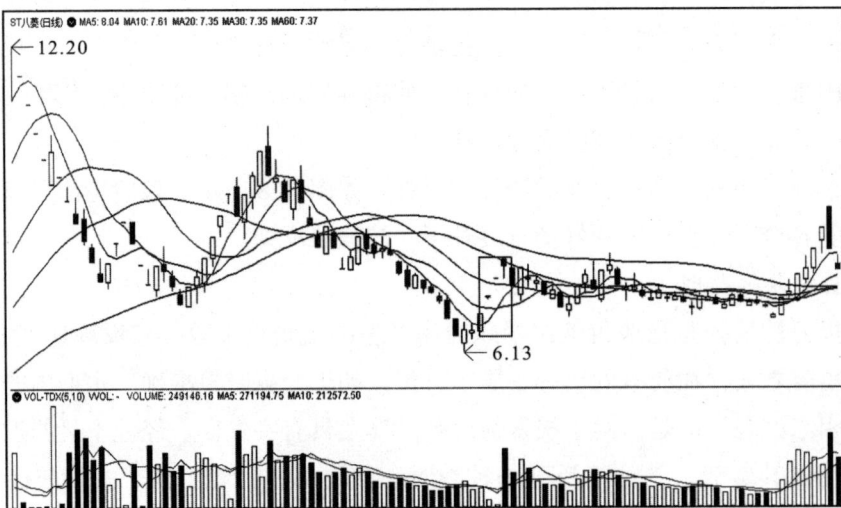

图7-9

第八章

识别股市中的危险信号

每一个股民进入股市都是想获取利润的，但股市是一个充满风险的地方，合理规避风险是炒股盈利的基础。

本章中将介绍如何识别股市中的危险信号。

一、上市定位高的新股以及次新股的风险

（一）高定位新股的风险

新股向来是众人眼中的香饽饽，也备受机构青睐。但是需要注意的是，越到牛市后期，由于市场哄抬的作用，新股的定位就会越高，此时虽然也可能走出一些强势形态，但股民介入时一定要有提高中长线风险的心理，否则易陷入被动。

如图 8-1 所示的森林包装（605500），该股于 2020 年 12 月 22 日上市，上市首日涨幅达到了 44.02%，随着大盘出现低位震荡，由于"跌时重质"的影响，该股节节下滑，上市之初的 24 元的强力支撑位也不堪一击。

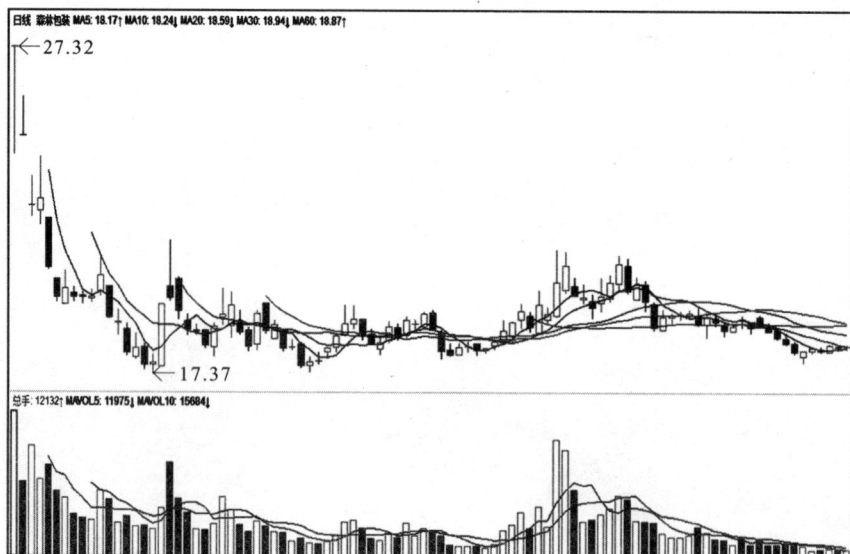

图8-1

（二）操作策略

牛市后期上市的新股或者市盈率太高的新股，介入后应作短线持仓，见顶后不可恋战，不宜在"支撑位"补仓。这样做的另一个原因是上市公司在上市之时大都经过"包装"，其中一些股票往往会"一年绩优，两年绩平，三年绩亏"，现出原形后让投资者叫苦不迭。

需要注意的是，一些股票在见顶下跌的过程中，可能会出现下跌缩量的情形，投资者常误以为庄家未跑而不肯止损。这种认识是似是而非的，庄家出货主要是在上涨途中利用放大量逐步减仓，而在下跌途中则是陆续地、分批量地减持存货。

二、致命的弧形下跌走势

在下跌行情中有一种走势是非常致命的，因为它常常诱发大跌走势，这就是弧形下跌走势。这种走势往往会在一波小幅反弹的掩护下加速下行，其下跌过程非常迅速，让人无法及时做出反应。其原理与行情在上涨时经过一段小幅回调后加速上涨是一个道理。所以这种形态只适用于在可以做卖空交易的市场中做空头交易，而不利于做多头交易。

很多投资者在遇到这种走势时，都企图在行情下跌途中抄底买入，但是，由于与趋势相悖，结果往往事与愿违。

如图 8-2 所示的拓斯达（300607），该股出现了一段超级下跌的走势。从图中可以看到，该股经过一轮下跌后，出现一轮小幅反弹，接着又形成了一波长达 6 个月左右的弧形下跌走势，跌幅达 67% 左右，使一部分中长线投资者深套其中。

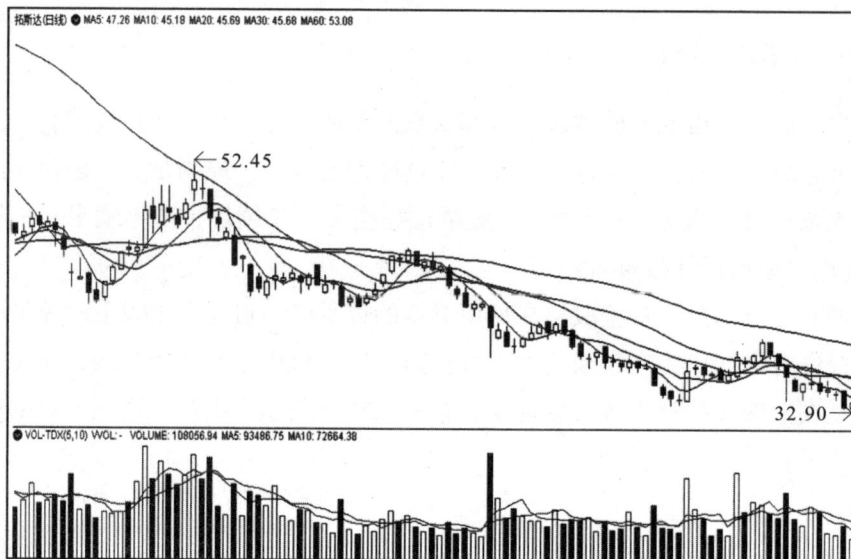

图8-2

（一）形成原理

市场在经过一段买方力量强于卖方力量的升势之后，买方趋弱或仅能维持原来的购买力量，使涨势缓和，而卖方力量却不断加强，最后双方力量均衡，此时股价会保持横向波动状态。如果卖方力量超过买方，股价就回落，开始只是慢慢改变，跌势不明显，但后期则由卖方完全控制市场，跌势便告转急，一个大跌市便来临了。

形成弧形下跌形态具有如下特征和条件：

（1）形态形成的初期往往有着极度乐观的气氛，如小幅回调以及股民的抄底心理。

（2）成交量没有明显的特征，盘面上有时出现巨大而不规则的成交量，一般呈V形，有时也呈圆顶形状。

（3）有时当弧形头部形成后，股价并不是马上出现快速下跌，而是反复横向发展形成徘徊区域，一旦向下突破这个横向区域，股价就会出现加速下跌。

（二）弧形下跌的卖出策略

弧形下跌形态不同于头肩形、W形、V形反转等剧烈运动的形态，它是市场渐进的结果。股价走势一旦进入弧形下跌过程，由于弧形顶不像其他图形有着明显的卖出点，但其一般形态耗时较长，有足够的时间让投资者依照趋势线、重要均线及均线系统卖出。因此，当遇到此种行情走势时，切不可去试探底部，或者对这种行情仍然抱有幻想。因为，一旦被套住，那么连反弹出局的机会都没有。

当然，也有办法在股价下跌前逃离，那就是运用"前高不过"的理论寻找卖点。

对于长线投资者，在遇到弧形下跌走势前，可以利用周线或者月线找到较好的卖出点。如图 8-3 所示的汇纳科技（300609）的周 K 线图。

从该股的周 K 线图中可以看到，该股形成了一个明显的高点后股价出现下跌，随后开始反弹，由于没有成交量的配合，股价在收出一根中阴线后宣告反弹结束。紧接着，股价开始了漫长的下跌过程。从整个趋势来看，当初在高点卖出股票是正确的。假如有股民在下跌途中不舍得卖出，任由股价一跌再跌，企图抄底，其结果可想而知。

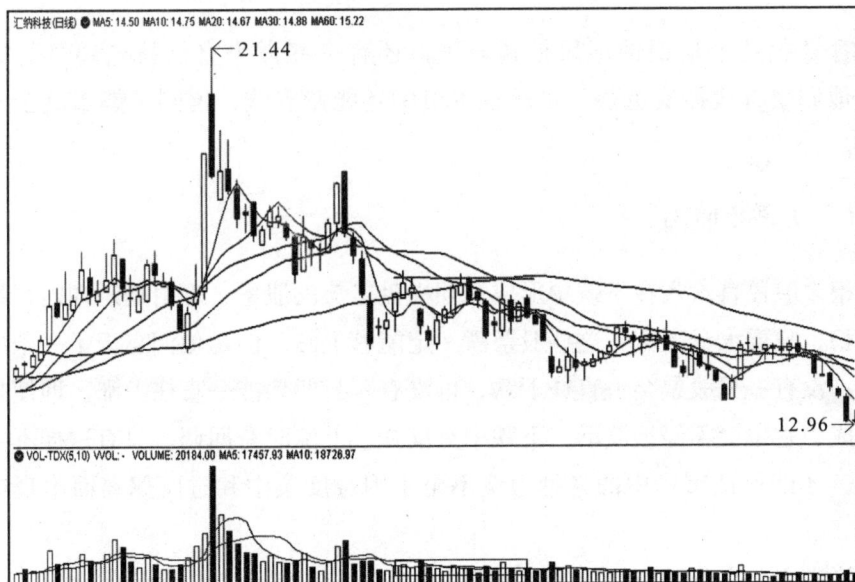

图8-3

三、下跌中短期横盘的潜在风险

下跌中的短期横盘，往往会让一些股民，特别是新股民误以为是行情见底，即将触底反弹了。之所以产生这种误解，是因为这类股民对行情见底的认识不足。一般来说，行情见底必须要经历几轮下跌调整之后才能够被确认。更何况，大多数情况下，一波行情的底部都是当底部明显形成后才会被证实。

容易犯这个错误的不只是新股民，还有一些以为自己技艺超群的老股民，他们很喜欢抄底逃顶，虽然在牛市中还能赚点钱，但到了熊市就全吐了出来。

（一）产生原因

很多股民喜欢买在下跌中形成短期横盘走势的股票，理由是短期内行情止跌企稳，只要大盘上涨，这些股票就一定能够上涨。但是他们忘记了一条股市铁律：没有一只股票会一直往下跌，也没有一只股票能一直往上涨。即使是趋势形成，它也会不停地波动，下跌中有反弹，上涨时有回调。只有这样不停地波动，才能保证市场中的各种力量不至于因过度集中和过度偏离而出现极端走势。

换言之，在下跌行情中的短期横盘，有可能只是下跌中短暂的调整，接下来的大趋势还是下跌。

如图 8-4 所示的是东方通信（600776），从图中可以看出，该股在一波下跌行情走势中，在任何一次上涨过程中买入都是被套牢的命运，即使是在图中出现短期的很大买盘时买入，仍然面临亏损的命运。

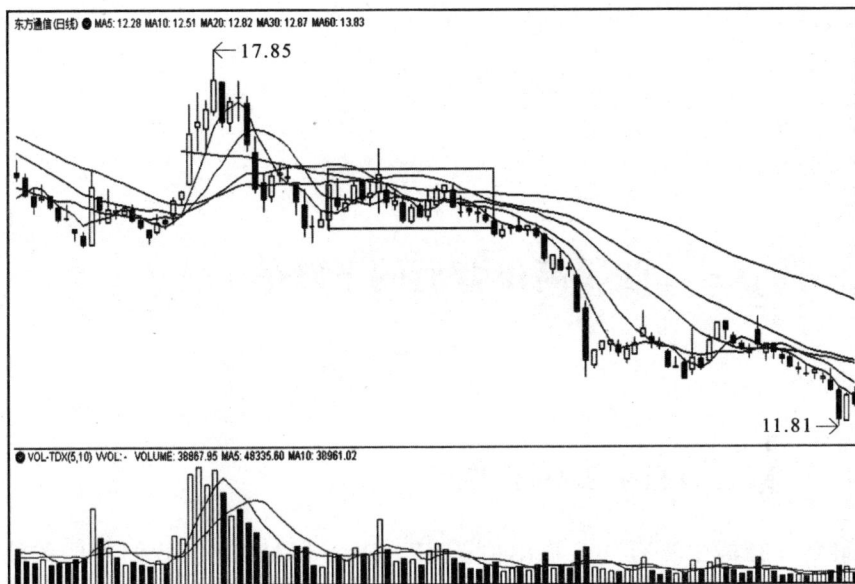

图8-4

（二）应对策略

市场在一步步下跌中，如遇到下跌行情中的短期横盘时，最好的策略就是等待，等市场调整完毕，出现可靠的买入信号时再介入。

中国石油（601857）在2008年的表现就很好地告诫了投资者在熊市中不要轻易抄底，因为每次止跌企稳都是市场中那些空头交易者做空获利的时候。因此，不要因为某个公司的基本面不错，就误以为良好的基本面会使某一股票止跌企稳，或期盼良好的业绩会将下跌中的短期整理变成底部。

四、高位背离的下跌信号

（一）MACD 指标的高位顶背离

MACD 指标中，有三个输出值：DIF、DEA 和 MACD。我们主要关注 DIF 和 DEA，而 DEA 实际是 DIF 的均线走势，起到平滑 DIF 走向的趋势和辨别短期 DIF 速度方向的作用。

一般情况下，MACD 指标中的 DIF 会跟随股价的走势同涨同跌。正常的情况下，应该是能同样创新高或创新低。背离指的是如果股价创出新高，但是 DIF 不创新高；或者股价创出新低，DIF 不创新低。前者我们说是顶背离，看跌；后者我们说是底背离，看涨。但是实际判断起来却并非那么简单。

背离中，有强背离和弱背离之分。强背离是指股价创新高而 MACD 指标的 DIF 值明显走低；弱背离是指指数创新高，而 MACD 指标的 DIF 两个高点平齐，或者也小幅创新高。其中，只有强背离反向的牵引力才会更大。本节要说的高位顶背离就属于强背离。

1. 高位顶背离产生的原因及判断

高位顶背离是指股价走势在高位与 MACD 指标的走势形成顶背离形态。当股价与 MACD 指标形成背离时，就意味着既定趋势运行力量在逐渐衰竭。

之所以出现这种形态，可以从技术指标的角度来解释。在 MACD 指标中，DIF 线和 DEA 线与 0 轴线的距离，相当于股价 5 日、10 日均线与 60 日均线之间的距离，当股价与 MACD 指标形成背离时，股价会逐渐向 60 日均线靠近，DIF、DEA 线也会因为行情的回归向 0 轴线靠近。这时就会出现一个现象，即因为先前行情上涨（下跌）的幅度较大，而目前行情的上涨（下跌）幅度在逐渐消减，所以两波行情距离 60 日均线的距离也开始逐渐收缩，致使行情到

60 日均线的乖离幅度逐渐缩小，此时 MACD 指标的 DIF 线和 DEA 线与 0 轴线之间的距离也开始随着行情价格的走势由大逐渐缩小。这样 MACD 指标就会因为先前行情上涨或下跌的幅度较大，呈现出较大的乖离率，致使 DIF 线和 DEA 线与 0 轴之间的距离较大，而又因为目前行情上涨或下跌的幅度较小，所以乖离率也较小，这样 DIF 线和 DEA 线与 0 轴线之间的距离也会变小，于是就出现了行情逐步上涨或下跌，MACD 指标却在逐波下降或上升的背离现象。如图 8-5 所示。

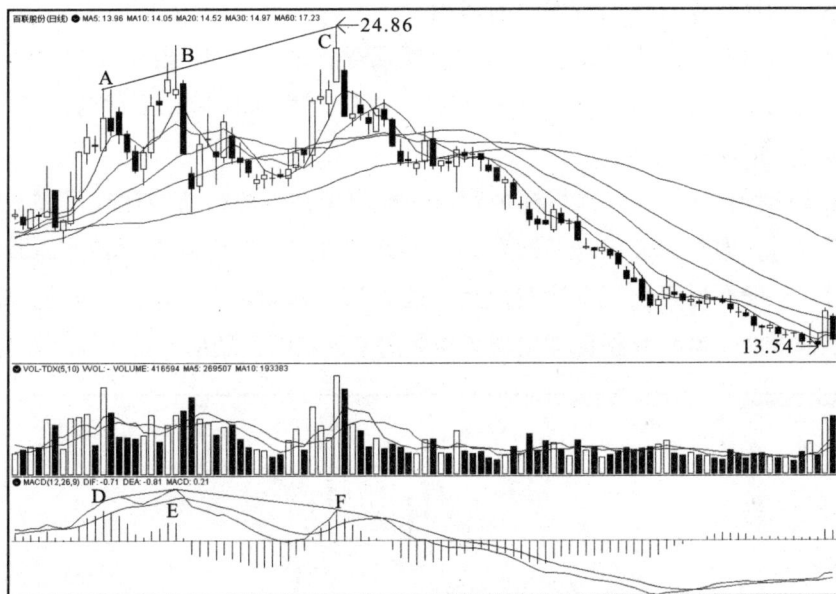

图8-5

　　从图中可以看出，MACD 指标从 D 点到 0 轴线的距离虽然与从 E 点到 0 轴线的距离有小幅增大，高点 E 到 0 轴线的距离大于高点 F 到 0 轴线的距离。反观股价可以看到，股价虽然在逐波上升，但是高点（A、B、C 三点）与 60 日均线的距离也是逐渐缩小的。也就是说，在整个行情中，股价虽然看起来在上升，但是行情事实上随着 MACD 指标的走势逐渐走低。

　　MACD 指标的背离现象，说明行情上涨（或下跌）的幅度正在逐步减小，其本身并没有驱动股价走势的力量。也就是说，它只是一种显示市场中既定力量衰竭的征兆而已。当 MACD 指标和股价形成顶背离时，我们就可以清楚地知道，股价虽然看起来在不断地创出新高，但股价的走势实际走势却正向 60 日均线靠拢，上涨的幅度正在缩小。当股价在后期无法再创新高，并向下击穿 60 日均线时，MACD 指标的 DIF 线也会随之向下击穿 0 轴线，下跌走势就基本确立了。

2. 高位顶背离的判断及操作策略

我们研究 MACD 指标高位顶背离的目的，是提醒投资者不要忽视这种清楚明了的市场告白，与金叉和死叉一样，它直观地表现出市场上升的力量正在慢慢衰竭，敏感的投资者会因此而采取行动。一般来说，当投资者遇到高位顶背离的走势时，心中一定要明了其形成的本质，进而准确地判断出其后市大致的走势，并且在顶背离信号发出时卖出。

顶背离启动的标志就是，当 DIF 出现顶背离之后，DIF 再死叉 DEA，也就是说，当 MACD 指标出现死叉的时候，可以认为 MACD 指标顶背离已经启动，此时卖出，成功率很高。

在实际操作中，MACD 指标顶背离一般出现在强势行情中比较可靠，股价在高价位时，通常只要出现一次背离的形态即可确认股价即将反转，而股价在低位时，一般要反复出现几次背离后才能确认。如图 8-6 所示。该股创出新高 10.52 元的同时，MACD 指标却出现了顶背离未创新高，随后股价出现下跌走势。

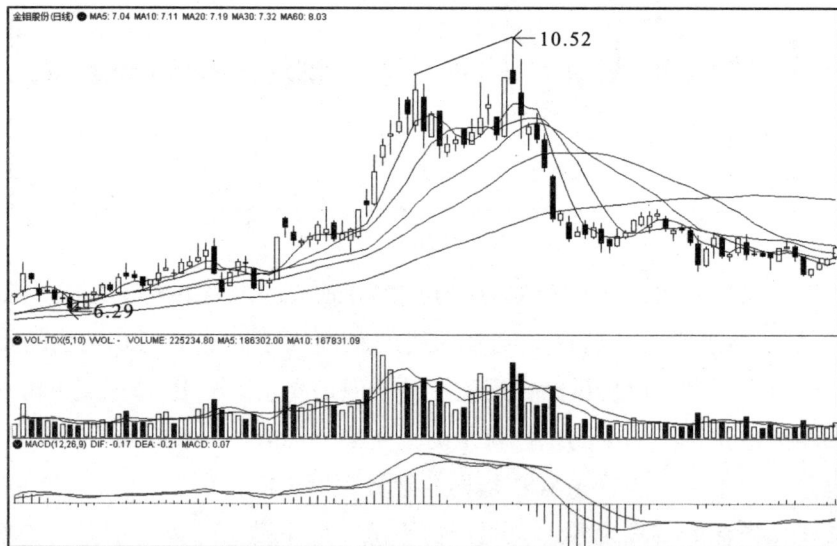

图8-6

（二）价升量减的量价背离

所谓量价背离，是指当股价或指数在上升时成交量减少，或下跌时成交量放大的现象。一般来说，当价格经过较长时间的上涨或下跌后，就会出现量价背离的情况。量价背离分为价升量减和价跌量升两种情况。前者被认为是跌之前兆，后者则并非是升之前兆。换言之，在实际操作中，价升量减对判断股价走势更准确。本节所说的量价背离就是指价升量减的情况。

1. 高位量价背离的行情形态

以图 8-7 为例，该图是人民同泰（600829）的日 K 线走势图。从图中可以看到，该股在上涨趋势后，在此期间成交量与价格走势一直保持价升量增的强势形态。随后，行情开始步入一波快速回调的走势中，虽然股价在后期经过两次回调之后再次上涨，并创出新高 6.77 元，但其下方的成交量却出现了明显的萎缩，与价格的走势呈背离之势，显然，此时多方力量正在衰减，无法持续放量创新高，属于明显的卖出信号。果然，从图中可以看出，该股此后逐波向下，步入漫漫下跌的走势。

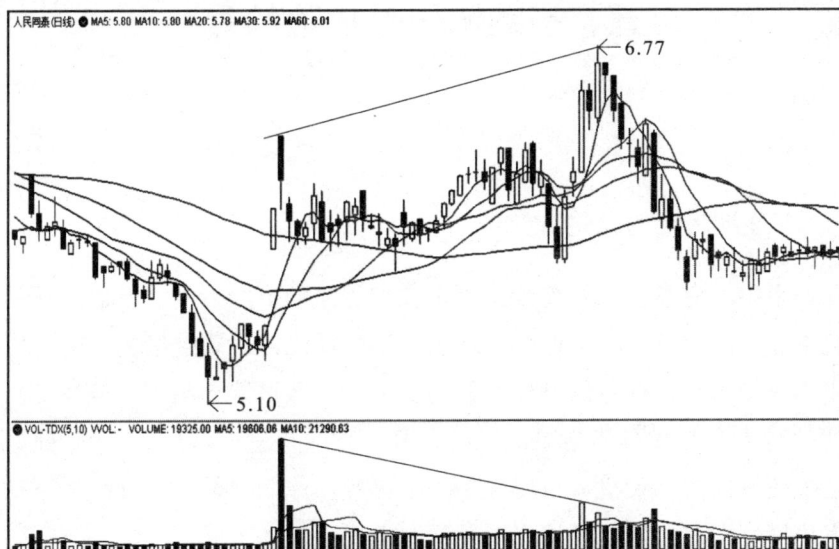

图8-7

2. 操作策略

根据实战经验来看，当股价经过较长时间的上涨后，成交量会由量增价升形态转变为量价背离形态。这种形态的出现通常预示着买方力量开始衰竭，是行情即将转弱的危险信号，投资者应及时逢高卖出。

这个时候，虽然股价在后期再次上涨，创出新高，但其下方的成交量却出现了明显的萎缩，与价格的走势形成量价背离的形态，此后股价多数会步入漫漫下跌之中。所以，投资者如果发现手中的股票出现类似的走势，应及时卖出以保住利润。

目前，几乎所有的股票软件都能提供量价方面的信息。在价格方面，可以通过 K 线图上的价格均线得到；与 K 线图相配合的成交量图，有成交量均线。投资者可以根据需要，自己定义价、量均线的参数。此外，价、量理论最好与其他技术分析结合起来使用，这样效果更佳。如果将量价背离与前面提到的 MACD 指标顶背离结合使用，其准确率会更高。

五、连续阴线是危险信号

（一）连续阴线的风险

在熊市中不宜参与那些连续出现多根大阴线的下跌行情，然而，还是有不少投机者去冒险尝试，因为他们喜欢去赌当行情已经出现连续阴线时，后面很可能出现一根阳线，或行情已经明显超卖了，不久可能会出现一波反弹。这种赌博式的行为有时候可能会得逞，但更多的时候是适得其反，行情一跌再跌，阴线之下还有阴线，投机者自然也是一亏再亏。原因很简单，连续的下跌通常会诱发恐慌性抛盘，即使行情出现反弹，也无法长久。

如图 8-8 所示的上工申贝（600843），从图中可以看出，该股出现一波连续阴线的下跌走势，在此后的下跌过程中也没有出现过像样的反弹，一直下跌到创下了新低 5.50 元后，才出现了一波小幅反弹。

（二）操作策略

投资者若在熊市中遇到这类出现连续阴线的走势形态时，应注意回避风险，趋势不明时千万不要介入。

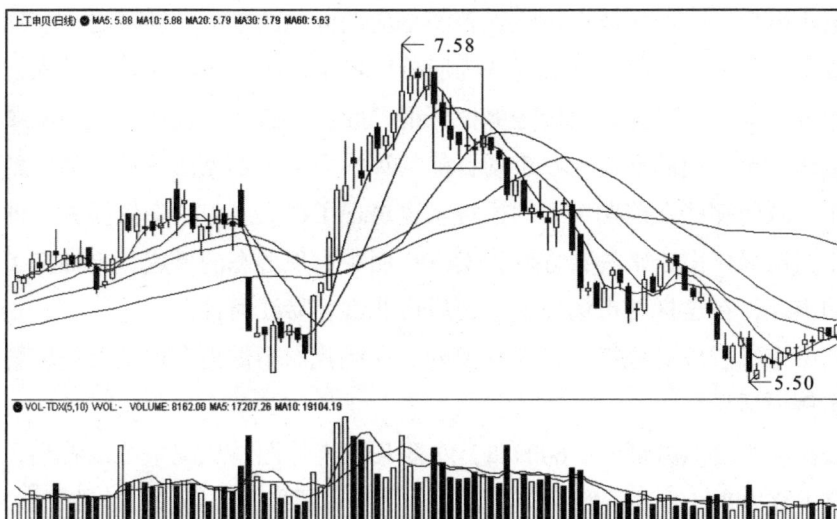

图8-8

六、提防伴随头肩顶形态的连续破位

所谓破位，是指股指、股价跌破重要技术支撑位，如技术形态的破位、中长期均线支撑的破位、技术指标的支撑破位等。破位既有可能是中长期转势，此时破位需要止损；也有可能是中短期调整，破位之后股价急跌，反而有利于快速见底，也就是常说的"不破不立"。因此，针对不同情况的破位，应对方法也有所不同。

所谓连续破位，实际就是一种连续创新低的形态，即连续跌破前期的低点。我们知道，当股价从高位开始向下破位创出新低时，表示行情已经很糟了，如果连续破位，又没有止跌企稳的迹象，且行情还在下跌的中途伴随着头肩顶的走势形态出现，那么行情走势就更加堪忧。

连续破位走势在熊市中出现时尤其危险，因为前期的多头力量已经完全变成了空头力量。前期的低点往往代表的是前期低位的筹码。换言之，前期低点的形成主要是因为一部分投资者认为股价已经很低了，所以才踊跃买入，促使行情形成底部，此时如果股价走势把所谓的底部击破了，说明市场中隐藏的下跌力量远大于人们的预期，以市场目前的买入力量根本无法承接、消化新产生的卖压，致使那些在前期买入的投资者也出现了损失。为了降低损失，他们不得不止损出局，由原来的买方变为卖方，而头肩顶形态的形成，更加剧了这一现象的出现，在这样的市场环境下，后市非常容易江河日下。

关于连续破位的危害是显而易见的，在此我们不做更多理论上的讲解，而是以实例说话。

如图 8-9 是东方证券（600958）的日 K 线走势图。从图中可以看到，该股自高点下跌以来，也在下跌途中形成了一个头肩顶形态，当股价跌破颈线之后，稍做整理便击破了第一低点（破位 A），接着又继续跌破第二低点（破位 B），此后股价便一路下跌。由此可见，与头肩顶同时出现的连续破位的杀伤力是极大的。所以短线投资者在遇到这种形态时，应提高警惕，以免造成更大的损失。

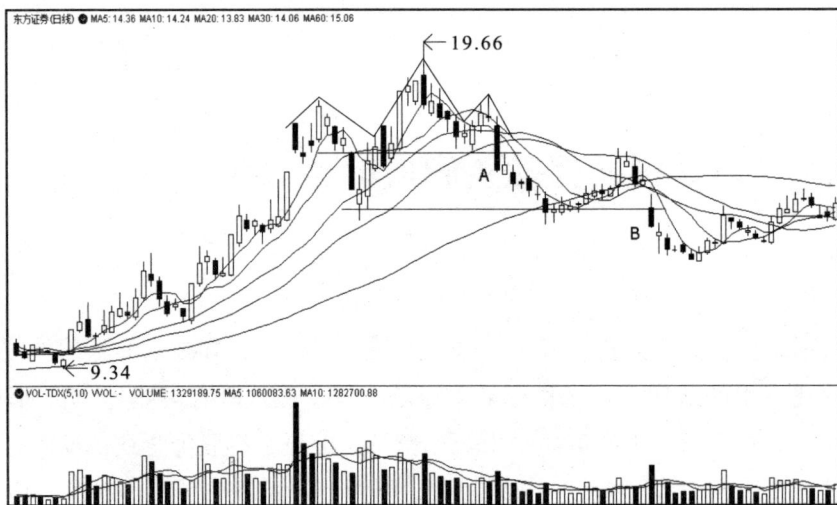

图8-9

从上面的分析中可以看出，如果在实际交易中出现股价连续破位的现象，说明后市行情堪忧，投资者此时一定不要轻举妄动。假如股价在击穿第一低点后开始徘徊整理，此时切莫以为行情见底企稳而大举买进。即使该股止跌企稳，也要看其止跌企稳的位置是否处于第一低点和第二低点之间，如果是的话，必须加倍小心，以免股价持续下跌，击破第二低点，形成连续破位走势。

参考文献

[1] 刘鑫源. 选股、换股与找到买卖点实战 [M]. 北京：中国铁道出版社，2020.

[2] 王洪. 林园炒股秘籍 [M]. 太原：山西人民出版社，2019.

[3] 菲利普·A. 费舍. 怎样选择成长股 [M]. 北京：地震出版社，2017.

[4] 马士振. 轻松看年报：精心选股票 [M]. 北京：电子工业出版社，2017.

[5] 涨停之鹰. 主题投资：十倍盈利的选股战法 [M]. 北京：机械工业出版社，2017.

[6] 康凯彬. 新股民快速入门必读：初入股市实战技法全书 [M]. 3 版. 北京：中国纺织出版社，2015.

[7] 张赞鑫. 零基础学选股 [M]. 北京：中国宇航出版社，2021.